国家出版基金项目
NATIONAL PUBLICATION FOUNDATION

英国版权法

张大伟 / 主编

王灵丽　马作鹏 / 译　　马忠法 / 校

中国出版集团　东方出版中心

图书在版编目(CIP)数据

英国版权法 / 张大伟主编. —上海：东方出版中心,2019.6
(海外现行版权法译丛)
ISBN 978 - 7 - 5473 - 1378 - 7

Ⅰ.①英… Ⅱ.①张… Ⅲ.①知识产权法—研究—英国 Ⅳ.①D956.134

中国版本图书馆 CIP 数据核字(2018)第 273338 号

英国版权法

出版发行：东方出版中心
地　　址：上海市仙霞路 345 号
电　　话：(021)62417400
邮政编码：200336
印　　刷：上海盛通时代印刷有限公司
开　　本：710mm×1000mm　1/16
字　　数：425 千字
印　　张：27.75
版　　次：2019 年 6 月第 1 版第 1 次印刷
ISBN 978 - 7 - 5473 - 1378 - 7
定　　价：135.00 元

序　言

　　20 世纪 80 年代以来,随着数字技术、信息技术、通信技术的迅速发展,原有的著作权法(即版权法)体系已不适应技术进步和社会发展的需要,如何建立一套与新技术相适应的利益均衡的版权法体系,是社会与实践的需求,也是促进相关新兴产业(如新媒体产业和文化创意产业)发展的关键和基础。世界知识产权组织、美国、欧盟、德国、法国等国际组织和发达国家为适应网络信息的传播以及为解决著作权使用与保护等过程中所产生的一系列问题,完善其著作权法体系:或出台数字版权国际公约,或出台适应该国的数字版权法,或不断修订现有的著作权法。如:1996 年,世界知识产权组织出台的《世界知识产权组织版权条约》(WCT)、《世界知识产权组织表演和录音制品条约》(WPPT);1998 年,美国出台《美国数字千年版权法案》(DMCA);2000 年,欧盟出台了《著作权欧盟指令》;2003～2013 年,德国先后出台了《信息社会版权制度法》《规范信息社会著作权法》和《附属版权法案》;2009 年,法国出台了《促进互联网创造保护及传播法》,并成立了互联网作品传播及权利保护高级公署,出台了著名的互联网"三振出局"法则。在数字时代构建利益平衡的著作权法体系,这些国际著作权法律资源理应受到我们的重视和借鉴。

　　改革开放 40 年,中国取得了辉煌的发展成就,也越来越多地融入世界产业的竞争体系。在传统制造业得以迅猛发展之后,中国制造的"人口红利"迅速消退,无论是"中国制造 2025",还是"大众创业、万众创新",都预示着中国必须以前所未有的程度重视创新和创造,并通过智力成果推动经济社会进步。版权是文化创意产业的战略性、基础性资源,建构利益均衡的、符合中国文化创意产业发展需求的、与国际接轨的著作权法体系势在必行。

　　与发达国家动辄七八百页的版权法典相比,中国的版权法仍然处于初级阶段。我国现行的著作权法是 1990 年全国人大通过，1991 年正式实施的。这是一部基本适合我国当时实际情况并与我国加入的国际条约基本衔接的法案。但是，我国的著作权法出台以后，在近 30 年期间，只进行过两次微小的局部修订。由于数字技术和互联网的快速发展，以及在这部法律实施中不断产生的新情况、新问题，这部法律已经不能完全适应我国在面向"两个一百年"宏伟目标的新时代的要求了。我们在推进修订著作权法，建立符合中国发展实际又与国际规则相衔接的知识产权制度过程中，需要参考和借鉴其他国家的著作权立法的经验及其实践。

张大伟先生和其团队翻译完成的《海外现行版权法译丛》（第一辑）恰逢其时。该译丛是第一套系统地、大规模地介绍国外版权法现状的译著，也是这个团队深耕于数字传播与版权制度领域的研究成果。他们在研究中深刻感受到合理的版权法律体系对于新闻出版业、文化创意产业、新媒体产业发展的重要性，自 2009 年以来开始编译《海外现行版权法译丛》，力图借"他山之石"，给我国现行著作权法的修改以启迪以借鉴。在翻译文字不再作为大学考评指标的当下，其拳拳之心值得称许。

本套译丛从选择和编辑的角度来看，有着以下几个特点：

一是系统性。本译丛第一辑编译了美国、英国、欧盟、世界知识产权组织现行的主要知识产权法、知识产权公约及实施细则。为了体现知识产权法体系的完整性，还补充翻译了对现行版权法的修改文件或补充性法规，总计翻译文字 200 多万字。目前，国内对于相关著作权法的翻译存在两点不足：一是只选择法律文本的正文进行翻译，却不翻译附录，无法体现系统性，其实，附录往往比法律正文更有法学意义和借鉴价值；二是有些翻译文本因为时间关系，在原著作权法已经进行了修改的情况下，没有翻译修订版。在本套译丛中，译者对美国版权法的翻译，不仅翻译了版权法正文和《数字千年版权法》这两部法律典籍，而且翻译了八个核心附录文件；对英国版权法的翻译，不仅翻译了主要法律文本，而且也翻译了为应对技术挑战而作的历次修改；对欧盟版权相关文件的翻译以时间为顺序，不仅翻译了相关文件，也翻译了实施细则；世界知识产权组织颁布的互联网版权公约（WCT、WPPT）等，国内大多已有较好的单独的翻译文本，但文本之间法律用词的规范缺乏统一性，因而本套译丛在编辑整理基础上,尽量统一了用词。

二是针对性。英、美是国际著作权体系中最具代表性的两个国家,在数字时代,其版权体系和具体条文都对新兴产业形态和权力边界进行了新的界定,这对完善我国数字时代的版权法体系有重要的启示意义。欧盟在面对数字化和一体化进程挑战时,其在知识产权领域所思考的问题、解决问题的思路以及对具体法律条文的规定,都对我国思考如何建立适应数字时代的知识产权体系有重要的借鉴意义。世界知识产权组织管辖的多部工业产权和版权公约,是缔约国和成员国关于各国知识产权法的"最大公约数",亦有重要的参考价值。可以说,本套译丛从不同角度为完善中国著作权体系提供了可供参考的"蓝本"。

三是适用性。在新时代,伴随着智力成果的创造与运用,我国的知识产权问题特别是版权的矛盾、诉讼与纠纷激增,可以预料,在当前和今后相当长时期,矛盾、诉讼与纠纷将更加凸显。在此背景下,了解和熟知贸易对象国的知识产权法律规定,是保障贸易公正、避免贸易摩擦、保护自身合法利益的基本和有效的方式之一。本套丛书的出版,有助于知识产权行政管理与司法部门、教学与研究机构、相关产业以及相关从业者全面了解国际知识产权体系以及相关法律、条文,从而更加科学地分析、判断形势并作出选择。

任何一项符合国情和技术要求的制度建构,既需要深刻的现实体验,也需要借鉴人类已有的经验。在数字时代构建利益均衡的、公正的、符合中国国情的著作权体系,仍然需要相关部门、业界、研究者付出更加艰辛的努力。从这个意义上看,此套译丛的出版,或许能给这一领域的管理者、研究者和从业者带来更多的思考和启示。

阎晓宏

(阎晓宏,全国政协文化文史和学习委员会副主任,曾任国家新闻出版广电总局副局长、国家版权局副局长)

总　目

1998 年《版权、设计和专利法案》　　　　　　　　　　　　　001

2003 年第 2498 号法定文件　版权法　表演权　2003 年版权和邻接权条例　156

1996 年第 2967 号法定文件表演权　1996 年版权和邻接权条例　235

《法定缴存图书馆法案》2003 年　　　　　　　　　　　　　277

1997 年版权和数据库权利条例　　　　　　　　　　　　　292

1998年《版权、设计和专利法案》

1988年第48章

本法案旨在重述版权法并对其予以相应的修订;对表演者和其他表演方的权利制定了新的规定;对原创设计授予设计权;对1949年《注册设计法》进行了修订;对专利代理人及商标代理人作出了规定;对某些郡法院赋予了专利和设计案件的司法管辖权;对专利法进行了修订;对规避电子作品复制保护措施的设备进行了规制;为欺骗性传播接收创设了惩罚条款;将欺诈性申请或使用商标的行为规定为违法行为;制定条款以保障伦敦大奥德蒙街儿童医院的利益;使特定的国际组织能够获得财政援助;本法案基于上述目的及相关目的而制定。

[1988年11月15日]

本法案经由上议院神职议员和世俗议员以及下议院的建议、许可和授权,并以女王陛下之名义颁布施行,具体规定如下:

第Ⅰ部分 版 权

第Ⅰ章 版权的客体、归属及期限

引 言

版权和版权作品。

1. ——

(1) 版权是按照本部而存在于下列类别的作品的产权——

(a) 原创的文学作品、戏剧作品、音乐作品或艺术作品;

(b) 录音作品、影片、广播或有线传播节目;及

(c) 已发表版本的版面设计。

（2）在本部中，"版权作品"指有版权存在的该等类别作品中的任何作品。

（3）除非本部中关于享有版权保护所须具备的资格的规定均已获符合（参阅第153条及该条所涉及的条文），否则版权并不存在于任何作品。

存在于版权作品的权利。

2. ——

（1）某类别作品的版权的所有人具有作出第Ⅱ分部中指明的作为的独有权利，亦即该类别作品的版权所限制的作为。

（2）就某些类别的版权作品而言，第Ⅳ分部（精神权利）所赋予的下列权利惠及作品的作者或导演（无论他是否版权所有人）而存在——

（a）第77条（作者或导演的被识别的权利）；

（b）第80条（反对对作品受贬损处理的权利）；及

（c）第85条（特定照片或影片的隐私权）。

作品类别及有关条文

文学作品、戏剧作品及音乐作品。

3. ——

（1）在本部分中——

"文学作品"系指除戏剧或音乐作品以外的任何书面、口述或演唱作品，并据此包括——

（a）汇编或列表，及

（b）计算机程序；

"戏剧作品"包括舞蹈作品或默剧作品；以及

"音乐作品"指由音乐构成的作品，但不包括拟伴随该等音乐而唱出或讲出的文字或表演的动作。

（2）除非文学作品、戏剧作品或音乐作品以书面或其他方式记录，否则版权并不存在于该等作品，而在该等作品经如此记录之前，其版权亦不存在；在本部中，凡涉及该等作品的制作时间，即涉及该等作品经如此记录的时间。

（3）就第（2）款而言，作品是否由作者记录或是否经作者的允许而记录并不具关键性;如作品并非由作者记录,则第(2)款对版权是否在独立于经记录的作品的情况下存在于记录本身此一问题,并无影响。

艺术作品。

4. ——

(1) 本部分中的"艺术作品"系指——

(a) 平面美术作品、照片、雕塑品或拼图(不论其艺术质量);

(b) 属建筑物或建筑物模型的建筑作品;或

(c) 美术工艺作品。

(2) 在本部分中——

"建筑物"包括固定的构筑物以及建筑物或固定构筑物的部分;

"图画作品"包括——

(a) 任何颜料画、绘画、图形、地图、图表或图则,及

(b) 任何雕刻、蚀刻、版画、木刻或类似作品;

"照片"系指借着把光或其他放射物记录在任何媒体上而在该媒体上产生影像或借任何方法从该媒体产生影像的记录,但该记录不构成影片的一部分;

"雕塑品"包括为制作雕塑品而制作的铸模或模型。

录音制品和影片。

5. ——

(1) 在本部分中——

"录音制品"系指如下记录,不论该记录是记录在什么媒体上,亦不论该声音以什么方法重播或产生——

(a) 声音的记录,而该声音可从该记录重播,或

(b) 记录一项文学作品、戏剧作品或音乐作品的整项或任何部分的记录,而重现该作品或部分的声音可从该记录产生。

(2) 如果录音制品或影片是已有的录音制品或影片的复制品,或如果录音制品或影片在一定程度上是已有的录音制品或影片的复制品,则该录音制品或影片不享有版权。

广播。

6. ──

（1）在本部分中，"广播"指借无线电讯传送如下内容，凡涉及广播行为的亦应据此作出相应解释。──

（a）能够被公众人士合法地接收的声音或影像及声音或表述声音或影像及声音的东西，或

（b）为向公众人士呈现而进行播送的声音或影像及声音或表述声音或影像及声音的东西。

（2）经编码处理的播送只有在播送人或提供该播送的内容的人将解码器提供给公众人士，或授权别人将解码器提供给公众人士的情况下，才可视为能够被公众人士合法地接收。

（3）在本部分中，凡涉及作出广播的人、广播某作品的人或将某作品包括在广播内的人，即涉及内容，而在本部分中，在广播方面涉及节目，即涉及广播所包括的任何项目。──

（a）传送有关节目的人（如该人对广播内容负有任何程度的责任）；及

（b）任何提供有关节目的人，而该人与传送该节目的人作出该节目的传送所需的安排。

（4）出于本部分的目的，在卫星传输的情况下，广播制作的系指将载有广播的信号输往卫星的地点。

（5）在本部中，凡涉及接收广播，即包括接收借电讯系统转播的广播。

（6）侵犯或在一定程度上侵犯其他广播或有线传播节目版权的广播不享有版权。

有线传播节目。

7. ──

（1）在本部分中──

"有线传播节目"系指任何包括在有线传播节目服务中的内容；

"有线传播节目服务"系指为公众接收的目的、全部或主要地通过电信系统而非无线电系统传输可观影像、声音或其他信息的服务，目的在于──

（a）使用户在两处或两处以上地方接收（同时接收或根据不同用户的要求在不同时间接收均可），或者

（b）接收后呈现于公众，但以没有或尚且没有被本条下列各项规定排除为前提。

（2）下列情况须排除在"有线传播节目服务"定义之外——

（a）服务或其基本组成部分具有如下情况：在服务供应商传输可观影像、声音或其他信息的同时，该供应商或其他人还将要或可能在每一接收地用同一系统或者（在某些情况下）该系统的同一部分为接收目的而传输信息（用来操作或控制此种服务的信号除外）。

（b）为商业目的而经营的服务——

（i）除业务经营者外，对于该系统设备的控制不对任何人产生影响，

（ii）视觉图像、声音或其他信息的传输完全服务于内部的业务经营，而不是为他人无偿服务或提供消遣，以及

（iii）该系统不与任何其他电信系统相联。

（c）由个人单独经营的服务——

（i）构成该系统的所有设备都处于其控制之下，

（ii）用该系统传输视觉图像、声音或其他信息完全服务于自身利益，以及

（iii）该系统不与任何其他电信系统相联。

（d）下列服务——

（i）构成该系统的所有设备都置于某个占有的场所之中，或与之相联，以及

（ii）该系统不同任何其他电信系统相联，作为向经营此业务之场所中的居民或住户提供消遣之一部分的服务则不在此列；

（e）服务是，或在某种程度上是，为提供广播或有线传播节目服务或为这种服务提供节目的个人来运营。

（3）如果国务大臣认为有关的过渡性条款适当，可以颁布命令修改第（2）款，以便增加或取消例外事项。

（4）命令应以法定文件形式颁布；在将草案提交并经议会两院批准之前，命令不得颁布。

（5）本部分所涉及的有线传播节目的内容或有线传播节目服务中的作品系

指作为服务的一部分而被播送的内容;将其收入服务者系指提供此种服务的人。

（6）下列有线传播节目不享有版权——

（a）有线传播节目服务的内容来自对广播的接收或实时转播,或者

（b）侵犯或在一定程度上侵犯了其他有线传播节目或广播的版权。

已发表版本。

8. ——

（1）在本部中,"已发表版本"就其版面设计的版权而言,指一项或多于一项文学作品、戏剧作品或音乐作品的整项或部分的已发表版本。

（2）如已发表版本的版面设计重复以前版本的版面设计,则版权并不存在于该已发表版本的版面设计;如已发表版本的版面设计在某程度上重复以前版本的版面设计,则版权在该程度上并不存在于该已发表版本的版面设计。

作者及版权的所有人

作品的作者。

9. ——

（1）与作品相联系,本部分中的"作者"系指创作该作品的人。

（2）以下的人视为创作作品的人——

（a）就录音制品或影片而言,对录音制品或影片制作的必要安排承担责任的人;

（b）就某一广播而言,制作广播的人（见第 6 条第（3）款）或者,就以接收并实时传输方式转播其他广播的广播而言,其他广播的制作人;

（c）就有线传播节目而言,提供接收该节目的有线传播节目服务的人;

（d）就版本的版面设计而言的出版人。

（3）如文学作品、戏剧作品、音乐作品或艺术作品是电脑产生的,作出创作该作品所需的安排的人应视为作者。

（4）出于本部分的目的,在作者身份无法知悉,或者在合作作者的作品中,所有作者身份都无法知悉的情况下,该作品即为"作者身份不明"。

（5）出于本部分的目的,如果一个人在合理查询下无法证实自己的身份,

作者身份应视为不明;但其身份一经明确,则不应再以身份不明视之。

合作作者的作品。

10.——

(1) 在本部分中,"合作作者的作品"系指由两个或两个以上作者合作创作的作品,在该作品中,各作者的贡献无法彼此分开。

(2) 由一个以上的人制作的广播在任何情况下都应视为合作作者的作品(见第 6 条第(3)款)。

(3) 除另有规定外,本部分所涉及的作品的作者在合作作品的情况下应解释为作品的全部作者。

版权的第一拥有权

11.——

(1) 作品的作者是作品中一切版权的第一所有人,但须受下列规定约束。

(2) 凡文学作品、戏剧作品、音乐作品、艺术作品或影片是由雇员在受雇工作期间制作的,除任何协议有相反的规定外,则该雇员的雇主是该作品的版权的第一所有人。

(3) 本条不适用于王室版权或议会版权(参见第 163 条和第 165 条),也不适用于依第 168 条而存在的版权(关于特定国际组织的版权)。

版 权 的 期 限

文学作品、戏剧作品、音乐作品或艺术作品的版权期限。

12.——

(1) 以本条下列各项规定为前提,文学、戏剧、音乐或艺术作品的版权于作者死亡之日历年终起算的 50 年届满。

(2) 如果作品的作者身份不明,从作品首次公开发表之日历年终起算,版权于 50 年届满;此期间终了后,即使作者身份又变为明确,第(1)款的规定亦不能适用。

出于此目的,公开发表包括——

(a) 就文学、戏剧或音乐作品而言——

(i) 公开表演,或者

(ii) 将作品广播或将其收入在有线传播节目服务内;

(b) 就艺术作品而言——

(i) 公开展览,

(ii) 公开放映包括该作品的影片,或

(iii) 将作品广播或将其收入有线传播节目服务内;

但出于本款的目的,在确定作品是否已公开发表时,不应将任何未经授权的行为考虑在内。

(3) 如果作品系产生自计算机,以上各项规定都不能适用。此种作品的版权自作品创作之日历年终起算于50年届满。

(4) 有关合作作者的作品——

(a) 第(1)款所涉及的作者的死亡应被解释为——

(i) 如果所有作者身份都明确,以最后死亡的作者的死亡时间为准,以及

(ii) 如果其中一个或几个作者身份明确,而另外一个或几个作者身份不明,以身份明确的作者中最后死亡者的死亡时间为准;以及

(b) 第(2)款所涉及的作者身份变为明确应解释为作者中任何人的身份变为明确。

(5) 本条不适用于王室版权或议会版权(参见第163条至第166条),亦不适用于依第168条而存在的版权(部分国际组织的版权)。

录音制品和影片的版权期限。

13. ——

(1) 录音制品或影片的版权终止于——

(a) 自录音制品或影片制作的日历年终起算的50年届满,或者

(b) 如果录音制品或影片在此期限终了之前发行,则自发行之日历年终起算的50年届满。

(2) 下列情况出现时即构成录音制品或影片的“发行”,但在决定任何录音作品是否属已发行时,不得考虑任何未经授权的作为——

(a) 首次出版、广播或被收入有线传播节目服务,或者

（b）就影片或影片声轨而言，影片的首次公开放映。

广播和有线传播节目的版权期限。

14. ——

（1）广播或有线传播节目的版权于自广播被制作或节目被收入有线传播节目服务之日历年终起算的 50 年届满。

（2）重播的广播或有线传播节目之版权与原始广播或有线传播节目的版权同时届满；与此相适应，在原始广播或有线传播节目的版权届满后再行重播的广播或有线传播节目不享有版权。

（3）重播的广播或有线传播节目系指对先前制作的广播或先前收入有线传播节目服务的有线传播节目的重复播放。

已发表版本的版面设计的版权期限。

15. ——

自有关版本首次发表之日历年终起算，版本版面设计的版权于 25 年期间完结时届满。

第Ⅱ章　版权人的权利

版权所限制的行为

作品的版权所限制的行为。

16. ——

（1）根据本章下列各项规定，作品的版权人具有在联合王国实施下列行为的专有权利，在本部分中，诸行为被规定为"版权所禁止的各种行为"。——

（a）复制作品（见第 17 条）；

（b）公开发行作品的复制品（见第 18 条）；

（c）公开表演、放映或播放作品（见第 19 条）；

（d）广播作品或将其收入有线传播节目服务（见第 20 条）；

（e）对作品进行改编或针对改编作品实施上述任何行为（见第 21 条）。

（2）任何人未获作品的版权所有人的特许，而自行或授权他人作出任何受版权所限制的作为,即属侵犯该作品的版权。

(3) 本部分所涉及的实施版权所禁止的行为系指所实施的行为,作出该行为,而任何介入作为本身是否侵犯版权则不具关键性。——

(a) 关系到作品的全部或其任何实质部分,并且

(b) 不论系直接地或者间接地。

(4) 本章的效力于下列情况除外——

(a) 第Ⅲ章(就版权作品而允许的行为)的各项规定,以及

(b) 第Ⅶ章(与版权许可有关的规定)的各项规定。

因复制而侵犯版权。

17. ——

(1) 复制有关作品是受任何类别的版权作品的版权所限制的作为;本部分所涉及的复制及复制品应按下列规定作出解释。

(2) 关系到文学、戏剧、音乐或艺术作品,复制系以任何实质形式复制该作品,并包括借电子方法将作品贮存于任何媒体。

(3) 就艺术作品而言,复制包括将平面作品制成立体的复制品以及将立体作品制成平面的复制品。

(4) 就影片、电视广播或有线传播节目而言,复制包括制作的构成该影片、广播或有线传播节目的全部或任何实质部分的任何影像的照片。

(5) 就已发表版本的版面设计而言,复制指制作该编排的精确复制品。

(6) 就任何类别的作品而言,复制包括制作该等作品的短暂存在的复制品或为该等作品的其他用途而附带制作复制品。

以向公众发行复制品的方式侵犯版权。

18. ——

(1) 公开发行作品复制品是各种版权作品的版权所限制的行为。

(2) 本部分所涉及的公开发行作品复制品系指在联合王国或其他地方将先前未投入流通领域的复制品投入流通领域,而不包括——

(a) 以前曾发行的复制品的任何其后的分发、售卖、租赁或借出,或

(b) 该等复制品其后输入联合王国；

除关系到录音制品、影片及计算机程序外，被禁止的公开发行复制品的行为还包括任何对复制品的公开出租。

以公开表演、放映或播放作品的方式侵犯侵权。

19. ——

(1) 公开表演有关作品是受文学作品、戏剧作品或音乐作品的版权所限制的作为。

(2) 在本部中，就作品而言，"表演"——

(a) 包括讲课、讲话、演说或讲道；及

(b) 一般而言，包括借任何视像或有声方式表达，并包括借录音作品、影片、广播或有线传播节目表达。

(3) 公开播放或放映有关作品，是受录音作品、影片、广播或有线传播节目的版权所限制的作为。

(4) 如以器具接收借电子方法传送的影像或声音而将作品公开表演、播放或放映，因而侵犯该作品的版权，则发送影像或声音的人及（如属表演）表演者，均不视为对侵犯版权负责。

以广播作品或将作品收入有线传播节目服务内的方式侵犯版权。

20. 对于作品的广播或收入有线传播节目服务受以下版权所限制的行为——

(a) 文学、戏剧、音乐或艺术作品，

(b) 录音制品或影片，或

(c) 广播或有线传播节目。

以改编或作出与改编有关的行为方式侵犯版权。

21. ——

(1) 对于文学、戏剧或音乐作品的改编是版权所禁止的行为。

就此而言，当以书面或其他方式记录上述作品，即为制作改编本。

(2) 就文学作品、戏剧作品或音乐作品的改编本而作出第 17 条至第 20

条,或以上第(1)款所述的与作品改编有关的任何行为,亦属受该等作品的版权所限制的行为。

就此而言,在作出该行为时该改编本是否已经以书面或其他方式记录,并不具关键性。

(3) 本部分的"改编本"——

(a) 就文学作品或戏剧作品而言,指——

(i) 该作品的翻译本;

(ii) 由戏剧作品转为非戏剧作品的戏剧作品的版本,或由非戏剧作品转换成戏剧作品的非戏剧作品的版本(视属于何种情况而定);

(iii) 全部或主要借图画表达故事或动作的该作品的任何版本,而该等图画是适宜在书本或在报纸、杂志或类似的期刊上复制的;

(b) 对于音乐作品,指对于作品的编曲或转录。

(4) 对于计算机程序,"翻译本"包括由计算机程序转为电脑语言或代码的计算机程序的版本或由电脑语言或代码转为计算机程序的计算机程序的版本,或由一种电脑语言或代码转为另一种电脑语言或代码的计算机程序的,而并非在程序运行过程中偶然出现的。

(5) 不得自本条而推论什么构成或并不构成复制某作品。

间接侵犯版权

间接侵犯版权:进口侵权复制品。

22. 任何人未获作品的版权所有人的特许,将该作品的复制品进口至联合王国,而他知道或有理由相信该复制是该作品的侵犯版权复制品,而且他进口该复制品并非供自己私人和家居使用,即属侵犯该作品的版权。

间接侵犯版权:持有侵权复制品或进行侵权复制品的交易。

23. 在其知道或有理由相信一物品为作品的侵权复制品的情况下,未经版权人许可而针对该物品实施下列行为者即构成版权侵权——

(a) 在商业过程中持有该物品,

(b) 出售或出租,或为出售或出租而展示该物品,

（c）在商业过程中公开展览或发行，或

（d）在非商业过程中发行，但达到有损于版权人权益的程度。

间接侵犯版权：提供制造侵犯版权复制品的方法。

24. ——

（1）未经版权人许可而实施下列行为者构成版权侵权，而该物品是经特定设计或改装，用以制作该作品的复制品，而该人是在知道或有理由相信该物品是将用以制作该等侵犯版权复制品的情况下作出上述作为，则该人即属侵犯该作品的版权。——

（a）制作物品，

（b）进口至联合王国，

（c）在商业过程中持有，或者

（d）出售或出租，或为出售或出租而展示该物品。

（2）任何人未获作品的版权所有人的特许，借电讯系统传送该作品（但并非借广播或借包括在有线传播节目服务内而传送），而他是在知道或有理由相信将有作品的侵犯版权复制品借在联合王国或其他地方接收该传送而制作的情况下作出该传送，则该人即属侵犯该作品的版权。

间接侵犯版权：允许场所用作侵犯版权的表演。

25. ——

（1）凡在公众娱乐场所作出的表演侵犯文学、戏剧或音乐作品的版权，非任何允许该场所用作该表演的人在他给予允许时有合理理由相信该表演不会侵犯版权，否则该人亦须对该项侵犯版权负有法律责任。

（2）本条中的"公共娱乐场所"包括主要占用作其他用途但不时亦供租用作公众娱乐用途的场所。

间接侵犯版权：提供用于侵犯版权的表演等的设备。

26. ——

（1）凡借使用以下设备公开表演作品或公开播放或放映作品而侵犯该作品

的版权,则第(2)至(4)款所指明的人亦须对该项侵犯版权负有法律责任——

(a) 录音制品播放设备,

(b) 影片放映设备,或者

(c) 接收借电子方法传送的影像或声音的设备。

(2) 提供设备或其任何实质性部件者,如果在提供该设备或部件时满足下列情形之一的,则该供应人须对该项侵犯版权负上法律责任——

(a) 知道或有理由相信该设备有可能被人以侵犯版权的方式使用,或者

(b) (如该设备的正常用途涉及公开表演、播放或放映)基于合理理由不相信该设备不会被人以侵犯版权的方式使用。

(3) 允许该设备被置入其场所的场所占有人如在给予允许时,知道或有理由相信该设备被人以侵犯版权的方式使用,该占用人亦须对该项侵犯版权负有法律责任。

(4) 供应用作侵犯版权的人如在供应该录音制品或影片时,知道或有理由相信他所供应的录音制品或影片或以他所供应的录音制品或影片直接或间接制作的复制品相当可能被人以侵犯版权的方式使用,则该人亦须对该项侵犯版权负上有法律责任。

侵犯版权的复制品

"侵犯版权复制品"的含义。

27. ——

(1) 在本部分中,"侵犯版权复制品"就版权作品而言,须按照本条解释。

(2) 如果一物品的制作构成对有关作品版权的侵犯,该物品即为侵权复制品。

(3) 一物品亦为侵权复制品,如果——

(a) 其已经或将要被进口至联合王国,并且

(b) 其在联合王国的制作将构成对有关作品版权的侵犯,或者违反有关该作品的专有许可协议。

(4) 在任何程序中,如果一物品是否为侵权复制品的问题难以确定,而且具备如下条件——

（a）该物品确为作品的复制品，并且

（b）该作品享有或曾在任何时间里享有过版权，在得到相反证据之前，应推定该物品制作于作品享有版权之时。

1972 c.68.

（5）第（3）款的规定不应被解释为适用于依 1972 年《欧洲共同体法》第 2 条第（1）款的强制性共同体权利而合法地被进口至联合王国的物品。

（6）本部分中的"侵犯版权的复制品"包括依下列条款的任何规定被视为侵犯版权的复制品的复制品——

第 32 条第（5）款（以教学或考试为目的而制作的复印品）；

第 35 条第（3）款（教育机构为教育目的而制作的录音制品）；

第 36 条第（5）款（教育机构为教学目的而制作的影印复制品）；

第 37 条第（3）款第（b）项（图书馆或档案馆依据虚假声明而制作的复制品）；

第 56 条第（2）款（将转让原复制品过程中以电子方式留存的作品进行再复制或再改编的复制品）；

第 63 条第（2）款（为制作销售用的广告艺术品而制作的复制品）；

第 68 条第（4）款（为广播或有线传播节目而制作的复制品）；或

依第 141 条所颁布的命令中的任何规定（即为某些教学机构影印复制而规定的法律许可）。

第Ⅲ章　就版权作品而允许实施的行为

引　言

引言条款。

28. ——

（1）本章的规定将有关版权作品并且不论其版权存在状况而可以实施的行为进行具体说明；它们的效力仅及于版权侵权问题而不影响任何其他对其中任何一项特定行为加以限制的权利或义务。

（2）本章所规定的不属侵犯版权的行为，或者可以实施但不属侵犯版权的行为，凡未具体说明所指版权作品类型的，即指不属侵犯任何一类作品的版权。

(3) 不得从凭借本章节可予作出而不属侵犯版权的任何作为的描述,而推论受任何类别作品的版权所限制的作为的范围。

(4) 本章的各项规定相互分开加以解释,非受一项规定所制约的行为不等于亦不在其他规定调整范围之内。

一 般 条 款

研究及私人学习。

29. ——

(1) 为研究或私人学习的目的而对文学、戏剧、音乐或艺术作品的合理使用不属侵犯作品或版本版面设计的任何版权。

(2) 为第(1)款所述的目的对版本版面设计的合理使用不属侵犯版面设计的任何版权。

(3) 在下列条件下,非研究人员或非学生本人进行的复制不属于合理使用,如果——

(a) 复制者为图书工作人员或代表其利益的其他人时,实施了第 40 条的规范所不允许其依第 38 条或第 39 条(文章或出版作品的一部分:禁止对相同材料的多次复制)而实施的行为;或

(b) 在其他情况下,进行复制的人知道或有理由相信如此复制会造成实质上相同材料的复制品在实质上相同的时间提供予多于一人作实质上相同的用途。

批评、评论和新闻报道。

30. ——

(1) 为对一作品或另外一作品或作品的表演进行批评或评论的目的而合理使用一作品,在附加了充分说明的条件下不构成对该作品的任何版权的侵犯。

(2) 为时事报道的目的而合理使用一作品(不包括照片),在附加了充分说明的条件下(除第(3)款外)不构成对作品的任何版权的侵犯。

(3) 借录音制品、影片、广播或有线传播节目手段进行的时事报道无须附

加说明。

附带地包括版权材料。

31. ——

（1）凡作品附带地包括在艺术作品、录音作品、影片、广播或有线传播节目内，不属侵犯该作品的版权。

（2）凡凭借第（1）款而为的制作不属侵犯版权者，则向公众发放或提供该东西的复制品，或播放、放映、广播该项东西，或将该项东西包括在有线传播节目服务内，亦不属侵犯版权。

（3）蓄意将音乐作品、伴随音乐而讲出或唱出的文字包括在另一作品中，或蓄意将录音作品、广播或有线传播节目中包括音乐作品或该等文字的部分包括在另一作品中，并不视为附带地包括在该另一作品中。

教　　育

为教学或考试的目的所为之行为。

32. ——

（1）在教学或备课过程中复制作品不属侵犯文学、戏剧、音乐或艺术作品的版权，但这种复制必须满足下列情形，则该复制不属侵犯该作品的版权——

（a）由教学或接受教学的人作出，且

（b）并非借翻印程序进行。

（2）在教学或备课过程中以制作影片或影片声轨的形式复制录音制品、影片、广播或有线传播节目，在复制者为施教者或接受教学的人情况下，不属侵犯该作品的版权。

（3）为考试的目的并借拟出试题、向考生传达试题或解答试题而作出的任何事情，不属侵犯版权。

（4）第（3）款并不延伸而适用于制作音乐作品的翻印复制品供考生表演该作品之用。

（5）依本条制作而在其他情况下侵犯版权的复制品，制作后又予以交易的，如果交易后的一切目的都侵犯版权，出于此交易的目的，该复制品应被视为侵权复制品。

就本款而言,"进行交易"指出售、出租、要约出售或要约出租,或为出售或出租而展示。

供教育用途的选集。

33. ——

(1) 在汇编作品中收入已出版文学或戏剧作品的片段,而且满足下列情形,则只要该等作品本身并非拟在该教育机构中使用并且将该等作品包括在该集合本中是附有足够的确认声明的,将该片段包括在该集合本中并不属侵犯该作品的版权。——

(a) 意在教育机构使用,并且在汇编名称中及由汇编的出版人发放或代表汇编的出版人发放的宣传品中均如此描述,并且

(b) 此汇编主要由不享有版权的资料构成。

(2) 依第(1)款而在任何一个 5 年期限内由同一出版人出版的汇编作品中收入同一作者的版权作品时,不得超过两个选段。

(3) 关系到任何特定片段,第(2)款所涉及的由同一作者的作品中摘取的选段——

(a) 应包括从该作者与他人合作创作的作品中摘取的选段,并且

(b) 如果该片段确实出自此类作品,应包括从任何作者的作品中摘取的选段,不论系单独创作还是合作为之。

(4) 本条所涉及的教育机构对作品的使用系指教育机构为教育目的而对作品的任何方式的使用。

在教育机构的活动过程中表演、播放或放映作品。

34. ——

(1) 以教育机构的教师和学生以及其他与教育机构的活动有直接联系者为观众,而表演文学、戏剧或音乐作品,如果表演满足下列条件,此种表演不是侵犯版权意义的公开表演。——

(a) 系教师或学生在教育机构活动过程中进行的,或者

（b）为教学目的而由任何他人在教育机构进行的。

（2）为教学目的而在教育机构为上述观众播放或放映录音制品、影片、广播或有线传播节目不是侵犯版权意义上的公开播放或放映。

（3）就此而言，任何人不能仅因属于教育机构的学生的家长，而成为与该机构的活动有直接关联的人。

由教育机构录制广播及有线传播节目。

35. ——

（1）出于本教育机构的教育目的，教育机构或代表其利益者可以将广播或有线传播节目录制下来或制作其复制品，此种行为不属侵犯广播或有线传播节目或其中所含任何作品的版权。

（2）出于本条的目的，如果依第 143 条而存在的经确认的许可方案规定了许可的授予，或者具备这样的条件，本条的规定不复适用。

（3）凡任何复制品（假若非因本条该复制品即属侵犯版权复制品）按照本条制作，但其后有人进行该复制品的交易，则就该项交易而言，该复制品须视为侵犯版权复制品，又如该项交易侵犯版权，则就所有其后的目的而言，该复制品须视为侵犯版权复制品。

就本款而言，"进行交易"指出售、出租、要约出售或要约出租，或为出售或出租而展示。

教育机构从已发表作品中影印复制片段。

36. ——

（1）依本条允许的范围，教育机构或代表其利益者可为教学目的而从已出版文学、戏剧或音乐作品中影印复制一些片段，此种复制不属侵犯作品或其版面设计的任何版权。

（2）教育机构或代表其利益者依本条而复制作品的，每季度复制篇幅不得超过该作品的百分之一；本款所涉及的季度系指 1 月 1 日至 3 月 31 日、4 月 1 日至 6 月 30 日、7 月 1 日至 9 月 30 日或 10 月 1 日至 12 月 31 日中的任何一个期间。

（3）如有特许计划下的特许授权进行有关的复制，而制作复制品的人已知道或应已知道该事实，则本条并不授权进行有关的复制或在该特许所授权的范围内进行有关的复制。

（4）向教育机构颁发的允许其为教学目的而影印复制已出版文学、戏剧或音乐作品片段的许可的期限，不得将作品的可复制部分（不论是否付费）限制在少于本条规定的篇幅之内。

（5）凡任何复制品（假使非因本条该复制品即属侵犯版权复制品）按照本条制作，但其后有人进行该复制品的交易，则就该项交易而言，该复制品须视为侵犯版权复制品，又如该项交易侵犯版权，则就所有其后的目的而言，该复制品须视为侵犯版权复制品。

就本款而言，"进行交易"指出售、出租、要约出售或要约出租，或为出售或出租而展示。

图书馆和档案馆

图书馆和档案馆：引言。

37. ——

（1）在第 38 条至第 43 条中（图书馆和档案馆的复制）——

（a）任何条款中所涉及的指定的图书馆和档案馆系指经由国务大臣出于各该条款的目的而制定的条例所指定的图书馆或档案馆。

（b）任何条款中所涉及的指定条件系指前款规定的条例所指定的条件。

（2）此条例可以规定，在制作或提供一作品的复制品之前，图书馆工作人员或档案馆工作人员，需要就任何事项确信——

（a）他可依赖由要求获得该复制品的人就该事项所作出的签署声明，但若其知道该声明在任何要项上存在虚假，则属例外；并且

（b）在所述规定的情况下，如没有按指定格式作出经签署的声明，则其不得制作或供应复制品。

（3）如果要求获得复制品的人作出实质性虚假声明并获得所需复制品，而该复制品如果由该人制作即属侵犯版权复制品，则——

（a）他必须如同自己制作复制品一样对侵犯版权承担责任，并且

（b）该复制品应被视为侵犯版权复制品。

（4）条例可因不同目的针对不同图书馆或档案馆作出不同的规定。

（5）有关本条的规则须以法定文件的形式颁布，且议会任一院决议皆有权将之废除。

（6）本条以及第 38 条至第 43 条中所涉及的图书馆工作人员或档案馆工作人员包括为其利益而实施行为的人。

由图书馆工作人员制作复制品：期刊所载之文章的复制。

38. ——

（1）在满足指定条件的情况下，指定图书馆工作人员可以制作并提供期刊上所载文章的复制品，不属侵犯该文本的版权、附同该文本的任何插图的版权，或该文本的版面设计的版权。

（2）指定条件应包括以下各项——

（a）这些复制品只能提供给如下对象：必须使图书馆工作人员确信，需要这些复制品的目的在于研究或个人学习，并且不会为其他目的而使用复制品；

（b）不得提供同一篇文章的多于一份复制品予同一人，亦不得从同一期的期刊提供多于一篇文章的复制品予同一人；及

（c）获供应复制品的人须就该等复制品支付一笔不少于制作该等复制品的成本（包括对图书馆的一般支出所作分担）的款项。

由图书馆工作人员制作复制品：已发表作品的部分。

39. ——

（1）在满足指定条件的情况下，指定图书馆工作人员可以制作并提供出版物上刊出的文学、戏剧或音乐作品的一部分的复制品而不属侵犯作品、作品注解或版面设计的任何版权。

（2）指定条件应包括以下各项——

（a）这些复制品只能提供给如下对象：必须使图书馆工作人员确信，需要这些复制品的目的在于研究或个人学习，并且不会为其他目的而使用复制品；

（b）不得提供同一篇文章的多于一份复制品予同一人，亦不得从同一期

的期刊提供多于一篇文章的复制品予同一人；并且

（c）获供应复制品的人须就该等复制品支付一笔不少于制作该等复制品的成本（包括对图书馆的一般支出所作分担）的款项。

对制造多份相同材料的复制品的限制。

40. ——

（1）出于第 38 条与第 39 条（图书馆对文章或已出版的作品的部分复制）的目的而制定的条例应当规定，要求获得复制品的人，须令图书馆馆长信任他对复制品的需求与其他人对该复制品的相近需求并无关连，方可获供应该复制品。

（2）上述条例可以规定——

（a）不同需求者在实质上相同的时间出于实质上相同的目的而需求实质上相同资料的复制品，其需求即应被视为相类似的需求；

（b）若不同的需求者因同一时间及地点接受与所需材料有关的指示，则该等人的需求须视为有关联。

由图书馆工作人员制作复制品：向其他图书馆提供的复制品。

41. ——

（1）在满足指定条件的情况下，指定图书馆的工作人员可以制作并向其他指定图书馆提供下列作品的复制品，而不属侵犯文章文本、作品、作品注解或版面设计的任何版权。——

（a）期刊所载之文章，或者

（b）已出版的文学、戏剧或音乐作品的全部或一部分。

（2）制作复制品的图书馆工作人员在复制时知道或通过合理调查能确认有权颁发复制许可者的姓名和地址，则第（1）款第（b）项的规定不能适用。

由图书馆工作人员或档案馆工作人员制作复制品：作品的替代复制品。

42. ——

（1）在满足指定条件的情况下，指定图书馆或档案馆工作人员可为下列目的而复制其永久收藏物中的任何资料,而不属侵犯任何文学、戏剧或音乐作品、作品注解以及版本的版面设计的版权——

(a) 并借将复制品以增补或代替原有项目的形式收入永久收藏品,以保存或替代该原有项目,或

(b) 以替代属另一指明图书馆或指明档案室的永久收藏品中已失去、毁灭或损毁的项目。

(2) 指定条件应包括施加以下限制的条文:只有在购买有关项目作该用途并非合理地切实可行的情况下,方可制作复制品。

由图书馆工作人员或档案馆工作人员制作复制品:特定的未发表的作品。

43. ——

(1) 在满足指定条件的情况下,指定图书馆或档案馆工作人员可以从其收藏的文件中制作并提供文学、戏剧或音乐作品的全部或部分的复制品,不属侵犯作品或与作品的注解的任何版权。

(2) 本条不适用于——

(a) 文件藏入图书馆或档案馆前已经出版的作品,或者

(b) 版权所有人禁止复制的作品,

而且在制作复制品之时,图书馆或档案馆工作人员已经或应当注意到这些事实。

(3) 指定条件应包括以下各项——

(a) 复制品只能提供给如下对象:其必须使图书馆或档案馆工作人员相信,所需复制品的目的在于研究或个人学习,而且不会为任何其他目的而使用复制品;

(b) 不得提供同一份材料的多于一份复制品予同一人;及

(c) 获供应复制品的人须就该等复制品支付一笔不少于制作复制品的成本(包括对图书馆或档案室的一般支出所作分担)的款项。

作为出口条件而需要制作作品复制品。

44. 如果一具备文化或历史重要性或利益的物品无法合法地从联合王国

出口,若复制一份并收藏于一适当图书馆或档案馆,则为此目的制作复制品的不构成版权的侵犯。

公　共　管　理

议会和司法程序。

45. ——

（1）为议会或司法程序的目的而实施得任何行为不属侵犯版权。

（2）为报道此类司法程序的目的而实施的任何行为不属侵犯版权;但此规定不得被解释为授权任何人复制本身是该等程序的已发表报道的作品。

王室专门调查委员会和法定调查程序。

46. ——

（1）为王室专门调查委员会或法定调查程序的目的而实施的任何行为不属侵犯版权。

（2）为报道任何公开进行的法定调查程序而实施的任何行为不属侵犯版权;但此规定不得被解释为授权任何人复制本身是该等程序的已发表报道的作品。

（3）公开发行包含作品或其中资料的有关王室委员会或法定调查的报道的复制品不属侵犯作品的版权。

（4）在本条中——

1973 c.36.

"王室专门调查委员会"包括国务大臣依据 1973 年《北爱尔兰宪法法案》第 7 条第(2)款的规定行使女王特权而为北爱尔兰指定的委员会。

"法定调查"系指依据某种法定义务或权力而进行的查询或调查。

向公众查阅开放或在官方登记册内的材料。

47. ——

（1）依据法例规定须开放予公众查阅的材料,或法定登记册内的材料,不涉及公开发行复制品而依有关人员的权利或经其许可复制其中任何事实性信息资料,不属侵犯其作为文学作品的版权。

（2）根据法定要求而向公众开放资料供查阅的，其版权不因资料被复制或其复制品被公开发行而受到侵犯，但此种复制或发行的目的必须能够促使该资料在更加方便的时间或地方被公众查阅。或者有助于实现法定要求所需各项权利的行使，而且此种复制或发行须依据有关人员的权利或经其许可而为之。

（3）凡依据法例规定须开放予公众查阅的材料，或法定登记册内的材料中包括有关一般科学、技术、商业或经济利益的信息的，为传播该信息而依有关人员的权利或经其许可对此种资料的复制不属侵犯版权。

（4）国务大臣可以命令的方式规定第（1）款、第（2）款、第（3）款在某种情况下只适用于附带特定标记的复制品；何种情况应用何种标记亦由命令加以规定。

（5）国务大臣可以命令的方式规定第（1）款至第（3）款按命令须开放予公众查阅的材料或法定登记册内的材料一样所特别规定的范围与限制条件适用于下列情形——

（a）由下列主体向公众查阅开放的资料——

（i）命令中指明的国际组织，或者

（ii）根据联合王国参加的国际协定而在联合王国供职的人员，或者

（b）由命令中指明的国际组织维持的注册。

（6）在本条中——

"适当的人"系指需要将资料向公众开放资料供查阅之人或者注册的维持人（视具体情况而定）；

"法定登记册"系指依据由条例或根据条例施加的规定而备存的登记册、注册记录册或类似的名册；

"法定要求"系指命令条款或依命令所制定的规范所提出的要求。

（7）有关本条的规则须以法定文件的形式颁布，且议会任一院决议皆有权将之废除。

在公共事务过程中传送给王室的材料。

48. ——

（1）本条的规定适用于由版权人或经其许可而在公共事务过程中为任何

目的传送至王室的文学、戏剧、音乐或艺术作品以及由王室所有、监护、控制的记录或体现这种作品的文件或其他资料。

（2）为作品传送至王室的初始目的或版权人本来能够合理地预料到的任何有关目的，王室可以复制该作品和公开发行复制品而不属侵犯作品的任何版权。

（3）如果该作品在此前已非为传送至王室而出版，王室则不得依本条而复制该作品或公开发行该作品的复制品。

（4）第（1）款中的"公共事务"包括由王室从事的任何活动。

（5）本条的效力在王室与版权人间订有的相反协议时除外。

公共记录。 1958 c.51.1937 c.43.1923 c.20(N.I.).

49. 根据 1958 年《公共记录法》、1937 年《（苏格兰）公共记录法》以及 1923 年《（北爱尔兰）公共记录法》，依法可由公众公开查阅的公共记录中所包含的资料，可经根据依这些法律而任命的任何官员的许可而复制，其复制品亦可提供给任何人，此种行为不属侵犯版权。

根据法定权限所作出的行为。

50. ——

（1）凡某条例（不论何时制定）明确授权作出某作为，则除非该条例另有规定，否则作出该作为不属侵犯版权。

（2）第（1）款的规定在关系到北爱尔兰立法中的命令时与议会通过的法律同样适用。

（3）本条的规定不得解释为令任何可根据或凭借任何条例而提出的法定权限免责辩护不得提出。

外 观 设 计

外观设计文件和模型。

51. ——

（1）根据外观设计制作物品或者复制基于外观设计制作的物品，不属侵犯外观设计文件、记录或体现该外观设计的模型的版权;但艺术品或字形的外观设计除外。

（2）将依第（1）款制作而不属侵犯版权的任何物件公开发行或者收入影片、广播或有线传播节目服务,亦不属侵犯版权。

（3）在本条中——

"外观设计"系指对一物品的全部或部分的形状或形体（不论内部或外部）的任何方面的设计,而不是表面装饰。

"外观设计文件"系指一外观设计的任何记录,不论其形式为图画、文字描述、照片、存贮于电脑的数据还是其他记载方式。

源自艺术作品的外观设计之利用效力。

52. ——

（1）本条适用于版权人或经其许可而用下述方式利用其艺术作品的情形——

（a）出于本部分的目的,通过工业过程制作属于作品复制品的物品,以及

（b）在联合王国内或其他地方销售此类物品。

（2）自该物品首次上市之日年终起算的 25 年期结束后,以制作任何种类物品的方式复制此种作品、为制作任何种类物品而实施任何行为以及实施与如此制作的物品相关的任何行为都不属侵犯该作品的版权。

（3）依第（1）款所述的方式而仅利用艺术作品的一部分,第（2）款的规定只适用于该有关部分。

（4）国务大臣可以以命令的方式规定——

（a）出于本条的目的,何种情况下一物品或任何种类物品得被视为通过工业过程制作的;

（b）在他看来基本上具备文学或艺术特性而又可以排除于本条效力范围之外的物品。

（5）命令应以法定文件形式制定,且应遵守议会之一院所作出的撤销决议。

（6）在本条中——

（a）物品不包括影片；

（b）物品销售系指出售或出租物品，要约出售或要约出租，或为出售或出租而展示。

因信赖已注册的外观设计所实施的行为。 1949 c.88.

53. ——

（1）在下列情况下实施的任何行为均不属侵犯艺术作品版权——

（a）执行由依照 1949 年《注册设计法》而注册成为相应外观设计所有人所缔结或颁发的转让或许可协议；

（b）善意地信赖注册，并且不知道有关取消注册或更正外观设计注册中有关事项的任何程序。

即使按照 1949 年《注册设计法》来衡量，已被注册为所有人者不是该外观设计的实际所有人亦无关系。

（2）在第（1）款中，关系到艺术作品，"相应外观设计"系指《1949 年法案》的含义内的外观设计，将该种外观设计转变成物品会出于本部分的目的而在某些方面被视为对艺术作品的复制。

字 体 设 计

在一般印刷过程中使用字体设计。

54. ——

（1）下列行为不属侵犯由字体设计构成的艺术作品的版权，而尽管某物品属该艺术作品的侵犯版权复制品，使用该物品亦不属于侵犯该艺术作品的版权——

（a）在一般的打字、排版、铸字或印刷过程中使用字体设计，

（b）为该等用途而持有任何物品，或

（c）就该等用途所产生的材料作出任何事情。

（2）无论在任何情况下，凡任何物品是经特定设计或改装以产生以某种字体设计展现的材料，并且有人制作、进口或出口该等物品，或进行该等物品的交易，或为进行该等物品的交易而持有该等物品，则本部分下列条款就该等

人士而适用,犹如第(1)款提及的材料的产生确有侵犯由字体的设计所构成的艺术作品的版权一样——

第 24 条(间接侵犯版权:制作、进口、持用以制作侵犯版权复制品的物品,或进行该等物品的交易);

第 99 条以及第 100 条(交付令及扣押权利);

第 107 条第(2)款(制作或持有此类物品的违法行为);以及

第 108 条(在刑事诉讼中的交付令)。

(3) 第(2)款所涉及的"进行物品的交易"系指出售或出租,要约出售或要约出租,或为出售或出租而展示。

生产使用特定字体设计之材料的物品。

55. ——

(1) 本条适用于由字体设计构成的艺术作品的版权,而且专门设计或改进用以生产用于此字体设计的材料的物品已由版权人或经其许可而推向市场。

(2) 自上述物品首次上市之日年终起算 25 年后,任何人可通过进一步制作该等物品或为制作该等物品而作出任何事情以复制有关作品,亦可就如此制作的物品作出任何事情,而不属侵犯该作品的版权。

(3) 第(1)款中的"推向市场"系指在英国或其他地方出售或出租、要约出售或要约出租,或为出售或出租而展示。

电子形式作品

电子形式作品的复制品的转让。

56. ——

(1) 本条所适用的电子形式作品,其复制品在购买时即附有条件,明示、默示或依据任何法律规则,允许购买人出于使用的目的而复制该作品或者改编作品或制作改编作品的复制品。

(2) 如果没有明示条件,凡属购买者获允许作出的事情,受让人均可作出,而不属侵犯版权;但购买者所制作的任何复制品、改编本或改编本的复制品,如没有一并转移,则在该项转移后,该等复制品、改编本或改编本的复制就任何目的而言均视为侵犯版权复制品——

（a）禁止购买人转让该复制品、为其设定复制品转让后仍继续有效的义务、禁止出让任何许可或因复制品的转让而终止任何许可，或

（b）规定受让人可实施允许购买人实施的行为的条件。

（3）原购复制品已不能使用，被转让的系作为其替换件的进一步的复制品时，上述规定同样适用。

（4）上述规定同样适用于其后的转让，此时第（2）款中的购买人即为后续转让人所取代。

杂项条款：文学作品、戏剧作品、音乐作品及艺术作品

匿名或以假名署名的作品：基于关于版权期限届满或作者死亡的假设而允许作出的行为。

57.——

（1）在下述时间或依下述时间所做安排而实施的行为不属侵犯文学、戏剧、音乐或艺术作品的版权——

（a）通过合理调查不可能确知作者身份，并且

（b）有理由推定——

（i）版权期限已届满，或

（ii）在行为实施或安排做出的该年开始之时，作者死亡时间已达或超过50年。

（2）关系到下列情况时，第（1）款第（b）项第（ii）目的规定不予适用——

（a）享有王室版权的作品，或者

（b）依第168条的规定而将最初版权授予一国际组织的作品，根据该条所颁布的命令指明其版权期限逾50年的。

（3）就合作作品而言——

（a）第（1）款所涉及的确知作者身份的可能性应被解释为确知任何一个或几个作者身份的可能性，并且

（b）第（1）款第（b）项第（ii）目所涉及的作者的死亡应被解释为所有作者已死亡。

在特定情况下使用书面或口述记录。

58.——

（1）凡为下列目的而用书面或其他方式将口述记录下来的,在满足下列条件的情况下,利用这种记录或其中材料（或复制该记录或其中的材料,或使用其复制品）不属侵犯这些作为文学作品的口述作品的版权。——

（a）时事报道,或者

（b）将全部或部分作品广播或收入有线传播节目服务。

（2）这些条件是——

（a）这种记录系对口述的直接记载,而非从先前的记录、广播或有线传播节目中获取的;

（b）记录的制作未受到讲话者禁止,而且在作品已享有版权的情况下未侵犯作品的版权;

（c）在记录制作完成前,将该记录或取自该记录的材料作有关使用,不属有关讲话代表者或版权人所禁止使用之列;并且

（d）此种使用系由记录的合法持有者本人或经其许可而进行的。

公开朗读或背诵。

59.——

（1）公开朗读或背诵摘取已发表文学或戏剧作品的合理部分时附有充分说明者,即不属侵犯作品的任何版权。

（2）依第（1）款而不属侵犯版权的朗读或背诵录音制品、广播或收入有线传播节目服务者,只要此种录音制品、广播或有线传播节目的主要组成部分不必依赖该款,即不属侵犯作品的版权。

科学或技术文章的摘要。

60.——

（1）发表于期刊上的有内容摘要的科学或技术文章,复制内容摘要或将其复制品公开发行不属侵犯内容摘要或文章的版权。

（2）出于本条的目的,如果根据第 143 条确认的许可方案的规定授予了

许可,本条的规定即不予适用。

民歌的录制。

61.——

(1) 在满足第(2)款规定条件的情况下,为由指定机构管理的档案馆收藏而将演唱作品录音的,不属侵犯作为文学作品的歌词或者歌词伴奏音乐作品的版权。

(2) 这些条件是——

(a) 制作录音时歌词尚未发表且作者身份不明,

(b) 制作录音不属侵犯任何其他版权,并且

(c) 制作录音不被任何表演者所禁止。

(3) 在满足规定条件的情况下,由指定实体管理的档案馆可以制作并提供根据第(1)款所制作录音的复制品,此种行为不属侵犯录音及涉及该录音作品的版权。

(4) 规定条件应包括——

(a) 这些复制品只能提供给这样一些人:必须使档案馆工作人员确信,复制品在于研究或个人学习,并且不用于其他目的,并且

(b) 不得提供同一录音作品的复制品多于一份予同一人。

(5) 在本条中——

(a) "指定"系指出于本条的目的而由国务大臣依命令所进行的指定;除非一机构证明其非为营利而设立或经营,否则不予指定,

(b) "规定"系指出于本条的目的而由国务大臣依命令所作出的规定,

(c) 档案馆工作人员包括为其利益而实施行为的个人。

(6) 有关本条的规则须以法定文件的形式颁布,且议会任一院决议皆有权将之废除。

特定公开展示的艺术作品的表述。

62.——

(1) 本条的规定适用于——

（a）建筑物，以及

（b）永久位于公众地方或开放予公众的处所的雕塑品、建筑物的模型及美术工艺作品。

（2）下列行为不属侵犯此种作品的版权——

（a）制作表述该等作品的平面美术作品，

（b）将其拍成照片或影片，或者

（c）广播该等作品的影像或将该等作品的影像包括在有线传播节目服务内。

（3）凡任何东西的制作凭借本条并不属侵犯版权，则公开发行或提供该物品的复制品、广播该物品或将该物品收入有线传播节目服务，亦不属侵犯该版权。

销售艺术作品的宣传。

63. ——

（1）为宣传艺术作品供售卖而复制作品或公开发行该复制品，不属侵犯艺术作品的版权。

（2）凡任何复制品（假使非因本条该复制品即属侵犯版权复制品）按照本条制作，但其后有人进行该复制品的交易，则就该项交易而言，该复制品须视为侵犯版权复制品，又如该项交易侵犯版权，则就所有其后的目的而言，该复制品须视为侵犯版权复制品。

就本款而言，"进行交易"系指出售或出租、要约出售或出租、为出售或出租而展示。

同一艺术家制作的后续作品。

64. 凡某一艺术作品的作者并非该作品的版权所有人，若其在制作另一艺术作品时复制该先前作品时未重复或模仿先前作品的主要设计，该项复制不属侵犯原作品的版权。

建筑物的重建。

65. 为重建一建筑物而实施的任何行为不属侵犯下列任何版权——

（a）该建筑物的版权，或者

（b）作为版权人或经其许可而建造的建筑物的蓝本的制图或规划的版权。

杂项条款：录音制品、影片和计算机程序

录音制品、影片和计算机程序的出租。

66.——

（1）国务大臣可以命令的形式规定，在命令所指定的情况下，只要支付合理的版税或在违约情况下事先约定的或由版权法庭裁定的其他费用，向公众出租录音制品、影片或计算机程序的复制品应被视为版权人许可实施的行为。

（2）出于本条的目的，如果或实际上依第143条而存在的经确认的许可方案规定了许可的授予，此种命令将不予适用。

（3）命令可依情况的不同作出不同的规定，并可根据与作品、出租的复制品、租用人或出租情况有关的任何因素作出特殊规定。

（4）命令应以法定文件形式制定；在草案提交议会两院批准之前，命令不得颁布。

（5）在其复制品首次以电子形式向公众发行的当年年终起算的50年届满后向公众出租复制品，不属侵犯计算机程序的版权。

（6）本条的规定不影响第23条（间接侵犯版权）关于出租侵权复制品的任何责任。

为俱乐部、社团等播放录音制品。

67.——

（1）在满足下列条件的情况下，作为一俱乐部、社团或其他组织活动的一部分而播放录音制品，不属侵犯该录音制品的版权。

（2）这些条件是——

（a）该种组织非为营利而设立或经营，而且其主要目标是慈善事业或关系到宗教、教育或社会福利事业的推进，以及

（b）播放录音制品的场所的入场收费所得全部用于本组织的目的。

杂项条款：广播和有线传播节目

为广播或有线传播节目而附带制作录制品。

68.——

(1) 本条适用于一人因版权许可或转让而有权将下列作品广播或收入有线传播节目服务的情形——

(a) 文学、戏剧或音乐作品，或者这类作品的改编本，

(b) 艺术作品，或者

(c) 录音制品或影片。

(2) 此人因本条的规定应被视为获得了版权人的许可而为广播或有线传播节目的目的实施或授权他人实施下列任何行为——

(a) 就文学、戏剧或音乐作品，或者这类作品的改编本而言，将这类作品或其改编本制成录音制品或影片；

(b) 就艺术作品而言，将作品拍成照片或影片；

(c) 就录音或影片而言，制作其复制品。

(3) 这种许可的前提条件是，这些录音制品、影片、照片或有关的复制品——

(a) 不应被用于任何其他目的，并且

(b) 在首次用于广播或收入有线传播节目服务之后的 28 天内，应予销毁。

(4) 在下列情况下，依本条而制作的录音制品、影片、照片或复制品应被视为侵权复制品——

(a) 为违反第(3)款第(a)项所述条件的任何目的而使用，及

(b) 在违反上述条件或第(3)款第(b)项的条件后为任何目的而使用之。

为监管和控制广播及有线传播节目而制作录制品。

69.——

(1) 为维持对其广播节目的监管与控制，英国广播公司制作或使用这些节目的录制品不属侵犯广播节目的版权。

(2) 下列情形不属侵犯版权——

1981 c.68.

(a) 独立广播局出于 1981 年《广播法》第 4 条第(7)款所述的目的而制作

或使用录制品；或者

（b）根据节目制作人与广播局依《广播法》第 21 条而签订的合同或依其中条款而实施的任何行为。

（3）下列行为不属侵犯版权——

1984 c.46.

（a）为维持对 1984 年《有线传播和广播法案》第 I 部分所许可的服务中所含节目的监管与控制，有限传播局制作或授权他人制作这些节目的录制品，或由该局使用之；或者

（b）依照或执行下列条件而实施的任何行为——

（i）依 1984 年《有线传播和广播法案》第 16 条而发布的通知或指示；或者

（ii）依该法第 35 条而授予的许可中所包含的条件。

为改变播放时间而制作录制品。

70. 仅以在更方便的时间收看或收听的目的，而将广播或有线传播节目制成录制品以供个人或家庭使用，不属侵犯广播或有线传播节目或其中任何作品的任何版权。

电视广播或有线传播节目的照片。

71. 为个人或家庭使用而将作为电视广播或有线传播节目组成部分的镜头的全部或任何部分拍成照片，或制作这种照片的复制品，均不属侵犯广播或有线传播节目或其中所包含的影片的任何版权。

免费公开放映、播放广播或有线传播节目。

72. ——

（1）在公共场所向未支付入场费的听众及观众放映或播放广播或有线传播节目不属侵犯下列版权——

（a）广播或有线传播节目，或者

（b）包含于其中的任何录音制品或影片。

（2）在下列情况下，听众及观众被视为已支付入场费——

（a）他们已向该场所为其组成部分的场所支付过入场费；或者

（b）该场所（或该场所作为其一部分的场所）向听众及观众提供商品或服务——

（i）其价格实质上属于辅助视听广播或有线传播节目的设施的使用费，或者

（ii）其价格超过了平时收费，其中一部分属于设施使用费。

（3）下面一些人不应被视为已支付入场费——

（a）作为该场所居民或住户而进入该场所的人；

（b）作为俱乐部或社团成员而进入该场所的人，其所支付的只是俱乐部或社团成员费，而且辅助收看或收听广播或有线传播节目的设施的提供仅仅是该俱乐部或社团主要目的的附带项目。

（4）如果将录音制品或影片制成广播节目或收入有线传播节目服务侵犯了版权，在公共场所收听或收看广播或有线传播节目这一事实，在评价侵权所造成的损害时应予以考虑。

接收和转播有线传播节目服务的广播。

73. ——

（1）本条适用于将在联合王国一场所制作的广播通过接收与实时转播收入有线传播节目服务的情形。

（2）下列情况不属侵犯广播节目的版权——

1984 c.46.

（a）将广播收入有线传播节目服务旨在适应 1984 年《有线传播和广播法案》第 13 条第（1）款的需要，或者

（b）若制作的广播或在实质上为存在有线传播节目服务的地区所接收，而且有线传播节目服务不是通过卫星传输或密码传输所提供的。

（3）下列情况不属侵犯广播中所含的任何作品的版权，但如果广播的制作侵犯了作品的版权，广播作为有线传播节目服务的节目而被转播这一事实在评价侵权所造成损害时应予以考虑。——

（a）将广播收入有线传播节目服务旨在适应 1984 年《有线传播和广播法案》第 13 条第（1）款的需要，或者

(b) 若制作的广播或在实质上为存在有线传播节目服务的地区所接收。

提供附有字幕的广播或有线传播节目的复制品。

74. ——

（1）为向耳聋或听觉有问题者、或者存在其他生理或心理残疾者提供适应其特殊需要的附加了解释性标题或其他界定的复制品的目的,指定机构可制作电视广播或有线传播节目的复制品,并可公开发行此种复制品。这种行为不属侵犯广播或有线传播节目或其中所含作品的任何版权。

（2）"指定机构"系指出于本条的目的而由国务大臣依命令所指定的机构;除国务大臣认为为非营利目的而设立或经营的机构外,不应予以指定其他机构。

（3）有关本条的规则须以法定文件的形式颁布,且议会任一院决议皆有权将之废除。

（4）出于本条的目的,如果或者实质上依第143条而存在的经确认的许可方案规定了许可的授予,本条规定则不予适用。

为存档而制作的录制品。

75. ——

（1）为由指定机构管理的档案馆存放的目的而录制指定类别的广播或有线传播节目,或制作这类录制品的复制品,不属侵犯广播或有线传播节目或其中所含作品的任何版权。

（2）第（1）款中的"指定"系指出于本条目的而由国务大臣依命令而进行的指定;除非国务大臣认为一机构非为营利而设立或经营,否则不应予以指定。

（3）有关本条的规则须以法定文件的形式颁布,且议会任一院决议皆有权将之废除。

改 编 作 品

改编作品。

76. 依本章的规定所实施的不属侵犯文学、戏剧或音乐作品的版权的行为,在关系到改编作品时,不属侵犯改编作品据以创作的作品的任何版权。

第Ⅳ章 精 神 权 利

识别为作者或导演身份的权利

识别为作者或导演的权利。

77.——

(1) 享有版权的文学、戏剧、音乐或艺术作品的作者以及享有版权的影片的导演,在本条规定的情况下有要求识别为作者或导演的权利;但在未依第78 条的规定而提出主张的情况下不存在侵权。

(2) 不论何时出现下列情况,文学作品(随音乐一同演唱或演讲的文字除外)或戏剧作品的作者有要求识别为作者的权利;凡将该作品的改编本作任何上述用途,则该权利包括被识别为该改编本所根据的原来作品的作者的权利。

(a) 作品被商业性地发表、公开表演、广播或收入有线传播节目服务;或者

(b) 公开发行包含此类作品的影片或录音的复制品。

(3) 无论何时出现下列情况,音乐作品或由随音乐一同演唱或演讲的文字构成的文学作品的作者有要求识别为作者的权利;凡将该作品的改编本作任何上述用途,则该权利包括被识别为该改编本所根据的原来作品的作者的权利。

(a) 作品用于商业出版;

(b) 该作品的录音复制品向公众发行;或者

(c) 其声轨上包含此种作品的影片公开放映或这种影片的复制品向公众发行。

(4) 无论何时出现下列任何情况,艺术作品的作者均有要求被识别为作者的权利——

(a) 作品被用于商业出版或在公共场所展览,或者其视觉图像被广播或被收入有线传播节目服务;

(b) 含有作品视觉图像的影片公开放映或这种影片的复制品向公众发行;或者

(c) 关系到以建筑物或建筑模型形式出现的建筑作品、雕塑作品或工艺

美术作品时,作为其体现的绘图作品或照片的复制品向公众发行。

(5) 以建筑物形式出现的建筑作品的作者还享有在建筑物上,或者在关系到一种设计、多处建筑物的情况下,在第一处如此建成的建筑物被识别自己为作者的权利。

(6) 不论何时将影片公开放映、广播或收入有线传播节目服务,或者将影片的复制品公开发行,影片的导演均有要求识别为导演的权利。

(7) 作者或导演依本条所享有下列权利,而在每种情况下,该项识别必须清楚和合理的显著性——

(a) 关系到商业出版或公开发行影片或录音复制品时,在每一复制品之内或之上识别为作者或导演,如果此种方式不适当,则以其他能引起复制品的需求者注意的方式声明其身份;

(b) 关系到在建筑物上要求声明时,以进入或接近建筑物的人可见的适当方式要求声明;以及

(c) 在任何其他情况下,以其身份能引起收看或收听表演、展览、放映、广播或有线传播节目者注意的方式要求声明。

(8) 如作者或导演在主张其身份权时指明用假名、缩写或其他特殊方式来要求识别,识别其身份时则应使用这种方式;否则任何合理的识别方式均可以使用。

(9) 本条的效力受本章第 79 条规定的限制。

第 77 条所赋予权利之主张的要求。

78. ——

(1) 除非第 77 条(被识别为作者或导演身份的权利)所赋予的权利被依照下述规定提出主张,从而使人们在实施行为时受到约束,否则实施第 77 条所提的任何行为都不属侵犯这种权利。

(2) 这种权利主张可以一般性地提出,亦可以在关系到任何具体行为或一类行为时提出——

(a) 在转让作品版权时,可使转让生效的文件中加入一声明,即作者或导演在关系到其作品时主张身份权利,或者

(b) 用经作者或导演签署的专门书面文件提出。

(3) 在关系到艺术作品的公开展览时,此种权利主张亦可以提出——

(a) 在作者或其他首位版权人未占有作品原件或由其制作或在其指导或控制下制作复制品的情况下,作者身份须在原件或复制品,或者其框架或底座或其他支撑物上被识别;或者

(b) 在作品或其他首位版权人颁发的授权他人复制作品的许可中加入一项声明,并由颁发人或其代表签字,说明在将按此许可而制作的复制品公开展览时,作者要求其识别为作者的权利。

(4) 受第(2)款或第(3)款的权利主张约束的人分别是——

(a) 在第(2)款第(a)项的权利主张而言,受让人及通过他而要求权利的任何人,不论其是否已注意到该权利主张;

(b) 在第(2)款第(b)项的权利主张而言,该权利主张所通知到的任何人;

(c) 在第(3)款第(a)项的权利主张而言,得到作品原件或复制品的任何人,不论作者身份的识别是否仍存在或可见;

(d) 在第(3)款第(b)项的权利主张而言,许可被许可人及得到依许可而制作的复制品的任何人,不论其是否知悉这种权利主张。

(5) 在侵犯身份权的诉讼中,法院在考虑救济措施时,应考虑到权利主张的延迟提出。

第 77 条所赋予权利的免责条款。

79. ——

(1) 第 77 条所赋予的权利存在下列例外规定。

(2) 关系到下列几类作品时,该项权利不予适用——

(a) 计算机程序;

(b) 字体设计;

(c) 任何由计算机产生的作品。

(3) 在初始版权属于下列主体时,此项权利不适用于由版权人或经其授权而实施的任何行为——

(a) 依第 11 条第(2)款(雇佣过程中产生作品)的规定,版权属于作者的

雇主的,或者

(b) 依第 9 条第(2)款第(a)项(视为影片作者的个人)的规定,版权属于导演的雇主的。

(4) 依下列任何条款实施而不属侵犯版权的行为亦不属侵犯此项权利——

(a) 第 30 条(为某些目的的合理使用),只要其关系到用录音制品、影片、广播或有线传播节目所进行的时事报道;

(b) 第 31 条(偶尔在艺术作品、录音制品、影片、广播或有线传播节目中使用作品);

(c) 第 32 条第(3)款(考试题);

(d) 第 45 条(议会和司法程序);

(e) 第 46 条第(1)款或第(2)款(王室委员会与法定调查程序);

(f) 第 51 条(设计文件和模型的使用);

(g) 第 52 条(利用源自艺术作品的设计的效力);

(h) 第 57 条(匿名与假名作品:在推定版权保护期已过或作者已故的情况下所允许的行为)。

(5) 此项权利不适用于为时事报道的目的而创作的任何作品。

(6) 此项权利在关系到下列出版物时不予适用,出于这类出版物的目的而创作或经作者许可可收入这类出版物的文学、戏剧、音乐或艺术作品——

(a) 报纸、杂志或类似的期刊,或者

(b) 百科全书、辞典、年鉴或其他汇编性参考作品。

(7) 此项权利不适用于——

(a) 王室版权或议会版权作品,或者

(b) 初始版权依第 168 条而同于一国际组织的作品,除非作者或导演的身份已声明于作品的版本上。

反对针对作品进行损害性处理的权利

反对针对作品进行损害性处理的权利。

80.——

(1) 享有版权的文学、戏剧、音乐或艺术作品的作者,以及享有版权的影片的导演,有权利在本条规定的情况下使其作品免受贬损处理。

(2) 出于本条的目的,以下规定中凡涉及对作品的贬损处理的都应据此作出解释。——

(a) 对作品的"处理"系指对作品之任何添加、删节或代换或改编,而不是——

(i) 对文学或戏剧作品的翻译,或者

(ii) 对音乐作品所进行的涉及不超过一个音调或音域变化的安排或改写;以及

(b) 如果对作品的处理达到了歪曲、割裂作品的程度,或者在其他方面有损于作者或导演的声望或名誉,这种处理即是贬损处理。

(3) 关系到文学、戏剧或音乐作品时,实施下列行为即侵犯了该项权利——

(a) 将经过贬损处理的作品商业性地出版、公开表演、广播或收入有线传播节目服务;或者

(b) 公开发行包含经贬损处理的作品或这类作品的影片或录音的复制品。

(4) 关系到艺术作品时,实施下列行为者即侵犯了该项权利——

(a) 将经过贬损处理的作品商业性地出版或公开展览,或者将经过贬损处理的作品的视觉图像予以广播或收入有线传播节目服务;

(b) 公开放映含有经过贬损处理的作品视觉图像的影片,或者公开发行该种影片的复制品;或者

(c) 在下列情况下,公开发行体现经过贬损处理的作品的绘图作品或照片的复制品。——

(i) 以建筑模型形式出现的建筑作品,

(ii) 雕塑,或者

(iii) 工艺美术作品。

(5) 第(4)款的规定不适用于以建筑物形式出现的建筑作品;但如果此种作品的作者的身份声明于经过贬损处理的建筑物上,他有权要求除去该识别。

(6) 关系到影片时,实施下列行为者即侵犯了这项权利——

(a) 将经过贬损处理的影片公开放映、广播或收入有线传播节目服务;

或者

（b）公开发行经过贬损处理的影片的复制品，或者随同影片一起，公开播放、广播或在有线传播节目中收入经过贬损处理的影片声轨，或者公开发行其复制品。

（7）本条所赋予的权利延伸至由作者或导演以外的其他人先前所进行的处理而带来的对作品某些部分的处理，只要这些部分被归入或很可能被视为作者或导演的作品。

（8）本条的效力受本章第 81 条与第 82 条的规定的限制。

第 80 条所赋予权利的免责条款。

81. ——

（1）第 80 条所赋予的权利（反对对作品造成贬损处理的权利）在下列情况除外。

（2）此项权利不适用于计算机程序或任何计算机产生的作品。

（3）此项权利在关系到任何出于时事报道的目的而创作的作品时不予适用。

（4）此项权利不适用于下列情形，出于这类出版物的目的而创作或为此目的经作者许可而收入出版物的文学、戏剧、音乐或艺术作品。关系到对此类作品在任何地方所进行的后续利用，只要不对其版本作任何修改，此项权利亦不予适用。——

（a）报纸、杂志或类似的期刊，或者

（b）百科全书、辞典、年鉴或其他汇编参考作品中。

（5）依第 57 条的规定（匿名与假名作品：在推定版权保护期届满或作者已故的情况下所允许的行为）实施而不属侵犯版权的行为不属侵犯此项权利。

（6）出于下列目的而实施的任何行为不属侵犯此项权利，在实施有关行为时识别为作者或导演身份的，或者其身份先前已在作品版本上被识别的，需有其放弃此项权利的充分证明——

（a）避免犯罪，或

（b）遵守某项文件所设定或依其而产生的义务，或

（c）英国广播公司避免在其节目中收入任何有违良好趣味或体面、或者有可能鼓励或刺激犯罪、或者导致混乱或与公众感情相抵触的节目。

特定案件中的权利资格。

82. ——

（1）本条的规定适用于——

（a）初始版权依第 11 条第（2）款（雇佣过程中产生的作品）归属于作者的雇主或依第 9 条第（2）款第（a）项（被视为影片作者的人）归属于导演的雇主的作品，

（b）享有王室版权或议会版权的作品，以及

（c）初始版权依第 168 条的规定归属于一国际组织的作品。

（2）第 80 条（反对对作品进行贬损处理的权利）所赋予的权利对于版权人或经其授权而实施的有关作品的行为不予适用，除非作者或导演身份。在此种情况下，上述权利予以适用。但如果作者或导演有充分的弃权表示，该项权利即未受到侵犯。——

（a）在实施有关行为时被识别，或者

（b）先前已在作品的已发表复制品之内或之上被识别。

因持有侵权物品或进行侵权物品交易而侵犯第 80 条所赋予之权利。

83. ——

（1）实施下列行为者将侵犯第 80 条（反对对作品进行贬损处理的权利）所赋予的权利——

（a）在商业过程中持有，或者

（b）出售或出租、或者提供或为出售或出租而展示，或者

（c）在商业过程中公开展览或发行，或者

（d）在可能会损害作者或导演的名誉或声望的情况下，在非商业过程中发行该行为人明知或有理由相信是侵权物的物品。

（2）"侵犯权利物品"系指这样的作品或作品复制品——

（a）依第 80 条的含义而经过了损害性处理，并且

（b）已经或有可能成为该条所列的侵犯此项权利的任何行为所及的对象。

作品的虚假署名

作品的虚假署名。

84. ——

（1）在本条所列举的情况下，任何人都有下列权利。关系到一作品，本条中的"署名"系指（明示或暗示）识别谁是作者或导演。——

（a）免于被虚假地署名为某一文学、戏剧、音乐或艺术作品的作者，以及

（b）免于被虚假地署名为某影片的导演。

（2）实施下列行为侵犯此项权利——

（a）公开发行含有虚假署名的描述的作品复制品，或者

（b）公开展览其上面或内部有虚假署名的艺术作品或其复制品。

（3）实施下列行为亦侵犯此项权利——

（a）关系到文学、戏剧或音乐作品时，将其作为某人的作品而公开表演、广播或收入有线传播节目服务；或者

（b）关系到影片时，将其作为某人导演的作品而公开放映；广播或收入有线传播节目服务，与此同时，行为人知道或有理由相信署名是虚假的。

（4）公开发行或公开陈列与第（2）款或第（3）款所列行为相关联而且含有虚假署名的材料亦侵犯此项权利。

（5）在商业过程中实施下列行为侵犯此项权利——

（a）占有或交易第（1）款所列的含有虚假署名的任何作品的复制品；或者

（b）关系到艺术作品时，占有或交易带有虚假署名的作品原件，而且行为人知道或有理由相信其中有这样的署名是虚假的。

（6）关系到艺术作品时，在商业过程中实施下列行为亦侵犯此项权利——

（a）在交易与作者脱离占有关系后已被改动的作品时，仍将其作为作者的未改动的作品；或者

（b）交易此种作品复制品时仍将其作为作者的未改动作品的复制品，而且行为人知道或有理由相信事实并非如此。

（7）本条中的"交易"系指出售或出租、提供或公示欲出售或出租、公开展

览或者发行。对此种情况的具体适用与某人被虚假地认为是一作品的作者的情况相同。

(8) 在下列与事实不符的情况下,本条的规定也予以适用——

(a) 文学、戏剧或音乐作品被虚假地当作某人作品的改编,或者

(b) 艺术作品的复制品被虚假地认为是由该艺术作品的作者制作的。

特定照片和影片的隐私权

特定照片和影片的隐私权。

85. ——

(1) 为私人及家庭目的而委托他人拍摄照片或摄制影片者,在这类作品享有版权的情况下,有权利制止——

(a) 公开发行作品复制品,

(b) 公开展览或放映作品,或者

(c) 广播作品或将作品收入有线传播节目服务。

除第(2)款所列情况外,实施或授权他人实施上述行为即侵犯此项权利。

(2) 依下列条款实施的不属侵犯作品版权的行为不属侵犯此项权利——

(a) 第 31 条(偶尔在艺术作品、录音制品、影片或有线传播节目中使用作品);

(b) 第 45 条(议会和司法程序);

(c) 第 46 条(王室委员会和法定调查程序);

(d) 第 50 条(根据法定授权所作出的行为);

(e) 第 57 条(不具名或以假名署名的作品:在推定版权保护期已过或作者已死亡的情况下,所允许的行为)。

补 充 条 款

权利的期限。

86. ——

(1) 第 77 条(识别为作者或导演的权利)、第 80 条(反对对作品进行贬损处理的权利)及第 85 条(特定照片和影片的隐私权)所赋予的权利在作品版权存续期内有效。

（2）第84条（作品的虚假署名）所赋予的权利延续至一个人死后20年止。

许可及放弃权利。

87. ——

（1）经权利人同意而实施的任何行为不属侵犯本章所赋予的任何权利。

（2）这些权利中的任何一种均可由权利人通过署名的书面声明予以放弃。

（3）弃权声明如下所示。在没有相反意思表示的条件下，如果作出弃权声明有利于相关的一部或数部作品的版权人或未来版权人，应推定其效力延及合法的许可被许可人与继承人——

（a）可以针对个别作品、某一类作品或全部作品，也可以针对既存的或未来的作品，而且

（b）可以附条件或不附条件，也可以表明有收回的权利。

（4）本章的规定不应被解释为排除一般合同法的适用或者排除关系到非正式弃权声明或与第（1）款所列权利有关的交易时禁止反悔原则的适用。

合作作品的条款适用。

88. ——

（1）关系到合作作品时，第77条所赋予的权利系每一合作作者识别为合作作者的权利，必须由每一合作作者在关系到自身权利时依第78条的规定单独提出主张。

（2）关系到合作作品时，第80条（反对对作品进行贬损处理的权利）所赋予的权利系每一合作作者的权利，只要某作者许可有关的处理，其权利即行使完毕。

（3）某一合作作者依第87条（识别为作者或导演的权利）所作的弃权声明不影响其他合作作者的权利。

（4）关系到第84条（作品的虚假署名）所列的各种情况时，下列行为侵犯该条所赋予的权利。这种虚假署名将侵犯正确或虚假地被署名为作者的每一个人的权利。——

（a）对合作作品之作者身份的任何虚假声明，以及

(b) 将单一作者的作品虚假地署名为合作作品。

(5) 上述规定(附加必要的修改)亦适用于合作导演或识别为合作导演的影片,具体适用与合作作品或识别为合作作者的作品的适用相同。

只要一影片由两个或两个以上的人合作摄制,而且每个导演的贡献无法与其他导演的贡献区分开来,该影片即为"合作导演"影片。

(6) 关系到合作委托创作的作品时,第 85 条(某些照片和影片的隐私权)所赋予的权利系委托创作作品的每一委托人的权利,因此——

(a) 只要某一委托人许可实施有关的行为,其权利即行使完毕,而且

(b) 其中一人依第 87 条的规定所作的弃权声明不影响其他人的权利。

对作品中部分内容的条款适用。

89. ——

(1) 第 77 条(识别为作者或导演的权利)及第 85 条(特定照片或影片的隐私权)所赋予的权利适用于整部作品及其任何实质部分。

(2) 第 80 条(反对对作品进行贬损处理的权利)及第 84 条(作品的虚假署名)所赋予的权利适用于整部作品及其任何实质部分。

第 V 章　进行版权作品的权利的交易

版　　权

转让与许可。

90. ——

(1) 版权可以像动产一样以转让、遗嘱处理或执行法律的方式发生移转。

(2) 版权的转让或他种方式移转可以是部分的,其中包括——

(a) 版权人依专有权利可实施的行为中的一种或几种,但不是全部;

(b) 版权存续期的部分,而非该期间的全部。

(3) 版权转让必须采用书面形式,由转让人或代表其利益的其他人签署,否则无效。

(4) 版权人所授予的许可对于继承其版权利益的每一个继承人都有约束力,但善意地支付了对价而且不知道(实际上或推定)有此许可的购买人以及

此种购买人的权利继承人不在此列；凡本部分所涉及的在得到或没有得到版权人许可的条件下所实施的任何行为都应据此作出解释。

版权的准所有人。

91.——

（1）在关于未来版权而由未来版权所有人或其代表签字的协议中，未来版权所有人欲将其未来版权（全部或部分）转让给他人的，版权产生以后，受让人或依靠他而主张权利者将有权利对抗一切他人而要求将版权归属于他。依本款的规定，版权应当授予受让人或其合法的继承人。

（2）在本部分中——

"未来版权"系指因未来的一部或一类作品的创作，或者一未来事件的发生将要或可以获得的版权；

"准所有人"亦应据此作出解释，并且包括依第（1）款规定的协议而在预期会享有版权的人。

（3）未来所有人所授予的许可对所有继承其利益（或未来利益）的继承人都有约束力，但善意地支付了对价并且不知道（实际上或推定）有此许可的购买人或此购买人的权利继承人不在此列；凡本部分所涉及的在得到或没有得到版权人许可的条件下所实施的任何行为都应据此作出解释。

专有许可。

92.——

（1）本部分中的"专有许可"系指由版权人或其代表签字的书面许可，这种许可授权被授权人排除一切他人，包括许可授予人，行使本来由版权人所专属行使的权利。

（2）如同对抗许可授予人一样，专有许可的被许可人有权对抗受许可约束的继承人。

依遗嘱而与未出版作品一并转移的版权。

93. 根据遗嘱（不论是特别的或是一般的），无论是否有利可图，受赠人将有权利拥有下列权利。除非遗嘱人在遗嘱或附表中有相反的意思表示,遗赠应被解释为包括遗嘱人在紧接其死亡前系该作品的版权所有人。——

(a) 记录或体现遗嘱人生前未发表的文学、戏剧、音乐或艺术作品的原始文件或其他材料,或者

(b) 含有遗嘱人生前未出版的录音制品或影片的原始实物材料。

精 神 权 利

精神权利不得转让。

94. 第Ⅳ章(精神权利)所赋予的权利不得转让。

死亡时精神权利的转移。

95. ——

(1) 第 77 条(识别为作者或导演的权利)、第 80 条(反对对作品进行贬损处理的权利)或 85 条(特定照片和影片的隐私权)所赋予的权利的享有者死亡以后——

(a) 权利可由遗嘱指定的人继承;

(b) 如果没有这种指定,但作品的版权构成其财产的一部分,上述权利将由版权继承人继承;

(c) 如果或者从某种程度上说,上述权利没有依第(a)项或第(b)项规定发生移转,则由其代表人予以行使。

(2) 如果构成一人财产的组成部分的版权的一部分由一人继承,而另一部分由另一人继承,例如遗赠的适用限制在——

(a) 版权人享有专有权去实施或授权他人实施的行为的一种或几种,但不是全部,或者

(b) 版权存续期的某一段时间但不是整个期间,任何依第(1)款的规定随同版权过继的权利亦将被相应地予以分割。

(3) 依第(1)款第(a)项或第(b)项的规定而由一个以上的人行使的权利——

(a) 如果是第 77 条(识别为作者或导演的权利)所赋予的权利,可由其中

任何一人提出主张；

（b）关系到第 80 条（反对对作品进行贬损处理的权利）或 85 条（特定照片和影片的隐私权）所赋予的权利，则需由每个人单独行使；许可有关的处理或其他行为者，其权利即行使完毕；

（c）其中一人依第 87 条所作的弃权声明不影响其他人的权利。

（4）被继承人先前所作出的许可表示或弃权声明对依第（1）款而继承权利的任何人都有约束力。

（5）权利人死后所发生的对第 84 条（作品的虚假署名）所赋予的权利的侵权行为由其代表人提起诉讼。

（6）由代表人依本条的规定于权利人死后所追回的侵权损害赔偿，则应当将该笔赔偿作为其财产的一部分予以移交，如同诉讼权在权利人生前已经存在且该损害赔偿在其死亡之前已归属于他。

第Ⅵ章 侵权救济

版权人的权利和救济

版权人可就侵犯版权提起诉讼。

96. ——

（1）版权人可就对版权的侵权行为提起诉讼。

（2）在版权侵权诉讼中，损害赔偿、强制令、清算或其他在任何他种财产权侵权诉讼中原告可获得的救济方式均可使用。

（3）本条的效力受本章以下各项规定的限制。

关于版权侵犯诉讼中的损害赔偿的规定。

97. ——

（1）在版权的侵权诉讼中，如果事实证明被告在侵权之时不知道，也没有理由相信其行为所涉及的作品享有版权，原告则不能要求损害赔偿，但并不影响其要求采取其他救济方式。

（2）在版权侵权诉讼中，法院可以全面考虑各方面情况，尤其要考虑到下列因素。并可根据案件的公正性需要增加相应的额外损害赔偿。——

（a）侵权的恶劣程度，以及

（b）被告因侵权所获得的直接经济利益。

版权侵权诉讼中承诺持有权利许可。

98. ——

（1）在版权侵权诉讼中，如果版权许可依第 144 条（由于垄断与合并委员会报告可实施的权力）可作为一种权利而获得，而且被告承诺接受按约定条件或在违约情况下按版权法庭裁决的条件颁发的许可——

（a）不应对其颁发禁止令，

（b）不应依第 99 条而签发交付命令，而且

（c）判决其偿付的损害赔偿或利润清算数额不应超过其作为许可被许可人，而在许可于最初侵权之前授予的条件下可付的数额的两倍。

（2）承诺可在诉讼的终审判决令下达之前的任何时间作出，而且无须承担任何责任。

（3）本条的规定不影响对权利许可授予前的侵权行为所采取的救济措施。

交付令。

99. ——

（1）凡为下列行为者，版权人可申请法院颁布一项命令，使侵权复制品或侵权物品的文件递交于他或由法院指定的其他人。——

（a）在商业过程中持有、监管或控制一作品的侵权复制品，或者

（b）持有、监管或控制一专门设计或改造用于复制一特定版权作品的物品，而且知道或有理由相信它已经或将要被用来制作侵权复制品。

（2）申请不得在第 113 条（已过交付令申请期限）所规定的期限终了之后提出；除非法院还要或者认为有理由依第 114 条（有关侵权复制品或其他物品的处理的命令）颁布命令，否则不应颁布所申请的命令。

（3）依本条所规定的命令而接受侵权复制品或侵权物品者，在没有第 114 条所规定的命令的条件下，应保存这些东西，直至该条所规定的颁布或不颁布该种命令的决定作出。

（4）本条的规定不影响法院的任何其他权力。

扣押侵权复制品和其他物品的权利。

100. ——

（1）版权人一旦发现其可依第 99 条申请法院颁布命令的作品复制品已经公示或以其他方式进入随时可以出售或出租的状态，便可以自行或授权他人没收并扣押此种复制品。

这种没收与扣押权须遵守以下各项条件以及法院依第 114 条所作出的各项裁决。

（2）在依本条扣押任何物品之前，必须将打算扣押的时间和地点通知当地警方。

（3）为了行使本条所赋予的权利，权利行使人可以进入一般公众可及的场所，但不得在一个人的永久或常规性营业场所扣押其持有、监管或控制的任何物品，而且不得使用暴力。

（4）依本条的规定而扣押任何物品时，必须在扣押处留下以指定形式作成并包含指定特别内容的便条。说明由谁或依照谁的授权执行扣押以及扣押的依据。

（5）在本条中——

"场所"包括土地、建筑物、活动结构，车辆、船只、飞机及气垫飞行器；并且

"指定"系指国务大臣以命令方式的指定。

（6）国务大臣依本条所颁布的命令应以法定文件形式制定，并且应遵守议会任一院所作出的撤销决议。

专有许可的被许可人的权利与救济

专有许可的被许可人的权利和救济。

101. ——

（1）专有许可的被许可人就被授予许可之后所发生的事项，具有在假如该项许可是一项转让的情况下相同的权利和救济，但相对于版权人而言，则属例外。

（2）专有许可的被许可人与版权人的权利和救济同时并存；本部分中凡涉及版权人的有关条款都应据此作出解释。

（3）在专有许可的被许可人依本条所提起的诉讼中，被告可引用的免责辩护，与在假如该诉讼是版权人提起的情况下被告可引用的免责辩护相同。

行使同时具有的权利。

102. ——

（1）在两者都享有诉讼权而由版权人或专有许可的被许可人提起的（全部或部分）涉及版权侵权的诉讼中，如果没有法院的准许，除非有一方合并为共同原告或追加为共同被告，否则版权人或者在某些情况下，专有许可的被许可人将不得进行该诉讼。

（2）除非其参加了诉讼，否则依第（1）款而被追加为被告的版权人或专有许可的被许可人不承担诉讼费用。

（3）上述规定不影响版权人或专有许可的被许可人单独申请授予中间禁令。

（4）在（全部或部分地）关系到版权人与专有许可的被许可人当时或过去都享有诉讼权的版权侵权诉讼中——

（a）法院在清算损害赔偿时应考虑下列因素。无论版权人与专有许可的被许可人均为诉讼当事人与否，这些规定都予以适用——

（i）许可的条件，以及

（ii）两者之一因侵权而已获得或能够获得的可用金钱衡量的补偿；

（b）如果针对侵权而有利于另一方的损害赔偿或利润清算已经进行，则不应再进行利润清算；而且

（c）在两者没有达成协议的情况下，若进行利润清算，法院应按公正原则为其分配利润。

（5）在依第 99 条（交付令）提出申请或行使第 100 条（扣押权利）所赋予的权利之前，版权人应通知与其享有并存权利的专有许可的被许可人；只要其认为适合于对许可条件的考虑。法院可以应被许可人的申请而依第 99 条颁布命令，或者在某些情况下，禁止或允许版权人行使第 100 条所赋予的权利。

侵犯精神权利的救济

侵犯精神权利的救济。

103. ——

（1）侵犯第Ⅳ章（精神权利）所赋予的权利的行为可按违反对权利人的法定义务而提起诉讼。

（2）在侵犯第 80 条（反对对作品造成贬损处理的权利）所赋予的权利的诉讼中，如果其认为方式适当，法院可以颁布附条件禁令，在没有弃权声明的条件下禁止任何有关行为的实施，并且用经法院批准的条件和方式否定作者或导演与对作品的处理之间的关系。

推　定

与文学作品、戏剧作品、音乐作品及艺术作品有关的推定。

104. ——

（1）下列推定适用于依本章而提起的有关文学、戏剧、音乐或艺术作品的诉讼。

（2）在作品出版或创作之时于其复制品上出现的名字暗示可能是作者的情况下，在得到反证之前，出现名字之人应被推定为——

（a）作品的作者；

（b）在第 11 条第（2）款、第 163 条、第 165 条或第 168 条（雇佣过程中产生作品，王室版权，议会版权或特定国际机构版权）的规定范围以外创作作品的人。

（3）关系到被认为是合作作者的作品时，第（2）款的规定适用于声称为作者之一的每一个人。

（4）如果没有第（2）款所述的暗示的作者名字，但是存在下列情形。在得到反证之前，名字出现于其上者应被推定为出版之时的版权人。——

（a）作品依第 155 条（通过首次出版国而获得的资格）的规定具备版权保护的资格，并且

（b）暗示的出版人名字于首次出版时出现在作品复制品上。

（5）如果作品的作者已死亡或通过合理查询无法确知作者身份，在没有

相反证据的条件下应推定——

（a）作品系原作，并且

（b）原告关于何种版本为首次出版的版本以及哪个国家为首次出版国的陈述是正确的。

与录音制品、影片和计算机程序有关的推定。

105. ——

（1）在依本章而提起的有关录音制品的诉讼中，如果公开发行的录音制品复制品上的标签或其他标志声明——

（a）在该复制品发行日被指名之人为该录音制品的版权人，或者

（b）此录音制品首次出版于某一具体年份或具体国家，此种标签或标志应被接受为所声明事实的证据，而且在得到反证之前应推定其所声明事实无误。

（2）在依本章而提起的有关影片的诉讼中，如果公开发行的影片复制品上附有如下声明。这种声明应被接受为所声明事实的证据，而且在得到反证之前应推定其无误。——

（a）某姓名所代表的人为影片作者或导演，

（b）某姓名所代表的人在复制品公开发行之日为影片的版权人，或者

（c）此影片首次出版于某一具体年份或具体国家。

（3）在依本章而提起的有关计算机程序的诉讼中，如果以电子形式公开发行的复制品上附有如下声明。这种声明应被接受为所声明事实的证据，而且在得到反证之前应推定其无误。——

（a）某姓名所代表之人在复制品公开发行之日为程序的版权人，或者

（b）程序首次出版于某一具体国家，或者这些复制品首次以电子形式公开发行于某一具体年份。

（4）上述各项推定在有关被认为发生于复制品公开发行前的侵权的诉讼中同样适用。

（5）在依本章而提起的有关影片的诉讼中，如果公开放映、广播或收入有线传播节目服务的影片上附有如下声明。这种声明应被接受为所声明事实的证据，而且在得到反证之前应推定其无误。此种推定在关系到被认为系发于影片

公开放映、广播或收入有线传播节目服务前的侵权的诉讼中同样适用。——

（a）某姓名所代表的人为影片的作者或导演，或者

（b）某姓名所代表的人为影片摄制后第一位版权人。

与有王室版权的作品有关的推定。

106. 在依本章而提起的有关享有王室版权的文学、戏剧或音乐作品的诉讼中，如果作品的印刷版本上载有该作品首次商业出版的年份的声明，这种声明应被接受为所声明事实的证据，而且在得到反证之前应推定其无误。

犯　　罪

制作侵犯版权物品等或进行侵犯版权物品等交易的刑事责任。

107. ——

（1）未经版权人许可而实施下列行为者构成犯罪——

（a）出于出售或出租的目的而制作，或者

（b）并非出于私人及家庭使用的目的而向联合王国进口，或者

（c）在实施任何侵犯版权行为的观点的支配下而在商业过程中持有，或者

（d）在商业过程中实施下列行为。版权作品的侵权复制品，而且行为人知道或有理由相信此种复制品侵犯版权。——

（i）出售或出租，或者

（ii）提供或公示欲出售或出租，或

（iii）公开展览，或者

（iv）发行，或者

（e）在非商业过程中以损害版权人利益的程度发行。

（2）实施下列行为亦构成犯罪。而且行为人知道或有理由相信此物品将被用来为出售或出租或在商业过程中使用之目的而制作作品的侵权复制品。——

（a）制作专门设计或改造用来复制某一特定版权作品的物品，或者

（b）持有这样的物品。

（3）关系到以下列方式（接收广播或有线传播节目的方式除外）侵犯版权。如果其知道或有理由相信版权将受到侵犯，任何导致这些作品被如此表

演、播放或放映的人将构成犯罪。——

(a) 公开表演文学、戏剧或音乐作品，或者

(b) 公开播放或放映录音制品或影片。

(4) 依第(1)款第(a)项、第(b)项、第(d)项第(iv)目或第(e)项而构成犯罪者将承担下列法律责任——

(a) 在简易程序情况下处以 6 个月以下有期徒刑或不超过法定最高限额的罚款，或两者并罚；

(b) 在公诉程序情况下处以罚款或 2 年以下有期徒刑，或两者并罚。

(5) 构成本条其他犯罪者在简易程序情况下将处以 6 个月以下有期徒刑或不超过罚款标准表第 5 级数额的罚款，或两者并罚。

(6) 第 104 条至第 106 条的规定不适用于依本条所进行的刑事审判程序，但这并不影响其在依第 108 条所进行的命令颁布程序中的适用。

在刑事诉讼中的交付令。

108. ——

(1) 受理依第 107 条而进行控告某人犯罪诉讼的法院，如果认为被告于被捕或被控告时存在下列行为。则可以颁布命令，使侵权复制品或侵权物品得以交付版权人或由法院指定的其他人。——

(a) 在商业过程中持有、监管或控制着一版权作品的侵权复制品，或者

(b) 持有、监管或控制着专门设计或改造用来复制一特定版权作品的物品，而且其知道或有理由相信该物品已经或将要被用来制作侵权复制品。

(2) 为此目的，凡存在下列情况应被视为已受到刑事控告——

(a) 在英格兰、威尔士及北爱尔兰，当其被口头告知已受控告或收到传票或起诉书时；

(b) 在苏格兰，当其被警告、控告或收到控诉或起诉书时。

(3) 命令可依法院本身意向或公诉人（或者在苏格兰，检察长或检察官）的申请而颁布，而且不论被告是否已被定罪；但在下列情况下不得颁布此种命令——

(a) 第 113 条所规定的期限已经届满，或者

(b) 法院认为将不可能依第 114 条而颁布任何命令。

(4) 对地方法院依本条而颁布的命令可向下列法院提出上诉。在苏格兰,本条所规定的命令颁布后,已被移转的侵权复制品或侵权物品的持有、监管或控制人,可依任何法律规则所规定的上诉形式,以与对判决提出上诉的同样方式对命令提出上诉。

(a) 在英格兰与威尔士,向王室法院上诉,以及

(b) 在北爱尔兰,向郡法院上诉。

(5) 由于依本条所颁布的命令的执行而交付侵权复制品或其他物品者,应保存这些物品直至第 114 条所规定的命令颁布或作出不颁布此命令的决定。

1973 c.62.1975 c.21.S.I.1980/704 (N.I.6).

(6) 本条的规定不影响法院依 1973 年《刑事法庭权力法》第 43 条、1975 年《(苏格兰)刑事程序法》第 223 条或第 436 条或者 1980 年《(北爱尔兰)刑事司命令》第 7 条(刑事诉讼中有关没收的一般规定)所拥有的权力。

搜查令。

109. ──

(1) 如果治安法官(在苏格兰为郡长或治安官)在由警察于宣誓后提供的情报(在苏格兰为宣誓证词)的基础上相信有合理的依据认为存在如下情况,其可以颁布一授权令,授权警察进入并搜查该场所,而且必要时可合理地使用暴力。──

(a) 第 107 条第(1)款第(a)项、第(b)项、第(d)项第(iv)目或第(e)项下的犯罪已经或将要发生于任何场所中,并且

(b) 证明这些犯罪已经或将要发生的证据就在这些场所中。

1984 c.60.

(2) 在英格兰与威尔士,第(1)款所赋予的权力不能延伸至授权对 1984 年《警察与刑事证据法》第 9 条第(2)款所列资料的搜查。

(3) 本条所规定的搜查令──

(a) 可以授权其他人协助任何警察执行此令,并且

(b) 自颁布之日起在 28 天内始终有效。

（4）在执行依本条所颁布的搜查令时，如果警察有理由相信某物品为第107 条第（1）款所规定的犯罪已经或将要发生的证据，他可以对其实施收取措施。

（5）本条中的"场所"包括土地、建筑物、活动结构、车辆、船只、飞机及气垫飞行器。

法人团体的犯罪：高级职员责任。

110. ——

（1）如果是由法人团体实施的第 107 条所规定的犯罪行为被证实系经其管理者、经理、秘书或其他类似官员，或者可能行使这类职能者许可或默许而为之，该人即与法人团体构成共同犯罪，并将共同接受审理与惩处。

（2）关系到其事务由其成员管理的法人团体时，"管理者"系指法人的一个成员。

防止侵权复制品进口的条款

将侵权复制品列为禁品。

111. ——

（1）已出版的文学、戏剧或音乐作品的版权人可以书面形式通知关税与消费税委员——

（a）其为作品的版权人，并且

（b）其要求该委员会成员在通知所划定的期间内将作为侵权复制品的作品印刷版本列为禁货。

（2）依第（1）款所发通知中划定的期间不应超过 5 年，而且不得超出版权有效期。

（3）录音制品或影片的版权人可以书面形式通知关税与消费税委员——

（a）其为作品的版权人，

（b）作品的侵权复制品可望于通知指定的时间到达联合王国的某一地点，并

（c）要求该委员会成员将这些复制品列为禁货。

(4) 在本条所规定的通知的有效期内,非出于私人或家庭使用而进口通知所涉及的商品将被禁止;但除了没收商品外,进口人不再因禁止进口而承受任何处罚。

关税与消费税委员制定条例的权力。

112. ——

(1) 关税与消费税委员可以制订条例,规定第 111 条下的通知必须具备某种形式,并要求通知人——

(a) 在提交通知或商品进口时,或者在这两个时间均要向委员提供条例所规定的证据,并且

(b) 遵守该条例所可能规定的其他条件。

(2) 在特殊情况下,该条例可要求某人给出以下通知——

(a) 根据该条例可能的特别规定,为其通知支付一笔费用;

(b) 根据该条例可能的特别规定,为因执行其通知,扣押物品或对被扣押物品实施任何行为而给委员会成员带来的任何表演或支出提供担保;

(c) 不论是否已提供担保,补偿委员因这种责任或支出所造成的损失。

(3) 该条例可依所适用的案件种类的不同作出不同的规定,并可包括委员认为适宜的附属或补充性规定。

(4) 本条所规定的条例应以法定文件形式制定,且应遵守议会之任一院所作出的撤销决议。

1979 c.2.

(5) 1979 年《关税与消费税管理法》第 17 条(委员会收取费用的一般规定)的规定在适用于因执行有关关税与消费税的法规所收税款的同时也适用于因执行本条项下的条例所收取的费用。

补 充 条 款

期限过后不得以交付作为补救。

113. ——

(1) 第 99 条(民事诉讼中的交付令)所规定的命令自侵权复制品或侵权

物品被制作之日起于 6 年的期限届满后不得再颁布,但下列情形除外。

(2) 在此期间的全部或部分时间里,如果版权人存在下列情形。自无行为能力状态终止之日,或者通过合理注意发现这种事实之日起算的 6 年期限届满以前,颁布命令的申请仍可以提出。——

(a) 无行为能力,或者

(b) 因欺骗或隐瞒的原因使其无法发现有资格申请颁布命令的事实。

(3) 第(2)款中的“无行为能力”——

1980 c.58.

(a) 在英格兰与威尔士,与 1980 年《诉讼时效法》的用语含义相同;

1973 c.52.

(b) 在苏格兰,系指 1973 年《(苏格兰)权利时效与诉讼时效法》含义内的无法律行为能力;

1958 c.10.（N.I.）

(c) 在北爱尔兰,与 1985 年《诉讼时效法》的用语含义相同。

(4) 在任何情况下,自有关的侵权复制品或侵权物品被制作之日起算的 6 年期限届满以后,第 108 条(在刑事诉讼中的交付令)所规定的命令均不得再颁布。

有关侵权复制品或其他物品的处理的命令。

114. ——

(1) 有关人员可申请法院颁布一项命令,得使因执行根据第 99 条或第 108 条所颁布的命令而交付,或者因行使第 100 条赋予的权利而没收并扣押的侵权复制品或其他侵权物品

(a) 收归版权人,或者

(b) 销毁或以法院认为适当的其他方式加以处理,也可以申请法院作出不颁布此种命令的决定。

(2) 在考虑颁布何种命令(如果颁布的话)时,法院应考虑诉讼中可用的其他救济方式对于补偿版权人的损失并保护他的利益是否适当。

(3) 应依照法院的原则制订一项对复制品或物品享有利益者发放通知的

条款,任何这样的人都有下列资格。命令在可提出上诉通知的期限届满前不应生效;如果在此期限终了前上诉通知确已提出,则在上诉程序的最终判决作出或上诉人放弃上诉之前命令不应生效。——

(a) 在依本条颁布命令的程序中出庭,不论其是否收到了通知,并且

(b) 对已颁布的命令提出上诉,不论其是否参与了命令颁布程序。

(4) 如果对复制品或其他物品享有利益者多于一人,法院可以按其认为公正的方式颁布命令,并且可以(在特殊情况下)主持将这些物品售出或作其他处理,将所得分给有关各方。

(5) 如果法院决定本条所规定的命令不应颁布,那么复制品或其他物品的持有、监管或控制者即有资格要求将先前交付或被扣押的复制品或其他物品予以归还。

1938 c.22.

(6) 本条中对复制品或其他物品享有利益的人包括可从依本条或依本法案第 204 条或第 231 条或 1938 年《商标法》第 58C 条(对有关表演、设计和商标侵权作出类似规定)而颁布的命令中受益的任何人。

郡法院的司法管辖权。

115. ——

(1) 在英格兰、威尔士及北爱尔兰,郡法院可以受理下列各条所涉及的诉讼。但以侵权复制品或其他物品的价值不超过郡法院所受理的侵权诉讼的金额限制为条件。——

第 99 条(侵权复制品或其他物品的交付令);

第 102 条第(5)款(在专有许可的被许可人同时也有权时,版权人行使权利的命令);或

第 114 条(关于处理侵权复制品或其他物品的命令)。

(2) 在苏格兰,任何规范项下的命令颁布程序均可在郡法院提起。

(3) 本条的任何规定不得被解释为影响最高法院或苏格兰的最高民事法院的司法管辖权。

第Ⅶ章 版 权 许 可

许可方案和许可机构

许可方案和许可机构。

116. ——

(1) 本部分中的"许可方案"系指一方案,其中罗列内容如下。为此目的,"方案"还包括具备一方案性质的任何安排,不论其被描述为方案或是价目表或任何其他名称。——

(a) 方案实施人或其行为的利益享有者愿意授予版权许可的各类情况,以及

(b) 在这些情况下授予许可的条件。

(2) 本章中的"许可机构"系指一社团或其他组织,其主要目标或主要目标之一是作为版权人或未来版权人或其代理人来磋商或授予版权许可,而且其目标包括授予涉及一个以上作者作品的版权许可。

(3) 本条中的"版权许可"系指许可他人实施或授权实施版权所禁止的任何行为的许可——

(4) 本章中涉及一个以上作者作品的许可或许可方案不包括仅涉及下列作品的许可或许可方案。为此目的,公司集团系指一母公司及其子公司,与1985 年《公司法》第 736 条之含义相同。——

(a) 由相同作者制作的单一部或多于一部的汇集作品,或者

(b) 由单一的个人、实体、公司或公司集团或其雇员或受托人创作的数部作品。

1985 c.6.

关于许可方案的参考及适用

第 118 条至 123 条适用的许可方案。

117. 第 118 条至 123 条(有关许可方案的参考及适用)适用于下列情形。在这些条款中,"许可方案"系指上述许可方案中的任何一种。——

(a) 由许可机构实施的有关一个以上作者创作的文学、戏剧、音乐或艺术

作品或影片(或与影片相伴的影片声轨)的版权的许可方案,只要它们关系到——

(i) 复制作品,

(ii) 公开表演、播放或放映作品,或者

(iii) 广播作品或将其收入有线传播节目服务;

(b) 一切有关录音制品(与影片相伴之影片声轨除外)、广播或有线传播节目,或者版本版面设计版权的许可方案;以及

(c) 一切有关录音制品、影片或计算机程序的版权且关系到许可向公众出租复制品的许可方案。

将提议的许可方案转介至法庭。

118. ——

(1) 某一许可方案中所涉及的许可的需求者,若对将实施该许可方案的许可机构所提出的条件存有异议,可通知作为其代表的组织向版权法庭提出转介。这种转介可以一般地,也可以针对任何具体情况而提出。

(2) 法庭应首先决定是否受理这种转介,法庭也可以以该转介条件尚未成熟为由而拒绝受理。

(3) 法庭一旦受理转介,就应对转介事实加以审议,并与转介之提出方式相对应,一般地或针对具体情况颁布一项其认为合情合理的确认或改变许可方案的命令。

(4) 此命令之效力可规定该命令无限期有效,亦可由法庭确定一定的有效期限。

将许可方案的转介至法庭。

119. ——

(1) 在许可方案实施过程中,如果实施人与下列主体之间发生争议。此种需求者或组织可以就许可方案中有关的类别向版权法庭转介。——

(a) 声称需求该许可方案下的某一类许可者,或者

(b) 声称为此种需求者代表的组织。

（2）在转介程序终结之前,被转介至法庭的许可方案应保持其实施状态。

（3）法庭应审议争议的事实,并就转介所涉及的一类情况颁布一项法庭认为合情合理的确认或改变该许可方案的命令。

（4）此命令之效力可规定该命令无限期有效,亦可由法庭确定一定的有效期限。

许可方案再次转介至法庭。

120.——

（1）如果版权法庭已经在依第 118 条、第 119 条或本条而提出的对许可方案的转介的基础上颁布了针对该方案的命令,那么在命令有效期内。在该计划所关乎的该类别个案的范围内,可将该计划再度转介法庭——

（a）方案的实施人,

（b）声称需求该命令所适用的类别许可者,或者

（c）声称为此种需求者的代表的组织。

（2）在下列情况下,非经法庭特别许可,不得就同一类情况而对一许可方案再次提出转介——

（a）自对前一转介颁布命令之日起的 12 个月以内,或者

（b）如果命令的有效期为 15 个月或 15 个月以内,则至命令最后 3 个有效月之前。

（3）在转介程序终结以前,依本条而被转介至法庭的许可方案应保持其实施状态。

（4）法庭应审理争议的事实,并就转介所涉及的情况颁布一项其认为合情合理的确认、改变或进一步改变许可方案的命令。

（5）此命令之效力可规定该命令无限期有效,亦可由法庭确定一定的有效期限。

申请颁发与许可方案有关的许可。

121.——

（1）在许可方案所涉及的范围内,若方案实施者拒绝依照方案向需求人

授予或介绍授予许可,或没有在要约提出后一段合理时间内做到这一切,需求人可向版权法庭申请仲裁。

(2) 许可方案范围以外的许可的需求人,如果许可方案的实施者——

(a) 在不授予许可即与情理不合的情况下拒绝向其授予或介绍授予许可,或者没有在要约提出后一段合理时间内做到这一切,或者

(b) 提出了不合理的许可条件,亦可向版权法庭申请仲裁。

(3) 出于第(2)款的目的,具备下列条件之一的申请案应被视为许可方案范围之外的案件——

(a) 许可方案在规定许可的授予时规定了一些不授予许可的例外情况,而此申请案在这些例外之中,或者

(b) 该申请案属于若按许可方案授予许可即不合乎情理的情况,以至于不能用与许可方案规定的相同方式处理之。

(4) 如果法庭认为授予许可的要约理由充分,即应颁布一项命令,宣布在该命令所规定的范围内,申请人有权按照法庭认为依许可方案而可行的条件,或者其他合情合理的条件而获得许可。

(5) 此命令之效力可规定该命令无限期有效,亦可由法庭确定一定的有效期限。

就与有权获得许可相关的命令而申请复核。

122. ——

(1) 如果法庭依第 121 条颁布了申请人有权按许可方案获得许可的命令,许可方案的实施人或原来的申请人可以申请法庭对该命令进行复核。

(2) 在下列情况下,非经法庭特别许可,复核申请不得提出——

(a) 自命令颁布或对依本条提出的申请案作出裁决之日起的 12 个月以内,或者

(b) 如果命令的有效期为 15 个月或少于 15 个月,或对依本条而就一项先前的申请所作的裁决起的 15 个月内届满,则在该项命令届满日期之前的最后 3 个月,方可提出申请。

(3) 在依申请而对命令进行复核之后,法庭应当在其认为考虑依许可方

案提出的条件或者案件的具体情况更合理的基础上确认或改变命令。

版权法庭就许可方案颁布的命令的效力。

123. ——

(1) 依下列条款而被版权法庭加以确认或改变的许可方案,只要其关系到命令所颁布的类别的案件,在命令有效期内即应始终有效,或者保持实施状态——

(a) 第 118 条(法庭对许可方案提议的采用),或

(b) 第 119 条或 120 条(向法庭提交的现存许可方案的参考)。

(2) 在命令有效期内,在该命令所适用的类别的案件中具备下列条件者,就版权侵权而言,该人所处的地位,犹如该人在所有关键时间属有关版权所有人按照该计划而颁发的许可的被许可人相同——

(a) 因涉及有关案件的许可而依照许可方案向方案实施者支付了任何费用,或者如果数额难以确定,承诺一旦数额确定即向实施人付款的,并且

(b) 遵守了适用于该许可方案项下的许可的任何其他条件。

(3) 法庭可以规定,命令改变了付款数额,其效力可追溯至该令颁布之前,但不得早于申请提出之日,或者,如果许可方案实施在后,则不得早于该日期。

如果作了这样的规定,在下述第(4)款适用的案件中不得作出这样的规定。——

(a) 任何必需的返还付款或追加付款都应以已付款为基础加以核算,并且

(b) 第(2)款第(a)项所涉及的依许可方案而支付的费用应被解释为依命令而支付的款项。

(4) 法庭依第 119 条或第 120 条针对出于第 143 条的目的而经确认的许可方案所颁布命令,若以削减许可费用的方式改变了许可方案,其效力自转介提出之日起算。

(5) 在版权法庭依第 121 条颁布的命令有效期内,如果其满足下列条件,该人所处的地位,犹如该人在所有关键时间属有关版权所有人按照该计划而

颁发的许可的被许可人相同——

（a）依照命令向许可方案的实施人支付了一切应缴费用，或者在数额不能确定的情况下，作出了一旦数额确定即予付款的承诺，并且

（b）遵守了命令所规定之任何其他条件。

就许可机构批出的许可的参考和适用

第 125 条至 128 条适用的许可。

124. 第 125 条至 128 条（许可机构批出许可而作出的转介及申请）适用于由许可机构非依许可方案而颁发的下列各类许可：

（a）有关一个以上作者的文学、戏剧、音乐或艺术作品或者影片（或与影片相伴随之影片声轨）版权的许可，只要它们将许可授权于被许可人——

（i）复制作品，

（ii）公开表演、播放或放映作品，或者

（iii）广播作品或将其收入有线传播节目服务；

（b）有关录音制品（不包括与影片相伴随的影片声轨）、广播或有线传播节目，或者版本版面设计的版权的任何许可；以及

（c）一切有关录音制品、影片或计算机程序的版权并涉及许可向公众出租复制品的许可；

在这些条款中，"许可"系指上述许可中的任何一种。

将提议的许可转介至法庭。

125. ——

（1）准被许可人可就许可机构提出的授予许可的条件转介至版权法庭。

（2）法庭应首先决定是否受理该项转介，其可以该项转介为事裹扎为由而拒绝受理。

（3）如果法庭决定该项转介，即应当对提议的许可的条件进行审议，并颁布其认为合情合理的命令，确认或改变许可条件。

（4）此命令之效力可规定该命令无限期有效，亦可由法庭确定一定的有效期限。

即将届满的许可转介至法庭。

126. ——

（1）即将届满的被许可人，因时间的流逝或接到许可机构的通知的结果，可以当时情况下使许可停止有效不合情理为由而向版权法庭提出延长许可有效期的申请。

（2）这种申请在许可届满之前 3 个月以前不得提出。

（3）在此种转介程序终结之前，向法庭提出的转介所针对的许可应保持其实施状态。

（4）如果法庭发现此种申请理由充分，即应颁布一项命令，宣布被许可人应按照法庭认为合情合理的条件继续从该许可中获益。

（5）法庭依本条所颁布命令之效力可规定该命令无限期有效，亦可由法庭确定一定的有效期限。

就许可相关的命令而申请复核。

127. ——

（1）对于版权法庭依第 125 条或第 126 条所颁布的命令，许可机构或命令的受益人可申请法庭进行复核。

（2）在下列条件下，非经法庭特别许可，复核申请不得提出——

（a）自命令颁布之日或对依本条而提出之前一复核申请的裁决作成之日起的 12 个月以内，或者

（b）如果命令的有效期为 15 个月或 15 个月以内，或者对依本条所提出之前一复核申请的裁决决定有 15 个月的有效期，则至期限届满之前 3 个月。

（3）法庭应在复核申请的基础上按照其认为合情合理的情形确认定或改变其命令。

法庭就许可而颁布的命令的效力。

128. ——

（1）在版权法庭依第 125 条或第 126 条颁布的命令有效期内，如果其满足下列条件，则就侵犯版权而言，该人所处的地位，犹如该人在所有关键时间属

有关版权所有人按照该命令所指明的条款授予许可的被许可人一样——

（a）依命令向许可机构支付了费用，或者如果数额难以确定，作出了一旦数额确定即予付款的承诺，并且

（b）遵守了命令所规定的其他条件。

（2）在下列情况下，依命令所享有的利益可以转让——

（a）在依第 125 条颁布的命令的情况下，如果命令所规定的条件不禁止转让；以及

（b）在依第 126 条而颁布的命令的情况下，如果原始许可中的条件不禁止转让。

（3）法庭可以规定，依第 125 条或第 126 条所颁布的命令，或者依第 127 条所颁布的改变前命令的命令，在改变了付款数额的情况下，其效力可追溯至命令颁布以前，但不得早于转介或申请提出之日，或者如果许可之颁发后于该日期，则不得早于许可颁发日，或者在可能的情况下，不得早于许可之届满日。

如果作出了这样的规定——

（a）任何必需的返还付款或追加付款都应以已付款项为基础来核算，而且

（b）在一命令被后一命令改变的情况下，第（1）款第（a）项所涉及的应付费用应解释为依后一命令所应支付的费用。

在特定种类的情形中须考虑的因素

一般考虑：不合理的歧视。

129. 在决定如何对依本章而提出的有关许可方案或许可的参考或申请作出裁决才合乎情理时，版权法庭应考虑到如下因素，并应当行使其权力，以保证在参考或申请所及的许可方案，或被许可人，或未来的被许可人与同一人实施的许可方案，或颁发的许可的其他被许可人之间不存在不合理的歧视——

（a）在同样情况下获得其他许可方案或者向其他人授予其他许可的可能性，以及

（b）诸许可方案或许可所包括的各项条件。

影印复制的许可。

130. 如果依本章而向版权法庭提出的转介或申请,此类许可关系到对文学、戏剧、音乐或艺术作品,或者版本版面设计的影印复制,法庭应考虑到如下因素——

（a）通过其他途径可能获得作品版本的范围,

（b）被复制部分在作品中所占比例,以及

（c）复制品有可能被付诸何种性质的用途。

教育机构中广播或有线传播节目等作品的许可。

131. ——

（1）本条适用于依本章而提出的有关下述许可的参考或适用,此类许可关系到为教学目的而由教育机构或为其利益而由他人对广播或有线传播节目进行录制,或者复制这种录制品。

（2）在考虑许可的应付费用（如果付费）时,版权法庭应当考虑到收入广播或有线传播节目的作品的版权人因其作品被采用而已经收取或有权收取的费用。

考虑活动发起人所提条件的许可。

132. ——

（1）本条适用于依本章而提出的有关包括任何娱乐或其他活动的录音制品、影片、广播或有线传播节目的许可的转介或申请。

（2）版权法庭应考虑娱乐或其他活动发起人所提出的任何条件;尤其是如果做不到始终如一地按那些条件授予许可即不合乎情理时,法庭不应对授予许可持拒绝或疏忽态度。

（3）本条的任何规定不要求法庭考虑如下条件——

（a）意在规范因许可的授予而需支付的费用,或者

（b）有关以提供录制品、影片、广播或有线传播节目的制作设备为代价而

向任何活动发起人支付费用的。

考虑与原始权利相关应付费用的许可。

133.——

（1）在下列程序中考虑许可的应付费用,版权法庭应考虑到录音制品、影片或计算机程序的版权人因颁发许可或授权他人实施某种行为的结果而有责任向其作品中所包含的其他作品的版权人支付的任何合理费用。——

（a）依本章而提出的有关以向公众出租录音制品、影片或计算机程序的复制品为内容的许可的转介或申请,或者

（b）依第142条而提出的申请。

（2）在依本章而提出的有关录音制品、影片、广播或有线传播节目版权许可的转介或申请程序中,版权法庭于考虑许可的应付费用时,应考虑到版权人因授予许可或授权他人实施某种行为的结果而有责任为包含在录音制品、影片、广播或有线传播节目中的任何表演所支付的费用。

转播中相关作品的许可。

134.——

（1）本条适用于依本章而提出的有关将下列作品收入广播或有线传播节目服务的许可的转介或申请,具体做法是通过接收与实时转播而将一广播或有线传播节目（"首播"）再次广播或收入有线传播节目服务（"再播"）。——

（a）文学、戏剧、音乐或艺术作品,或者

（b）录音制品或影片。

（2）凡再播与首播处于同一地区的,在考虑一种播送的许可的应付费用（如果付费）时,版权法庭应考虑到版权人已经或者有权因另一种播送所收取的费用已在多大程度上构成其因在该地区播送而应获得的适当的报酬。

（3）凡再播处于首播地区以外的,在考虑首播的许可的应付费用（如果付费）时,法庭不应（除第（4）款适用之情况外）将再播作为考虑的因素。

（4）如果法庭确信1984年《有线传播和广播法案》第13条第（1）款（有线传播当局确保将某些广播收入有线传播节目服务的责任）所规定的资格将导

致再播地区的一部分处于首播地区之外,法庭即应行使其权力以保证在首播许可的应付费用中适当地反映这一事实。

个别事实不影响法庭在任何案件中应考虑的有关事项。

135. 第 129 条至 134 条所涉及的版权法庭在某些案件中应予考虑的个别事实不影响法庭在任何案件中应予以考虑的所有相关的一般义务。

影印复制相关的许可方案或许可的默示补偿

影印复制的许可方案或许可的默示补偿。

136. ——

(1) 本条适用于下列情形,这种许可方案或许可不特别指明其所适用的作品,以致被许可人无法通过审查许可方案或许可以及作品本身来确定一作品是否包含在该许可方案或许可之内。——

(a) 授权对已出版的文学、戏剧、音乐或艺术作品或版本的版面设计进行影印复制的许可方案;以及

(b) 由许可机构授予的允许这种复制的许可。

(2) 此种情况说明——

(a) 在本条所适用的每一种许可方案中,方案实施人都默示承诺补偿依此方案而接受许可者,以及

(b) 在本条所适用的每一许可中,许可机构都默示承诺补偿被许可人,因自己或授权他人影印复制显然属于许可范围内之作品而侵犯了版权所带来的任何责任。

(3) 具备下列条件者即可被视为显然属于许可范围内的案件——

(a) 通过审查许可及作品而无法发现其显然不属于许可适用的作品范围以内的事实;并且

(b) 许可并未明确规定其不适用于受到侵犯的那一类版权。

(4) 本条中的"责任"包括支付费用的责任;而且本条亦适用于因侵犯版权而实际或预计对其提起的诉讼要求其承担侵权责任从而合理地因被许可人所引发的费用支出。

（5）本条所适用的许可方案或许可可包括以下合理条款——

（a）有关依本条项下的默示承诺提出权利主张的方式与时间的规定；

（b）使方案实施人或者许可机构能够接受任何程序中影响其补偿责任数额的处理的规定。

教育机构进行的影印复制

延伸许可方案和许可范围的权力。

137. ——

（1）本条适用于如下情形，只要它规定这种许可的授予，或者它本身就是这样的许可：授权教育机构制作或为其利益而制作已出版的文学、戏剧、音乐或艺术作品，或者版本版面设计的复制品，用于教学目的。——

（a）第 118 条至第 123 条规定（见第 117 条）的由许可机构实施的许可方案，或者

（b）第 125 条至第 128 条规定（见第 124 条）的许可。

（2）如果国务大臣认为本条所适用的许可方案或许可，其可以颁布命令，规定该方案或许可延伸至此类作品。——

（a）不合理地排除了与包括在方案或许可中的那些作品相似的一类作品，并且

（b）将此类作品归入方案或许可将不会与作品的正常用途发生冲突或者损害版权人的合法利益。

（3）若其打算颁布这样的命令，国务大臣应将这种打算通知于——

（a）版权人，

（b）有关的许可机构，以及

（c）教育机构的代表人或代表组织，以及国务大臣认为应予通知的其他人或其他组织。

（4）此通知应告知接受者，他们有权自接到通知之日起在 6 个月内就该打算向国务大臣提出书面或口头意见陈述；如果其中有人希望提出口头陈述，国务大臣应指派一人前去听取陈述然后向其提交报告。

（5）在考虑是否颁布命令时，国务大臣应考虑到依第（4）款向其提出的任

何陈述,以及其认为适当的其他因素。

对延伸许可方案和许可的命令的变更和撤销。

138. ——

(1) 依第 137 条所颁布的命令效力所及作品的版权人可以申请国务大臣变更或撤销该命令,但需申明其提出此申请的理由。

(2) 除非其认为情况特殊,国务大臣不应接受原命令或针对依本条所提出之前已申请的命令颁布后两年以内提出的申请。

(3) 在对申请理由加以考虑的基础上,国务大臣可以当即对其命令予以肯定;如果不这样做,他应将申请内容通知于——

(a) 有关的许可机构,以及

(b) 作为教育机构代表的个人或组织,以及他认为应予通知的其他人或组织。

(4) 通知应告知接受者,他们有权自接到通知起在两个月内就该申请向国务大臣提出书面或口头意见陈述;如果其中有人希望提出口头陈述,国务大臣应指派一人前去听取陈述,然后向其提交报告。

(5) 在考虑该种申请时,国务大臣应考虑到申请理由、依第(4)款向其提交的任何陈述,以及他认为有关的任何其他因素。

(6) 国务大臣可以按照他认为适当的做法颁布一命令,确认或撤销原命令(或者前已变更过的命令),或者以从中排除某些作品的方式变更(或进一步变更)该命令。

对命令不服提出上诉。

139. ——

(1) 依第 137 条颁布的命令效力所及的作品的版权人可以向版权法庭提出上诉;法庭在认为与该条第(2)款所述的情由相适应的条件下,可以作出确认、撤销或以从中排除有关作品的方式变更该命令的裁决。

(2) 对于国务大臣依第 138 条所颁布的命令——

(a) 申请颁布该命令的人,或者,

（b）接到申请颁布命令通知并依该条第（4）款陈述意见的、代表教育机构的个人或组织,可以向法庭提出上诉;法庭可以作出确认或撤销该命令的裁决或者颁布任何国务大臣本来可以颁布的其他命令。

（3）本条所规定的上诉应在命令颁布后 6 个星期以内或者法庭允许的延长期限内提出。

（4）依第 137 条或 138 条颁布的命令自颁布之日起在 6 个星期期限届满之前不发生效力;如果此期限届满前有人提出上诉;则在上诉程序终结或撤回上诉之前不发生效力。

（5）如果上诉的提出系在该期限届满之后,那么法庭依上诉程序所作出的任何裁决均不影响该裁决生效前依命令所实施行为的合法性。

有关新的许可方案或一般许可是否要求的调查。

140. ——

（1）国务大臣可以指派一人去调查这样一个问题,即是否需要一种新的条款（不论通过许可方案或是一般许可）来授权教育机构或为其利益而影印复制下列作品以用于教学目的。此处所涉及的复制对象系在国务大臣看来没有被现存的许可方案或一般许可所包括,而且也不在第 137 条所赋予的权力范围内的作品。

（a）已出版的文学、戏剧、音乐或艺术作品,或者

（b）版本版面设计。

（2）有关调查的程序应由国务大臣所颁布的条例加以规定。

（3）此种条例尤其应当包括有关向下列主体,发放通知并允许他们提出书面或口头意见陈述的规定;但此种规定不得在通知其他个人或组织并由他们提出意见陈述方面存在歧视。——

（a）在国务大臣看来作为此类作品版权人代表的个人或组织,以及

（b）在国务大臣看来代表教育机构的个人或组织。

（4）被指派主持调查的人不应建议制订新的条款,除非其认为——

（a）授权影印复制有关作品将有利于教育机构,而且

（b）依照许可方案或一般许可复制这些作品将不会与这些作品的正常用

途发生冲突或者不合理地损害版权人的合法利益。

（5）如果其提出了制订新条款的建议，就应当提出除应付费用以外的、可在新条款下获得授权的具体条件。

（6）本条所规定的条例应以法定文件形式制定；并且应遵守议会之一院所作出的撤销决议。

（7）本条中的"一般许可"系指由一许可机构颁发的包括其所适用的全部作品的许可。

未得到推荐前提的法定许可。

141. ——

（1）在第 140 条所规定的建议提出后一年以内，国务大臣可以颁布命令规定，如果或者在某种程度上没有依照建议制订新的条款，为教学目的而由教育机构或为其利益而由他人对建议所涉及的作品的影印复制应被视为已得到作品的版权人的许可。

（2）为此目的，在下列条件下应当认为已经依照建议制订了新条款，有关机构已可依其而获得许可，或者——

（a）一项经确认的许可方案已建立起来；

（b）一份一般许可已经——

（i）授予该机构或代表其利益者，或者

（ii）被该机构或其利益代表者依第 125 条向版权法庭提出转介；或者

（iii）已向该机构或为其利益而向他人发出要约，而且在未转介情况下遭到拒绝，而此种方案或许可所规定的条件均与建议一致。

（3）命令还应规定，任何授权制作此种复制品的既存许可（并非依经确认的许可方案而授予的许可或一般许可）中比命令所规定的许可更严格或更麻烦的条款应停止其效力。

（4）命令应规定此种许可无须付版税，但关系到其他因素时，则需遵守建议中的任何具体条件以及国务大臣认为适宜的其他条件。

（5）命令亦可以规定，依命令所规定的许可而制作的在其他情况下侵犯版权的复制品，制作后进行交易的，如果该交易之后的一切目的都侵犯版权，出于交易的目的,此种复制品即应被视为侵权复制品。

本款中的"交易"系指出售或出租、提供或公示欲出售或出租,或者公开展览。

(6) 命令颁布之后在至少 6 个月以内不得生效。

(7) 命令可以随时改变,但这种改变不得将与建议无关的作品包括进去,亦不得去除建议所具体规定的条件;命令亦可以撤销。

(8) 本条所规定的命令应以法定文件形式制定,并且应遵守议会之一院所作出的撤销决议。

(9) 本条中的"经确认的许可方案"系指为本条目的而符合第 143 条的规定的许可方案。

出租某种作品所应支付的版税或其他款项

录音制品、影片或计算机程序出租的版税或其他所应支付的款项。

142. ——

(1) 版权人或主张享受许可人待遇者可以向版权法庭提出申请,要求其确定依第 66 条应付的版税或其他款项。

(2) 法庭应对此事给以审议并颁布一项其认为合情合理的命令。

(3) 命令颁布之后,有关各方均可以申请法庭进行变更;法庭应考虑这种申请并颁布一项其认为合情合理的命令以确认或改变原命令。

(4) 非经法庭特别许可,自原命令或依前一申请而制定的命令颁布之日起 12 个月内,第(3)款所规定的申请不得提出。

(5) 第(3)款规定的命令自颁布之日或法庭规定颁布之后的日期起生效。

许可方案的认证

许可方案的认证。

143. ——

(1) 实施或打算实施一许可方案者可以为下列各条的目的而申请国务大臣确认其方案——

(a) 第 35 条(由教育机构录制广播及有线传播节目),

(b) 第 60 条(科学或技术文章的摘要),

(c) 第 66 条(录音制品、影片和计算机程序的出租),

(d) 第 74 条(为聋人或听力弱者所制作的广播或有线传播节目附有字幕的复制品),或

(e) 第 141 条(教育机构影印复制已出版的作品)。

(2) 如果其认为该方案满足如下条件,国务大臣应以法定文件形式的命令确认该方案。——

(a) 有足够的细节,使可能需要许可者能够确知其所涉及的作品,并且

(b) 清楚地规定了应付费用(如果付费)及将授予许可的其他条件。

(3) 命令应为许可方案规定一份生效时间表;为第 35 条、第 60 条、第 66 条、第 74 条或第 141 条的目的并根据具体情况,确认书应于下列时间生效——

(a) 命令中具体规定的自命令颁布之后不少于 8 个星期的某一日,或者

(b) 如果许可方案遵循依第 118 条提出的转介,其生效日则可以是版权法庭依该条所颁布的命令生效或转介被撤回之日。

(4) 在没有对命令作出相应修改的情况下对许可方案的改变不发生效力;国务大臣应按照版权法庭在依第 118 条、第 119 条或第 120 条提出的转介基础上作出的改变许可方案的命令对其命令作相应修改,亦可以在其认为适当的其他情况下修改其命令。

(5) 一旦许可方案停止实施,命令即应予撤销;如果国务大臣认为一许可方案已不再按原来的条件实施,亦可撤销其命令。

因竞争报告可行使的权力

由于垄断与合并委员会报告可行使的权力。

144. ——

(1) 如果在垄断与合并委员会看来,该委员会报告中所列举的事项会、有可能会或者已经违反了公共利益,其中包括如下内容。1973 年《公平交易法》附表 8 第一部分所赋予的权力(为救济或防止委员会报告所指出的反作用的目的而可行使的权力),包括取消或修改那些条件的权力以及作为替代或补充,提供版权许可的权力均应作为可获得的权利。——

(a) 版权人所颁发的许可中包括限制被许可方使用作品或限制版权人授

予其他许可的权利的条件,或者

（b）版权人拒绝按合理条件授予许可。

（2）该法第 56 条第（2）款及第 73 条第（2）款以及 1980 年《竞争法》第 10 条第（2）款第（b）项及第 12 条第（5）款中凡涉及该附表的该部分特定权力的均应据此作出解释。

（3）如果国务大臣相信这样做不违反联合王国作为成员国的有关版权的公约,则其应当仅行使依本条而可获得的权力。

（4）在违约的情况下,依本条可获得的许可的条件应根据许可需求者的申请而由版权法庭加以确立;如此确立的条件应授权被许可人实施许可所涉及的一切行为。

（5）在许可条件由法庭确立的情况下,许可自向法庭提出申请之日起生效。

第Ⅷ章 版 权 法 庭

法 庭

版权法庭。 1956 c.74.

145. ——

（1）依 1956 年《版权法》第 23 条所成立的法庭改名为版权法庭。

（2）法庭组成人员包括由大法官在与检察长协商后任命的一位主席与两位副主席以及由国务大臣任命的两至八位普通成员。

（3）连续从事出庭律师、辩护人或庭外律师工作不少于七年或曾主持过司法机关工作者才有资格被任命为主席或副主席。

法庭的成员。

146. ——

（1）在服从于下列规范的前提下,版权法庭的成员应按照委任条款任职和离职。

（2）法庭成员可用书面形式通知国务大臣后辞职;主席或副主席则须通知大法官。

（3）如有关成员有下列情形,国务大臣,或者在关系到主席或副主席时,大法官可以书面形式通知有关成员,免去其职务——

(a) 其已破产或同其债权人之间达成了某种协议,或者在苏格兰,其财产已被暂时扣押或者其向债权人立下了信托契据或者同他缔结了和解清偿契约;或者

(b) 其因身体或精神上的疾病而无行为能力,或国务大臣或大法官认为,其因其他理由不能够或不适合履行其作为成员的职责。

(4) 如法庭成员因疾病、缺席或其他正当原因在当时不能履行自己职责,不论涉及一般地或就个别法律程序,可任命一名具备获委任担任该职位资格之人,在一段不超过 6 个月的期间内或就该等法律程序(视情况而定)代为履行职责。

(5) 此种任命如下所示。被任命者在任职期间或者在有关的程序中应与被其代任者有同样的权力——

(a) 在关系到主席或副主席时,应由大法官实施;被任命者应具备承担此职位的资格;以及

(b) 在关系到一般成员时,由国务大臣实施。

(6) 大法官依本条行使权力之前应与检察长进行协商。

财政条款。

147. ——

(1) 经财政部批准,国务大臣可以决定向法庭成员支付一定的报酬(以工资或佣金形式)和一定的补贴。

(2) 国务大臣可以为法庭任命一定的工作人员,但人数及报酬须经财政部批准。

(3) 法庭成员的报酬与补贴、工作人员的报酬以及由国务大臣决定并经财政部批准用于法庭的其他费用,均应从议会提供的款项中支出。

为诉讼的目的之组成。

148. ——

(1) 在任何一项程序的目的,版权法庭须由下列成员组成——

（a）由法庭主席或副主席担任的一名庭长，以及

（b）2 名或 2 名以上普通成员。

（2）如法庭在任何事项的处理上不能达成一致意见，则须以过半数意见作成；如果各种意见表决票数相等，庭长应再投一票作为决定票。

（3）在法庭的任何程序进行过一部分后，如果一个或几个成员不能继续出席，只要成员人数未减至 3 人以下，法庭即应为此程序而维持适当的构成。

（4）如果庭长不能继续出席，法庭主席应当——

（a）任命余下的成员中的一人担任庭长，并且

（b）任命一名具备适当资格者出席有关程序并就任何法律问题向成员提供咨询。

（5）出于第（4）款第（b）项的目的，只要其是或有资格被任命为法庭副主席，即为"符合适当条件"者。

司法管辖权和诉讼

法庭的司法管辖权。

149. 版权法庭的功能就是依下列条款听取并裁决有关诉讼——

（a）第 118 条、第 119 条或第 120 条（许可方案的参考）；

（b）第 121 条或第 122 条（申请颁发与许可方案有关的许可）；

（c）第 125 条、第 126 条或第 127 条（许可机构的许可而做粗的转介或申请）；

（d）第 139 条（对有关许可方案或许可范围的命令不服而上诉）；

（e）第 142 条（解决录音制品、影片或计算机程序出租的版税或其他应付款项的申请）；

（f）第 144 条第（4）款（解决版权许可条款的申请）；

（g）第 190 条（给第 II 部分所涉表演者以许可的申请）；

（h）附表 6 条第 5 段（为儿童医院受托人而支付的版税或其他付酬的决议）。

制定条例的一般权力。

150. ——

（1）在与检察长协商后，大法官可以制订一项规则来规范版权法庭的诉

讼以及经财政部批准的有关诉讼的费用。

（2）该规则在法庭中可适用于下列情形，该规则所适用的任何法规均应在规则中规定下来或列表附于其后——

（a）关系到在英格兰与威尔士所进行的诉讼时，1950 年《仲裁法》中的任何规定；

（b）关系到在北爱尔兰进行的程序时，1937 年《（北爱尔兰）仲裁法》中的任何规定。

（3）该规则应当规定——

（a）禁止法庭受理一代表组织依第 118 条、第 119 条或第 120 条提出的诉讼，除非法庭相信该组织合理地代表了它声称所代表之人的利益；

（b）明确任何程序的各方当事人，从而使法庭能够将使其相信在案件中享有实质利益的个人或组织归入有关程序的一方当事人；以及

（c）要求法庭给予程序的各方当事人以规则可能规定的书面或口头方式陈述案由的机会。

（4）该规则还可以包括用以规范或调整依第 152 条对法庭裁决提起之上诉所附带或引起的任何问题的规定。

（5）有关本条的规则须以法定文件的形式颁布，且议会任一院决议皆有权将之废除。

诉讼费、命令的证明等。

151. ——

（1）版权法庭可以颁布命令，规定在其席前进行的诉讼中任何一方为诉讼而支出的费用，由法庭可指定的任何其他一方缴付；而法庭可以就诉讼费作出评定或结算，或指示诉讼费以何种方式评定。

（2）在任何诉讼中，一份文件如为法庭命令副本并经庭长核证为真实副本的，则在没有相反证明的情况下，该文件在任何法律程序中须为命令的充分证据。

（3）关系到在苏格兰进行的诉讼，法庭拥有保证证人出庭与发出文件的权力；在关系到宣誓证词的审查时，其可以是裁决公断人。

上　诉

就法律问题提出上诉。

152.——

（1）就任何法律问题而对版权法庭裁决提起的上诉须向最高法院提出，如果诉讼进行于苏格兰，则向最高民事法院提出。

（2）依第 150 条所制订的规则应规定上诉可提起的期限。

（3）依该条所制订的规则可以规定——

（a）在法庭裁决被上诉至法院的情况下，中止或者授权或要求法庭中止命令的实施；

（b）就中止实施的法庭的命令的效力而对本部分任何条文的实施作出变通；

（c）为确保因法庭的命令暂停实施而受影响的人将会获告知该项中止实施而刊登通知或采取其他步骤。

第Ⅸ章　享有版权保护所需具备的资格及版权保护的范围

享受版权保护所需具备的资格

享受版权保护需具备的资格。

153.——

（1）除非本章有关下列各项的资格得到满足，一作品才享有版权——

（a）作者（参见第 154 条），或者

（b）作品首次出版国（参见第 155 条），或者

（c）如该作品属广播与有线传播节目，广播制作国与有线传播节目播出国（参见第 156 条）。

（2）第（1）款的规定不适用于王室版权或议会版权或者依第 168 条而存在的版权。

（3）如某作品曾符合本章或第 163 条、165 条或 168 条所列的资格规定，则该作品的版权不会因其后发生的任何事件而停止作品享有版权的理由。

基于作者获得的资格。

154. ——

（1）只要作者在实质性时间内具备以下条件,其作品即有资格享受版权保护——

（a）依 1981 年《英国国籍法》的规定为英国公民、不列颠独立领土公民、英国侨民、在英外国侨民、英国国民或受英国法律保护的人,或者

（b）在英国或本部分有关规定延伸适用的其他国家有个人住所或居所者,或者

（c）依联合王国一部分的法律或本部分之有关规定延伸适用的其他国家的法律而成立的法人。

（2）如果依第 159 条所颁布的命令作出了规定,凡在实质性时间内作者为命令所涉及的国家的公民或居民、或在此有个人住所或居所,或者为依该国法律而成立的法人,其作品亦有资格享受版权保护。

（3）只要在实质性时间内有任何作者符合第（1）款、第（2）款所规定的资格,合作作者的作品即有资格享受版权保护;但如果作品仅依本条而有资格享受版权保护,则出于下列各条的目的,只有符合资格的作者可以被考虑在内——

第 11 条第（1）款、第（2）款（版权的原始所有;作者之权或作者雇主之权）;

第 12 条第（1）款、第（2）款及第 9 条第（4）款（版权期限;除非不知作品的作者,均按作者有生之年计算）;以及第 12 条第（2）款与第 57 条（不具名或假名作品;在版权期已过或作者已死亡的情况下允许的行为）。

（4）关系到文学、戏剧、音乐或艺术作品,实质性时间作如下规定

（a）关系到出版作品时,作品创作之时或者如果作品的创作延续了一段时间,这段时间的实质性部分;

（b）关系到已出版的作品时,作品首次出版之时或者如果作者此前已死亡,则指紧接其死亡之前的时间。

（5）就其他种类作品而言,实质性时间作如下规定——

（a）就录音制品或影片制作而言,指其制作之时;

（b）就广播而言,指广播节目制作之时;

（c）就有线传播而言,指该节目被收入有线传播节目服务之时;

(d) 就版本版面设计而言,指版本首次出版之时。

基于首次出版国享有的资格。

155.——

(1) 只要首次出版于——

(a) 联合王国,或者

(b) 本部分的有关规定涉及的其他适用国家,文学、戏剧、音乐或艺术作品、录音制品或影片、或版本版面设计即有资格享受版权保护。

(2) 如果依第 159 条所颁布的命令作出了规定,只要首次出版于该命令所涉及的国家,作品同样有资格享受版权保护。

(3) 出于本条的目的,在一国的出版不能因在其他地方同时出版而被视为非首次出版;为此,前 30 天内在其他地方出版者应被视为同时出版。

基于播送地点的享有的资格。

156.——

(1) 广播、有线传播节目将受到版权保护,只要其制作或播出于——

(a) 联合王国,或者

(b) 本部分的有关规定涉及的其他适用国家。

(2) 根据第 159 条(将本部分适用于并未延伸的国家)的规定,如果广播或有线传播节目由该命令相关的国家制作或发送,则有资格享受版权保护。

本部分的延伸和适用

本部分延伸的国家。

157.——

(1) 本部分延伸至英格兰和威尔士,苏格兰和北爱尔兰。

(2) 女王可以通过在议会中颁布命令,将本部分延伸至除在命令中明确规定的例外和修改之外的——

(a) 任一海峡群岛,

(b) 英国马恩岛,或

（c）任何殖民地。

（3）权力包括延伸权,除去在命令中注明的例外和修改之外,可延伸至本章其余条款下的议会命令。

（4）本部分所延伸至的一国的立法机关,可以根据该国的法律运行修改或增加本部分的条款,立法机关可以在其认为必要的情况下使相关条款适用于该国。

（a）对于程序和救济办法,或者

（b）由于和该国的联系而成为有资格享受版权保护的作品。

（5）鉴于本部分不涉及附表 1 段落 36 所涵盖的属地问题,本条规定不应被解释为限制附表 1 段落 36 的适用范围。

（过渡条款：在属土领地中 1956 年《版权法》或 1911 年《版权法》继续生效）

不再是殖民地的国家。

158. ——

（1）以下条款适用于本部分延伸到的不再是英殖民地的国家。

（2）从该国不再是英国的一个殖民地之日起,本部分出于以下目的而延伸——

（a）第 160 条第（2）款第（a）项（对于没有给予英国作品充分的版权保护的国家公民不享受版权保护）,并且

（b）第 163 条和第 165 条（王室和议会版权）。

（3）不应继续将其视为根据本部分第 154 条至第 156 条（版权保护的资格）所延伸的国家,除非——

（a）根据第 159 条,议会发出对于该国的命令（本部分适用于并未延伸到的国家）。

（b）议会宣布命令将停止继续给予该国此类待遇,如果该国法律的相关部分废除或修订。

（4）根据（3）款第（b）项包括议会命令的法定文书应服从于议会任一院的撤销决议。

非本编适用之国家内的延伸适用。

159.──

（1）女王陛下可用命令形式规定本部分的任何条款在该令所指定的非本部分延伸适用的国家内适用，以保证这些条款──

（a）在关系到作为该国公民或居民或在该国有住所或居所的人时，能够同关系到英国公民或在联合王国有住所或居所的人一样适用；或者

（b）在关系到依该国法律成立的法人时与关系到依联合王国组成部分之法律成立的法人一样适用；或者

（c）在关系到首次出版于该国的作品时与关系到首次出版于联合王国的作品一样适用；或者

（d）在关系到制作或播放于该国的广播或有线传播节目时与关系到在联合王国制作或播放的广播或有线传播节目一样适用。

（2）命令可以对第（1）款涉及的全部或任何问题作出规定，并且可以──

（a）除该令所规定的例外与限制性条款的外适用本部分的任何条款；并且

（b）规定本部分的任何条款一般地或具体地适用于该令所明确规定的各类作品或其他情况。

（3）除公约缔约国或欧洲经济共同体其他成员国外，女王陛下不应依本条而颁布针对一国的命令，除非其相信该国已经或将要依法制订有关该令所涉及的作品的规范，从而能够给本部分所涉及的版权人以适当保护。

（4）第（3）款中的"公约缔约国"系指联合王国亦为一成员国之有关版权的国际公约的成员国。

（5）包含依本条颁布的命令的法律文件应遵守议会任一院的撤销决议。

对未给予英国作品充分版权保护的国家公民不赋予版权保护。

160.──

（1）如果在女王陛下看来一个国家的法律未能给本条适用的英国作品或其中一类或几类作品以适当保护，女王陛下可依本条颁布一命令，限制本部分所赋予的权利对与该国有联系的作者作品的适用。

（2）依本条所颁布的命令应指明有关的国家，并规定出于该令所申明的

目的,凡在命令规定之日期以后首次出版的作品。

如果其出版时作者为如下情形。出版不应被视为已符合版权保护的资格;考虑到第(1)款所述的失误的性质与范围,命令可出于本部分的一切目的或该令所可能确定的目的而作出一般地或具体地适用于该令所确定的情况的规定——

(a)该国的公民或居民(在联合王国或本部分规范延伸适用的其他国家没有住所或居所),或者

(b)依英国法律成立的法人。

(3)本条的规定适用于文学、戏剧、音乐或艺术作品、录音制品及影片;"英国作品"系指依第 154 条规定的含义,作者为合格主体的作品。

(4)包含依本条所颁布的命令的法律文件应服从于议会之一院的撤销决议。

补 充 条 款

领海和大陆架。

161.——

(1)出于本部分的目的,联合王国的领海应被视为联合王国的一部分。

(2)关系到本部分的适用,在联合王国大陆架区域内为与海床或海底的开发或其中自然资源的开发有直接联系设置的机构或船舶上所为之行为,视同在联合王国所为之行为。

(3)联合王国大陆架区域系指 1964 年《大陆架法》第 1 条第(7)款所划定的区域。

英国的船舶、航空器及气垫船。

162.——

(1)本部分的规定对在英国船舶、航空器及气垫船上所为行为的适用与对在联合王国所为行为的适用一致。

(2)在本条中——

(a)"英国船舶"系指符合《商业船运法》(参见 1988 年《商业船运法》第 2

条)规定的英国船舶。其中不包括在联合王国以外的国家注册的船舶。

(b)"英国航空器"及"英国气垫船"系指在联合王国注册的航空器或气垫船。

第X章　杂项条款及一般条款

王室版权及议会版权

王室版权。

163. ——

(1) 若作品系由女王陛下创作或由王室官员或公务员在执行职务过程中创作——

(a) 不论是否符合第153条第(1)款所规定的资格,作品均有资格享受版权保护,而且

(b) 女王陛下为这种作品的任何版权的第一位所有人。

(2) 此种作品的版权在本部分中称为"王室版权",不论其是否可能或已经转让给他人。

(3) 文学、戏剧、音乐或艺术作品的王室版权持续存在至——

(a) 自作品创作之日历年终起算的第125年年终,或者

(b) 如果自创作之日历年终起算,作品于75年届满前被予以商业性的出版,则自首次出版之日历年终起算,至第50年年终。

(4) 关系到合作作者的作品,如果一个或几个但不是全部作者处于第(1)款所规定的作者范围内,本条的规定仅适用于这些作者以因对作品的贡献而应享有的那一部分版权。

(5) 除上述规定及本部分其他部分所明确规定的任何例外条件外,本部分的规定在关系到王室版权时与其他版权同样适用。

(6) 如果或在一定程度上一作品享有议会版权,本条的规定不予适用。

法律或条例的版权。

164. ——

(1) 女王陛下有权享有每一件议会法律或英格兰教堂长老会条例的版权。

(2) 御批的版权自批文下达之日历年终起存续至50年年终。

（3）本部分所涉及的王室版权（除第 163 条外）包括依本条所获得的版权；而且除上述规定外，本部分的规范对本条的版权的适用等同于其他王室版权。

（4）法律或教会条例不享有其他版权或具有版权性质的权利。

议会版权。

165. ——

（1）如果一作品系由下议院或上议院创作或在其指导或控制下创作的——

（a）不论其是否具有第 153 条第（1）款所规定的资格，均有资格享受版权保护，而且

（b）创作或者指导或控制创作该作品的议院为该作品的版权的第一位所有人；如果作品系由两院共同创作或者共同指导或控制创作，则两院为作品的版权的第一位共同的所有人。

（2）此种作品的版权在本部分中称为"议会版权"，不论其是否可能或者已经转让给他人。

（3）文学、戏剧、音乐或艺术作品的议会版权自作品创作之日历年终起算存续至 50 年届满。

（4）出于本条的目的，由下议院或上议院创作或者指导、控制创作的作品包括——

（a）由该议院的官员或雇员在执行职务过程中创作的任何作品，以及

（b）有关议会议程的录音制品、影片、现场广播或现场有线直播节目；

但仅仅因为议院委托或为议院利益而创作的作品不得被视由议院创作或者指导或控制创作的作品。

（5）关系到合作作者的作品，如果一个或几个但非全部作者出于下议院或上议院的利益或在其指导或控制下进行创作，本条的规定只适用于这些作者以及因他们对作品的贡献而产生的那一部分版权。

（6）除上述规定及本部分其他部分所明确规定的任何例外条件外，本部分的规定在关系到议会版权时与其他版权同样适用。

（7）服从于命令所明确的例外与限制性条件，本条的规定亦适用于本部分延伸适用的其他国家的立法机构所创作或者指导或控制创作的作品；本部

分中凡涉及"议会版权"的均应据此作出解释。

（8）载有依第（7）款颁布的命令的法律文件应遵守议会之任一院的撤销决议。

议会提案的版权。

166. ——

（1）提交议会的每一议案的版权依下列规定分属于议会之一院或由两院共同所有。

（2）公案的版权首先归属于其被提交的议院；该议案被提交第二个议院后，版权由两院共同所有，自议案文本交到提出议案的议院时起算。

（3）私案的版权由两院共同所有，自议案复制品交存其中一院之时起算。

（4）个人议案的版权首先归属于上议院，在该议案被提交下议院之后，版权由两院共同所有，自上议院首先审读此议案之时起算。

（5）依本条而产生的版权因下列条件而终止——

（a）御批，或者

（b）如果未收到御批，则因撤回、否决或闭会而终止；

但是，如果根据1911年与1949年《议会法》的规定，该议案在本次会期仍有呈送御批的可能性，则不论其是否已在会期遭到上议院否决，版权仍继续存在。

（6）本部分所涉及的议会版权（除第165条外）包括依本条而产生的版权；除上述规定外，本部分的规定对依本条而产生的版权的适用等同于其他议会版权。

（7）版权一旦依本条而产生，议案即不再享有其他版权或版权性质的权利；但此规定不影响本条对于在一次会期内未获通过而又提交于下一次会期中的议案的再次适用。

议会各院：关于版权的补充条款。

167. ——

（1）出于持有、交易与行使版权的目的，在有关版权的一切法律诉讼中，议会各院应被视为具有法律能力的法人团体，而且不受闭会或解散的影响。

（2）下议院作为版权人的职能应由议长代表议院的利益予以实施；经议长授权，或者议长职位空缺时，此种功能得由预算与拨款委员会主席或副主席实施。

（3）为此目的，议会解散时，身为下议院议长、预算与拨款委员会主席或副主席可以继续行使其权力，直至相应的任命在下一期会议上作出。

（4）上议院作为版权人的职能应当由议会执事代表该议院予以实施。经议会执事授权，或者议会执事空缺时，此种职能得由执事助理或诵读执事予以实施。

（5）在有关版权的法律程序中——

（a）下议院为原告或被告时所使用的名义应当是"下议院议长"。

（b）上议院为原告或被告时所使用的名义应当是"议会执事"。

其他杂项条款

归属于特定国际组织的版权。

168. ——

（1）如果原始文学、戏剧、音乐或艺术作品——

（a）系由本条适用的一国际组织的官员或雇员创作，或者由该国际组织予以出版的，并且

（b）不符合第 154 条或第 155 条所规定的享受版权保护的资格。

依本条的规定，作品仍可享有版权，而且该国际组织为第一位版权人。

（2）本条所适用的国际组织系指那些由女王陛下在命令中宣布运用本条之规定的国际组织。

（3）依本条的规定而由一国际组织作为第一位版权人的版权自作品创作之日历年终起算存续 50 年，或者出于同联合王国所承担的国际义务相符的目的，女王陛下可用命令为此种版权规定一个更长的有效期。

（4）出于持有、交易及行使版权的目的并联系到有关版权的法律程序，本条所适用的国际组织应被认为具备，或者在全部实质性时间内始终具备一法人的法律能力。

（5）载有依本条颁布的命令的法律文件应遵守议会之任一院的撤销决议。

民间传说等：匿名的未出版作品。

169. ——

（1）如果有证据表明作者身份不明的文学、戏剧、音乐或艺术作品的作者（或者关系到合作作品时，作者中的任何人）因与联合王国以外的国家有联系而具备合格的主体资格，在得到反证之前应推定其具备主体资格，因而其作品应享受版权保护，但须受到本部分的各项规定的约束。

（2）如果依该国法律的规定需任命一主体来保护并行使此种作品的版权，女王陛下可出于本条的目的而用命令指定这样的主体。

（3）联合王国应承认上述指定的主体有权代替版权人的位置而实施其本国法律授权实施的除转让版权以外的任何行为；个别情况下，其可以自己的名义提起各种诉讼。

（4）载有依本条颁布的命令的法律文件应遵守议会任一院的撤销决议。

（5）第（1）款中的"合格的主体"系指在实质性时间内（依第 154 条含义）其作品依该条有资格享受版权保护的人。

（6）如果作者已将版权转让并且已通知被指定的主体，本条的规定即不予适用；本条的任何规定不影响作者或依其而主张权利者所为的版权转让或授予许可的合法性。

过渡性条款和保留条款

过渡性条款和保留条款。

170. 附表 1 包括适用于本部分生效之前创作的作品与发生的行为或事件的过渡性条款及保留条款，以及有关本部分规定实施的一些其他事项。

在其他成文法或普通法下的权利与特权。

171. ——

（1）本部分的任何规定不影响——

（a）任何人依任何命令所享有的任何权利或特权（明确地被本法案废除、修改或限制的命令除外）；

（b）非根据命令所获得的任何王室权利或特权；

（c）议会各议院的任何权利或特权；

（d）王室或任何承袭王室权利者出售、使用或用其他方式交易因执行关税与消费税法而没收的物品的权利；

（e）有关违反信托或信任的任何平衡法原则的适用。

（2）以保留条件为前提，非依本部分或其他有关命令不产生版权或版权性质的权利。

（3）本部分的任何规定不影响在公共利益或其他合法基础上制订的禁止或限制版权行使法律规则的适用。

（4）本部分的任何规定不影响非依本部分而获得的对侵犯第四章所赋予的权利的行为而提起诉讼或采取其他民事或刑事救济措施的权利。

（5）第（1）款中的保留条款以第 164 条第（4）款及第 166 条第（7）款为前提而发生效力。

解　　释

与解释有关的一般条款。 1956 c.74.

172. ——

（1）本部分作为版权法的修订本重申并修改 1956 年《版权法》的条款。

（2）本部分中与旧法相对应的条款不得仅因用语的变化而被解释为与旧法相脱离。

（3）为确定本部分的条款是否脱离旧法，或者确认对本部分的真实解释，可参考依旧法所作的各种裁决。

对所涉版权所有人的解释。

173. ——

（1）如果不同的人对版权的不同方面享有权利（不论作为部分转让的结果或出于其他原因），出于本部分的任何目的，版权人应当是与该目的相关的部分版权的享有者。

（2）如果版权（或版权的任何部分）由一人以上共同所有，凡本部分所涉及的版权人系指全部所有人，所以，任何需要获得版权人许可的事项须获得全部所有人的许可。

"教育机构"和相关表述的含义。

174.——

(1) 本部分条款中的"教育机构"一词系指——

(a) 任何学校,以及

(b) 任何出于本部分或某条款的目的而由国务大臣以命令特别指定的其他教育机构。

(2) 国务大臣可以命令规定,在命令可能规定的限制或变通条件下,本部分有关教育机构的规定在关系到由地方教育当局雇用教师为各地不能加入教育机构的学生授课时亦可适用。

(3) 第(1)款第(a)项中的"学校"——

(a) 关系到英格兰与威尔士,与1944年《教育法》的含义相同。

(b) 关系到苏格兰,与1962年《(苏格兰)教育法》的含义相同,同时还包括1968年《(苏格兰)社会工作法》的含义所经批准的学校。

(c) 关系到北爱尔兰,与1986年《(北爱尔兰)教育与图书馆命令》的含义相同。

(4) 依第(1)款的(b)项所颁布的命令可以参照依命令所指出的任何命令随时颁布文件来确定有关的教育机构。

(5) 关系到教育机构时,本部分中的"教师""学生"分别包括任何施教者与受教者。

(6) 凡本部分所涉及的"出于教育机构的利益"而实施任何行为系指任何人出于该种机构的目的而实施某种行为。

(7) 依本条所颁布的命令应以法定文件形式制定,并且应遵守议会任一院所作出的撤销决议。

出版和商业出版的含义。

175.——

(1) 关系到一作品,本部分中的"出版"——

(a) 系指公开发行复制品,而且

(b) 关系到文学、戏剧、音乐或艺术作品时,包括以电子还原系统付诸公开;

相关的表述亦应据此作出解释。

(2) 关系到文学、戏剧、音乐或艺术作品,本部分中的"商业出版"系指——

(a) 当接到命令前所制作的复制品已普遍能为公众所获得时,公开发行作品复制品,或者

(b) 以电子还原系统将作品付诸公开;

相关的表述亦应据此作出解释。

(3) 关系到以建筑物形式出现的建筑作品或附于建筑物上的艺术作品时,建筑物的建造应被视同作品的出版。

(4) 出于本部分的目的,下列情形不构成作品的出版,而且涉及商业出版时亦应据此作出解释——

(a) 关系到文学、戏剧或音乐作品——

(i) 公开表演作品,或者

(ii) 广播作品或将其收入有线传播节目服务(非为电子还原系统的目的);

(b) 关系到艺术作品——

(i) 展览作品,

(ii) 公开发行作为以建筑物或建筑模型形式出现的建筑作品、雕塑或工艺美术作品的代表的绘图作品或照片的复制品,

(iii) 公开发行含有作品的影片的复制品,或者

(iv) 广播作品或将其收入有线传播节目服务(非为电子还原系统的目的);

(c) 关系到录音制品或影片——

(i) 公开播放或放映作品,或者

(ii) 广播作品或将其收入有线传播节目服务。

(5) 本部分所涉及的出版或商业性出版不包括粗制滥造而无意满足公众合理要求的出版。

(6) 出于本条的目的,不应将任何非法行为考虑在内。

签署的规定：对法人团体的适用范围。

176.——

(1) 在以下条文中，凡规定文件须由某人签署或须由他人代某人签署，则就法人团体而言，盖上其印章亦属符合该规定——

第 78 条第(3)款第(b)项（许可人在依许可制作的复制品公开展出时，体现作者的被识别权利）；

第 90 条第(3)款（版权的转让）；

第 91 条第(1)款（未来版权的转让）；

第 92 条第(1)款（专有许可的授予）。

(2) 在以下条文中，凡规定文件须由某人签署，则就法人团体而言，由他人代该法人团体签署或盖上该法人团体的印章，亦属符合该规定——

第 78 条第(2)款第(b)项（通过书面文件体现声明作者的权利）；

第 87 条第(2)款（精神权利的放弃）。

苏格兰相关措辞的适用。

177. 本部分的规定在苏格兰适用时——

"利润清算"系指利润的核算与支付；

"清算"系指核算、计算与支付；

"转让"系指让与；

"费用"系指支出；

"被告"系指被诉人；

"交付"系指移交；

"禁止反悔"系指禁止个人翻供；

"禁止令"系指制止令；

"中间救济"系指诉讼过程中间的救济；

"原告"系指提起诉讼的人。

次要定义。

178. 在本部分中——

"文章"—词系指期刊中的文章,包括任何种类的资料;

"商业"包括—行业或职业;

"汇编作品"系指——

(a) 合作作者的作品;或者

(b) 不同作者的贡献可以截然分开的作品或其中附有他人作品或其一部分的作品;"出自计算机",关系到一作品时,系指一作品是在没有人类作者的情况下由计算机产生出来的;

"国家"包括任何领土;

"王室"包括在北爱尔兰或本部分延伸适用的联合王国以外的任何其他国家行使女王陛下权力的国家;

"电子的"系指以电、磁、电磁、电化学或电机等能源驱动的;

"电子形式"则指仅能以电子手段使用的形式;

"受雇""雇员""雇主"以及"雇佣"涉及的是服务或学徒合同下的雇佣关系;

"摹本复制"包括缩小或扩大尺寸的复制;

"国际组织"系指其成员包括一个或多个国家的组织;

"司法程序"包括任何法院、法庭或有权对有关个人权利或义务的问题作出决断的个人所进行的程序;

"议会诉讼"包括北爱尔兰国民大会或欧洲议会所进行的诉讼;

"出租"系指为下列目的而供给作品复制品的任何安排——

(a) 获酬(以货币或货币等值物形式均可),或者

(b) 在商业过程中,作为可获报酬的服务或权利的一部分,

条件是该复制品将会或可以返还。

"影印复制品"与"影印复制"涉及的是以影印处理手段进行的复制;

"影印处理"系指——

(a) 用于制作摹本复制品;或者

(b) 为制作多份复制品而牵涉到使用某种装置的处理,关系到以电子形式存在的作品时,包括以电子手段进行的复制,但不包括制作影片或录音制品;

"充分的认知"系指凭题目或其他描述即可分辨出作品以及除下列情况外

可知悉作者的认知——

（a）关系到已出版的作品时，作品系匿名出版的；

（b）关系到未发表的作品时，一个人通过合理查询而不能确知作者身份；

"充分的免责声明"在关系到可能侵犯第 80 条（反对对作品进行损害性处理的权利）所赋予的权利的行为时，系指——

（i）在行为实施之时，以及

（ii）如果此时作者或导演身份已确定，在于这种身份声明同时，

作出一清楚而合理显著的提示，声明作品已受到未经作者或导演许可的处理；

"电信系统"系指以电子手段传输视觉图像、声音或其他信息的系统；

"字体设计"包括用于印刷的装饰性图案；

"未经授权的"关系到任何有关作品的已实施的行为，系指下列情况之外而实施某种行为——

（a）由版权人或经其许可而实施，或者

（b）如果作品不享有版权，由作者或经许可而实施；关系到第 11 条第（2）款所适用的情形时，由作者的雇主或者在每一种情况下，由通过其而主张权利者实施或许可他人实施，或者

（c）依第 48 条（政府对某些材料的复制及其他）而实施；

"无线通信"系指通过出于传送信号的目的而设置或安排的非形物质通道传送电磁能；"书面"包括任何形式的符号或编码，不论是手工或其他方式作成，也不管记录方法或介质如何；"书写"亦应据此作出解释。

定义措辞索引。

179. 下表列出了用定义或其他方式对本章用语作出解释的各个条款（不包括仅对本条用语作出定义或其他解释的条款）——

利润清算及清算（苏格兰）	第 177 条
版权禁止的行为	第 16 条第（1）款
改编	第 21 条第（3）款
档案馆工作人员	第 37 条第（6）条

文章(期刊中)　　　　　　　　　　第 178 条

艺术作品　　　　　　　　　　　　第 4 条第(1)款

转让(苏格兰)　　　　　　　　　　第 177 条

作者　　　　　　　　　　　　　　第 9 条及第 10 条第(3)款

广播(及有关用语)　　　　　　　　第 6 条

建筑物　　　　　　　　　　　　　第 4 条第(2)款

商业　　　　　　　　　　　　　　第 178 条

有线传播节目,有线传播节目服务　　第 7 条
(及有关用语)

汇编作品　　　　　　　　　　　　第 178 条

生效(附表 1)　　　　　　　　　　附表 1 段 1 第(2)款

商业出版　　　　　　　　　　　　第 175 条

出自计算机　　　　　　　　　　　第 178 条

复制品与复制　　　　　　　　　　第 17 条

版权(一般的)　　　　　　　　　　第 1 条

版权(附表 1)　　　　　　　　　　附表 1 段 2 第(2)款

版权人　　　　　　　　　　　　　第 101 条第(2)款及第 173 条

版权法庭　　　　　　　　　　　　第 145 条

版权作品　　　　　　　　　　　　第 1 条第(2)款

费用(苏格兰)　　　　　　　　　　第 177 条

国家　　　　　　　　　　　　　　第 178 条

王室　　　　　　　　　　　　　　第 178 条

王室版权　　　　　　　　　　　　第 163 条第(2)款及第 164 条第(3)款

被告(苏格兰)　　　　　　　　　　第 177 条

交付(苏格兰)　　　　　　　　　　第 177 条

戏剧作品　　　　　　　　　　　　第 3 条第(1)款

教育机构　　　　　　　　　　　　第 174 条第(1)款至第(4)款

电子与电子形式　　　　　　　　　第 178 条

受雇、雇员、雇主及雇佣　　　　　　第 178 条

专有许可　　　　　　　　　　　　　第 92 条第(1)款

现存作品(附表 1)　　　　　　　　　附表 1 段 1 第(3)款

摹本复制　　　　　　　　　　　　　第 178 条

影片　　　　　　　　　　　　　　　第 5 条

一般许可　　　　　　　　　　　　　第 140 条第(7)款

图画作品　　　　　　　　　　　　　第 4 条第(2)款

侵权复制品　　　　　　　　　　　　第 27 条

禁止令(苏格兰)　　　　　　　　　　第 177 条

中间救济(苏格兰)　　　　　　　　　第 177 条

国际组织　　　　　　　　　　　　　第 178 条

公开发行复制品　　　　　　　　　　第 18 条第(2)款

合作作者(作品之)　　　　　　　　　第 10 条第(1)款、第(2)款

司法程序　　　　　　　　　　　　　第 178 条

图书馆工作人员　　　　　　　　　　第 37 条第(6)款

许可　　　　　　　　　　　　　　　第 124 条

版权人之许可　　　　　　　　　　　第 90 条第(4)款、第 91 条第(3)款
　　　　　　　　　　　　　　　　　及第 173 条

许可机构(第Ⅶ章)　　　　　　　　　第 116 条第(2)款

许可方案(一般的)　　　　　　　　　第 116 条第(1)款

许可方案　　　　　　　　　　　　　第 117 条

文学作品　　　　　　　　　　　　　第 3 条第(1)款

创作(关于文学、戏剧或音乐作品)　　第 3 条第(2)款

音乐作品　　　　　　　　　　　　　第 3 条第(1)款

新版权条款(附表 1)　　　　　　　　附表 1 段 1 第(1)款

《1911 年法案》(附表 1)　　　　　　附表 1 段 1 第(1)款

《1956 年法案》(附表 1)　　　　　　附表 1 段 1 第(1)款

为……之利益(关系到教育机构)　　　第 174 条第(5)款

议会版权　　　　　　　　　　　　　第 165 条第(2)款及第(7)款及第
　　　　　　　　　　　　　　　　　166 条第(6)款

议会议程	第 178 条
表演	第 19 条第(2)款
照片	第 4 条第(2)款
原告(苏格兰)	第 177 条
指定条件	第 37 条第(1)款第(b)项
指定图书馆与档案馆	第 37 条第(1)款第(a)项
节目(关于广播)	第 6 条第(3)款
预期所有人(版权)	第 91 条第(2)款
出版及有关用语	第 175 条
版本(关于版面设计之版权)	第 8 条
学生	第 174 条第(5)款
出租	第 178 条
影印件与影印复制	第 178 条
影印处理	第 178 条
雕塑	第 4 条第(2)款
签署	第 176 条
录音	第 5 条
充分的提示	第 178 条
充分的弃权声明	第 178 条
教师	第 174 条第(5)款
电信系统	第 178 条
字体设计	第 178 条
未经授权的(关于对作品实施之行为)	第 178 条
不明(关于作品之作者)	第 9 条第(5)款
作者不明	第 9 条第(4)款
无线通信	第 178 条
作品(附表 1)附表 1	附表 1 段 2 第(1)款
一个以上作者之作品	第 116 条第(4)款
书面与书写	第 178 条

第 V 部分　专利代理和商标代理

专 利 代 理

被允许执行专利代理事务的人。

274. ——

（1）除本部分其他条款另有规定外，任何个体、合伙人或法人团体可出于以下目的为其他人执行作为代理人的事务——

（a）在联合王国或其他地方申请或获得专利，或

（b）在专利局长面前提起有关申请专利或是与专利相关的诉讼。

（2）上述规定不影响《欧洲专利公约》中任何限制代表他人进行与欧洲专利的目的先关行为之资格规定的效力。

专利代理人的注册。

275. ——

（1）国务大臣可以制定规则要求备存一本注册册，用以记载为他人申请或获得专利的代理人；并且在本部分中"注册专利代理人"系指根据本条其姓名被记载于注册册中之人。

（2）规则可包括国务大臣认为适合的管控上述注册的此类条款，并有权——

（a）要求支付规定的费用，并且

（b）在规定的情况下授权移除已注册人姓名或中止注册。

（3）上述规则可委托他人备存该注册册，并可授予该人如下——

（a）制定条例的权力——

（i）就费用的支付而言，除特定情形或规则另有限制外；并且

（ii）就任何其他可制定规则的事项；以及

（b）此类旨在发挥此类其他功能的，如惩戒功能。

（4）有关本条的规则须以法定文件的形式颁布，且议会任一院决议皆有权将之废除。

有权自称为专利代理人的主体。

276. ——

(1) 凡未注册为专利代理人者不得——

(a) 以"专利代理人"或"专利代理律师"的名义或使用上述字样开展业务（除合伙外）；或

(b) 在商业活动中，自称抑或是允许他人宣称其为"专利代理人"或"专利代理律师"。

(2) 除合伙人皆为注册专利代理人或满足本条目的的规定外，凡合伙不得——

(a) 以"专利代理人"或"专利代理律师"的名义或使用上述字样开展业务；或

(b) 在商业活动中，自称抑或是允许他人宣称其为"专利代理人"或者"专利代理律师"之所。

(3) 除法人团体的董事皆为注册专利代理人或满足本条目的的规定外，凡法人团体不得——

(a) 以"专利代理人"或"专利代理律师"的名义或使用上述字样开展业务（除合伙外）；或

(b) 在商业活动中，自称抑或是允许他人宣称其为"专利代理人"或者"专利代理律师"。

(4) 凡于 1917 年 11 月 17 日前已开展专利代理业务的公司，董事或经理又为如上所述的经公司同意在专业广告、传单或信件上出现姓名的注册专利代理人的，本条第(3)款不予以适用。

(5) 凡违反本条关于"专利代理"或"专利律师"等字样使用规定的个人、合伙或法人团体，就该个人、该个人的业务或业务场所其他表述的使用同样违反本条，鉴于其可能足以使他人认为该人为"专利代理人"或"专利律师律师"。

(6) 凡违反本条规定之人，即属犯罪，一经循简易程序，可处不高于标准规格第 5 级别的罚款；且针对该犯罪行为的诉讼时效为行为发生之日起的一年内。

(7) 本条须在不抵触下列条款的情况下具有效力——

(a) 第 277 条（有权自称为欧洲专利律师等之人），及

（b）第 278 条第 1 款（律师对术语"专利律师"的使用）。

有权自称为欧洲专利律师等之人。

277.——

（1）"欧洲专利律师"或"欧洲专利代理人"的术语可用于如下情形而不违反第 276 条的规定。

（2）凡属欧洲专利代理人名册所列的——

（a）得以"欧洲专利律师"或"欧洲专利代理人"的名义或使用上述字样开展业务，或

（b）得自称抑或是允许他人宣称其为"欧洲专利律师"或"欧洲专利代理人"。

（3）凡列于欧洲专利代理人名册的合伙人数目不少于规定数量或比例的合伙——

（a）得以"欧洲专利律师"或"欧洲专利代理人"的名义或使用上述字样开展业务，或

（b）得自称抑或是允许他人宣称其为"欧洲专利律师"或"欧洲专利代理人"之所。

（4）凡列于欧洲专利代理人名册的董事数目不少于规定数量或比例的法人团体——

（a）得以"欧洲专利律师"或"欧洲专利代理人"的名义或使用上述字样开展业务，或者

（b）得自称抑或是允许他人宣称其为"欧洲专利律师"或"欧洲专利代理人"的公司。

（5）凡适用本条关于"专利代理"或"专利律师"等字样使用规定的个人、合伙或法人团体，该个人，该个人的业务或业务场所可以合法使用的其他表述，鉴于其可能足以使他人认为该人为"专利代理人"或"专利律师律师"。

术语"专利律师"的使用：补充性条款。

278.——

（1）律师可使用术语"专利律师"，一家律所可被称为"专利律所"而不违

反第 276 条的规定。

(2) 凡根据有关不具备律师资格的个人使用如下特定表述的法律规定，不构成犯罪——

(a) 注册专利代理，可使用术语"专利律师"，或

(b) 属欧洲专利代理人名册所列的，可使用术语"欧洲专利律师"。

1974 c.37.

1980 c.46.

S.I. 1976/582(N.I.12).

(3) 第(2)款中提到的法律规定指 1974 年《律师法案》第 21 条，1980 年《律师法案(苏格兰)》第 31 条和 1976 年《律师命令(北爱尔兰)》第 22 条。

为混合合伙和法人团体规定条件等的权力。

279. ——

(1) 国务大臣可以制定规则——

(a) 规定出于第 276 条(有权自称为欧洲专利律师等之人)的目的关于合伙或法人团体所需满足的条件，并非所有合伙人或董事都具有相应的资格；同时

(b) 强制规定上述合伙和法人团体应遵守的要求。

(2) 规则可以具体作如下规定——

(a) 规定合伙人和董事中具有资格的个人必须满足一定的数目和比例；

(b) 就如下内容进行强制规定——

(i) 经合伙或法人团体同意而散发的与其或其业务相关的专业广告、传单或信件中具有资格或不具有资格之人的标示；且

(ii) 合伙或法人团体组织其事务以确保具备资格之人对不具备资格之人的活动施展充分控制的方式。

(3) 凡违反本条规定之人，即属犯罪，一经循简易程序，可处不高于标准规格第 5 级别的罚款。

(4) 国务大臣可以制定规则，规定出于第 277 条的目的对于合伙中的合伙人和法人团体的董事中须具备资格之人的数目和比例，以便合伙或法人团体利用该条。

(5) 本条"具备资格之人"系指——

(a) 在第(1)和第(2)款中注册专利代理之人，且

(b) 在第(4)款中为欧洲专利代理人名册所列之人。

(6) 有关本条的规则须以法定文件的形式颁布，且议会任一院决议皆有权将之废除。

专利代理人在通信方面具有的特权。

280. ——

(1) 本条适用于关于任何与发明、外观设计、技术信息、商标或服务标志的保护有关的事项的沟通，或涉及仿冒的任何事项的通信。满足下列情形的通知，于英格兰，威尔士或北爱尔兰的法律诉讼中，一如个人和律师之间或视情况而定的出于获得或回应为寻求指示其律师之信息要求的通信，具有免于披露的特权。

(2) 任何此类通信——

(a) 在个人和其专利代理人之间，或

(b) 出于获得或回应为寻求指示其专利代理人之信息要求的目的。

(3) 第(2)款中的"专利代理人"系指——

(a) 注册的专利代理人或是列于欧洲专利代理人名册上的人；

(b) 有权自称为专利代理所或开展欧洲专利律师业务的所；或

(c) 有权自称为专利代理公司或开展欧洲专利律师业务的法人团体。

(4) 在此声明，在苏格兰地区，授予其免于法律诉讼中的披露特权的法律规则延伸适用于本条所提到的上述通信。

专利局长拒绝认可特定代理人的权力。

1949 c.87.

1949 c.88.

1977 c.37.

281. ——

(1) 本条适用于根据《1949 年专利法案》,《1949 年注册设计法案》或

《1977 年专利法案》开展的业务。

（2）国务大臣可以制定规则授权专利局长拒绝承认就任何在本条所适用的任何事务为代理人——

（a）凡根据《1949 年专利法案》第 88 条，或《1977 年专利法案》第 114 条或该法案第 276 条被认为犯罪之人；

（b）凡因不正当行为被中止专利代理人的注册，或姓名从注册册中移除且尚未恢复之人；

（c）凡国务大臣发现有存在上述犯罪行为，若其已经由专利代理注册处注册，其姓名将因不正当行为而从注册册中移除之人；

（d）凡任何一位合伙人或董事属上述第（a）款第（b）款和第（c）款中专利局长拒绝认可之人的合伙或法人团体的。

（3）规则可能包含在国务大臣看来恰当的此类附带性和补充性的条款，其可具体规定不正当行为是否构成犯罪的各种情形。

（4）有关本条的规则须以法定文件的形式颁布，且议会任一院决议皆有权将之废除。

（5）专利局长须拒绝承认就任何本条适用的业务，非居于联合王国、马恩岛或欧洲经济共同体的其他成员国，业务地址亦非在上述地区的人为代理人。

商 标 代 理

商标代理人的注册。

282.——

（1）国务大臣可以制定规则要求备存一本注册册，用以记载为他人申请或获得商标的代理人；并且在本部分中"注册商标代理人"系指根据本条其姓名被记载于注册册中之人。

（2）规则可包括国务大臣认为适合的管控上述注册的此类条款，并有权——

（a）要求支付规定的费用，并且

（b）在规定的情况下授权移除已注册人姓名或中止注册。

（3）上述规则可委托他人备存该注册册，并可授予该人如下——

（a）制定条例的权力——

（i）就费用的支付而言，除特定情形或规则另有限制外；并且

（ii）就任何其他可制定规则的事项；以及

（b）此类旨在发挥此类其他功能的，如惩戒功能。

（4）有关本条的规则须以法定文件的形式颁布，且议会任一院决议皆有权将之废除。

未注册主体无权被称为注册商标代理人。

283. ——

（1）凡未注册为商标代理人者不得——

（a）以"商标代理人"的名义或使用上述字样开展业务（除合伙外）；或

（b）在商业活动中，自称抑或是允许他人宣称其为"商标代理人"。

（2）除合伙人皆为注册商标代理人或满足本条目的的规定外，凡合伙不得——

（a）以"商标代理人"的名义或使用上述字样开展业务；或

（b）在商业活动中，自称抑或是允许他人宣称其为"商标代理人"之所。

（3）除法人团体的董事皆为注册商标代理人或满足本条目的的规定外，凡法人团体不得——

（a）以"商标代理人"的名义或使用上述字样开展业务（除合伙外）；或

（b）在商业活动中，自称抑或是允许他人宣称其为"商标代理人"。

（4）国务大臣可以制定规则，规定出于本条的目的就合伙人或董事并非皆为注册商标代理人的合伙或法人团体所需满足的条件；还可具体规定合伙中的合伙人和法人团体的董事中须具备资格之人的数目和比例。

（5）有关本条的规则须以法定文件的形式颁布，且议会任一院决议皆有权将之废除。

（6）凡违反本条规定之人，即属犯罪，一经循简易程序，可处不高于标准规格第 5 级别的罚款；且针对该犯罪行为的诉讼时效为行为发生之日起的一年内。

注册商标代理在通知方面具有的特权。

284. ——

(1) 本条适用于关于任何与外观设计、商标或服务标志的保护有关的事项的沟通,或涉及仿冒的任何事项的通信。满足下列情形的通知,于英格兰、威尔士或北爱尔兰的法律诉讼中,一如个人和律师之间或视情况而定的出于获得或回应为寻求指示其律师之信息要求的通信,具有免于披露的特权。

(2) 任何此类通信——

(a) 在个人和其商标代理人之间,或

(b) 出于获得或回应为寻求指示其商标代理人之信息要求的目的。

(3) 第(2)款中的"商标代理人"系指——

(a) 注册的商标代理人的,

(b) 有权自称为商标代理所的合伙,或

(c) 有权自称为商标代理公司的法人团体。

(4) 在此声明,在苏格兰地区,授予其免于法律诉讼中的披露特权的法律规则延伸适用于本条所提到的上述通信。

补 充 条 款

由合伙和法人团体实施的犯罪。

285. ——

(1) 根据本部分宣称以合伙的名义实施的一项犯罪,对其提起诉讼应该针对该合伙组织而非其合伙人;但须以不减损下述第(4)款的规定之人的任何法定责任为前提。

(2) 出于上述诉讼的目的,就法人团体下列条款适用——

(a) 关乎文件的送达的任何法院规则;

1980 c.43.

S.I.1981/1675(N.I.26).

(b) 在英格兰、威尔士或北爱尔兰,附表 3 的《1980 年治安法院法案》或附表 4 的《1981 年治安法院命令(北爱尔兰)》(犯罪费用的程序)。

(3) 上述诉讼中向合伙组织针对其犯罪行为征缴的罚款应以合伙组织的

资产支付。

(4) 凡在合伙中犯本部分所订的罪行的任何合伙人,除该合伙中经证明非故意或已试图阻止该犯罪行为发生者,皆属犯罪,并可据此而被起诉和受惩罚。

(5) 凡任何法人团体所犯的本部分所订的任何罪行,经证明是在该团体的任何董事、经理、秘书或其他相类似职位的高级人员或看来是以任何该等身份行事的人的同意或纵容下所犯的,则该人以及该法人团体均属犯该罪行,并可据此而被起诉和受惩罚。

释义。

286. 在本部分——

"专利局长"系指负责专利、设计和商标的专利局长;

"董事"系指与事务均有其成员管理的法人团体有关,指该法人团体的任一位成员;

"欧洲专利代理人名册"系指由欧洲专利局保管的,根据《欧洲专利公约》中列入了的专业代表的名单;

"注册专利代理人"的含义已在第275条第(1)款列明;

"注册商标代理人"的含义已在第282条第(1)款列明。

第Ⅵ部分　专　　利

专利郡法院

专利郡法院:特殊的司法管辖权。

287. ——

(1) 大法官可以通过以法定文件颁布的命令指定任意郡法院为专利郡法院并授予其司法管辖权(其"特别司法管辖权")以听证和裁决如下将会在命令中明确规定的诉讼——

(a) 关于专利或外观设计,

(b) 附属或源自同一受保护客体的与外观设计或专利有关的诉讼。

（2）专利郡法院的特别司法管辖权范围为英格兰和威尔士全境，但是法院的规则规定在上述法院等待裁决事项在另一法院被听证与裁决，或部分在此法院进行，部分在另一法院进行。

（3）尽管并未寻求金钱救济，专利郡法院仍可在其特别司法管辖权内受理诉讼。

（4）根据本条，就中止专利郡法院的任何特别司法管辖权的命令，当该命令生效时，命令可以就等裁决的诉讼制定条款。

（5）本条中的任何规定不得被解释为与郡法院的普通司法管辖权相抵触。

有关专利郡法院特殊司法管辖权内的诉讼的财政限制。

288. ——

（1）女王陛下可以颁布一项枢密令，限定专利郡法院特别司法管辖权之内的任何诉讼的数额与价值。

（2）如对任何一项专利说明的索赔的数额加以限制，且原告的诉由超过该数额，其可放弃超出部分的数额；此时，专利郡法院有进行听证与裁决诉讼的司法管辖权，但原告获得的赔偿金不得超过该数额。

（3）凡凭借第（2）款具有听证与裁决的司法管辖权的法院，法院就诉讼作出的判决须充分处理就诉由中所涉及的请求，同时应相应地执行该判决。

（4）如由双方或其各自的律师或其他代理人签署的备忘录表明，同意专利郡法院就任何诉讼享有司法管辖权，则该法院得听证与裁决一切诉讼的司法管辖权，排除本条中限制性规定的适用。

（5）除枢密令的草案已提交并经议会任一院决议通过外，不得向女王陛下提出根据本条颁布枢密令的建议。

最高法院和专利郡法院间诉讼的移转。

1984 c.28.

289. ——

（1）根据《1984 年专利郡法院法案》第 41 条（最高法院命令从郡法院移转诉讼的权力），不应就专利郡法院特别司法管辖权之内的诉讼颁布命令。

（2）考虑是否就有关专利郡法院特别司法管辖权之内的诉讼是否应根据《1984年专利郡法院法案》第40条或第42条（从最高法院移转诉讼或向最高法院移转诉讼）颁布一项命令时，法院应顾及当事人双方的财务状况，进而下令将诉讼转移至专利郡法院，或视情况，不将其移转至高等法院，尽管该诉讼有可能引发一项有关事实问题或法律问题的重大争议。

可以向专利郡法院提出金钱赔偿的花费限制。

290.——

（1）如一项本在专利郡法院生效的诉讼在高级法院进行，并该诉讼中提出了金钱赔偿要求，根据本条规定，如原告取得的数额少于规定数额，其无权取得比在郡法院提起诉讼本可获得的金额更多的赔偿。

（2）出于本目的，原告应被视作就其索赔取得全额赔偿，而无须考虑任何不属于决定是否在专利郡法院进行诉讼考虑范围内的有关事项的扣除额。

（3）本条在不抵触任何有关诉讼费用而言，若高级法院有合理理由认为原告可获超过规定数额的赔偿金额的情况下有效。

（4）高级法院如确信有充足理由向其提起诉讼，可颁布一项命令，准许诉讼费或其任意部分的范围按高级法院或其指向的上述郡法院的等级加以计算。

（5）本条不适用于由王室提起的诉讼。

（6）本条"规定的数额"系指女王陛下出于本条目的通过枢密令规定的数额。

（7）除枢密令的草案已提交并经议会任一院决议通过外，不得向女王陛下提出根据本条颁布枢密令的建议。

专利郡法院的诉讼。

291.——

（1）凡被指定为专利郡法院之法院，大法官应任命该法院法官担任专利法官。

（2）在可行且恰当的前提下，郡法院应制定如下规则确保——

（a）凡该专利郡法院特别司法管辖权之内的诉讼由专利法官处理，且

（b）凡诉讼中的中间事项由法官而非注册官或该法院的其他工作人员处理。

（3）郡法院制定的规则应授予专利郡法院在特别司法管辖权之内或无当事人申请的诉讼中的进行下列行为的权力——

（a）聘任协助法院的科学顾问或陪审员，或

（b）命令专利局针对任何有关事实或观点的问题进行调查与报告。

（4）如法院基于一方申请实施上述任一项权力，除法官另作命令外，向专利局支付的报酬或费用的税率应根据郡法院规则与诉讼费决定。

（5）如法院自主动议实施上述任一项权力，向专利局支付的报酬或费用的税率应根据经财政部批准的大法官的决定且所支付的钱款由议会提供。

专利郡法院诉讼中注册专利代理人的权利和责任。

292. ——

（1）凡为注册专利代理人者，在专利郡法院特别司法管辖权之内的诉讼中或与其相联系的程序中，可进行除订立契约之外的最高法院的律师可为之任何行为。

（2）大法官可通过条例规定第（1）款中授予的权利应符合大法官认为必要或适当的限制或条件；且应为不同的诉讼类型制定不同的规定。

1984 c.28.

（3）根据《1984 年郡法院法案》第 142 条，专利郡法院得如其对律师拥有的同等权力，强制执行本条项下注册专利代理人作出的独立保证。

（4）《1984 年郡法院法案》第 143 条（禁止除律师外的主体收取报酬）中规定不适用于遵照本条行事的注册专利代理人。

（5）郡法院规则中关于支付给律师诉讼费用范围的规定适用于有关遵照本条行事的注册专利代理人。

（6）有关本条的条例须以法定文件的形式颁布，且议会任一院决议皆有权将之废除。

特定专利的权利许可

由特定许可授权行为之限制。 1977 c.37.

293.《1977 年专利法案》附表 1 中第 4 条第（2）款第（c）项（现有专利延展

后可获得许可的权利)末尾处增加,"但除第 4A 条外",并在该条后加入——

"4A.——

(1) 凡产品发明的专利所有人根据本条向专利局提交一份声明,根据上述第 4 条第(2)款第(c)项授予该人的许可不得延伸至本条项下或例外的该产品的使用。

(2) 药物的使用除外,即——

(a)《1968 年药品法案》所指的含义之内使用医药产品,且

(b) 明知此类目的进行任何上述第 60 条第(1)款第(a)项提到的其他行为。

(3) 若国务大臣认为合适,可颁布命令使上述使用归为例外使用;且该命令可——

(a) 具体指出任一第 60 条第(1)款第(a)项所述行为的例外使用,且

(b) 就不同情形或不同目的进行的行为制定不同的规定。

(4) 出于本条的目的,只要其与专利有关,排除何种使用应于专利期限最初的十六年内决定。——

(a) 根据《1968 年医药法案》第 30 条颁布的命令("医药产品"的含义),或

(b) 根据上述第(3)款的命令。

(5) 根据本条的声明应于规定的时限内,以规定的方式与形式提交。

(6) 下列情况不得提交声明且在其中任一情形中,许可于专利的 16 年期限末或之后仍有效力。——

(a) 凡就专利而言,该专利于 1988 年《版权、设计和专利法案》第 293 条经过第十五年时生效;或

(b) 如果提交之日——

(i) 凡针对产品的任一种例外现存的许可,或

(ii) 凡上述第 46 条第(3)款第(a)项或第(b)项下,针对由专利局长确定条款的针对任一种例外使用的许可而提起申请。

(7) 凡根据本条例就一项专利提声明者——

(a) 上述第 46 条第(3)款第(c)项(许可可作为权利时侵权救济的限制),只要其属于提交声明之后的产品例外使用情形,则不构成专利侵权;且

(b) 上述第 46 条第(3)款第(d)项(许可可作为权利时延展费的减少)不适

用于上述专利。"

为确立许可条款提出的申请。1977 c.37.

294.《1977 年专利法案》附表 1,增加上述第 293 条后,插入——

"4B. ——

(1) 如于专利的 16 年期限开始之前提出申请,根据上述第 46 条第(3)款第(a)项或第(b)项针对由专利局长凭借上述条例 4 第(2)款第(c)项确立许可条款提出的申请无效。

(2) 本条适用于在《1988 年版权、设计和专利法案》第 294 条生效之后提出的申请,且适用于就专利部分而言其 15 年期限届满之前提出的任何申请。"

专利: 杂项修正案

专利: 杂项修正案。

1949 c.87.

1977 c.37.

295.《1949 年专利法案》和《1977 年专利法案》根据附表 5 进行了修订。

附　　表

第 170 条

附表 1　版权: 过渡性条款和保留条款

引　　言

1. ——

(1) 在本附表中——

1911 c.46.

1956 c.74.

"《1911 年法案》"系指 1911 年《版权法》,

"《1956 年法案》"系指 1956 年《版权法》,并且

"新的版权条款"系指本法案有关版权的条款,即,第Ⅰ部分(包括本附表)和就第Ⅰ部分的条款而做出相应修正或废除的附表3,附表7以及附表8。

(2)在本附表中,凡述及的"生效",即述及的新版权条款的生效日期。

(3)在本附表中,凡述及的"现存的作品",即述及的在生效之前制作的作品;就此而言,凡某作品的制作历时一段时间,当该作品的制作完成时,须视为已制作该作品。

2. ——

(1)就《1956年法案》而言,在本附表中,凡述及作品,即述及包括该命令所指的任何作品或其他受版权保护的客体。

(2)就《1911年法案》而言——

(a)在本附表中,凡述及"版权",即包括用以取代在紧接该法生效之前存在的权利的该法第24条所赋予的权利;

(b)在本附表中,凡述及"录音制品的版权",即述及该法案授予收录该录音记录的录音制品的版权;及

(c)在本附表中,凡述及"影片的版权",即述及在构成该法所指的戏剧作品的范围内的影片在该法下的任何版权或构成该影片一部分的照片在该法下的任何版权。

一般原则:法律的延续

3. 除明确订立的条款有相反规定外,新的版权条款在生效时对已经存在的事物适用,正如其同样适用于在生效之后才存在的事物。

4. ——

(1)在新的版权条款重新制定的情况下(无论有或没有作出变更),本条款同样适用于较早法律条款。

(2)在成文法则、文书或其他文件中,凡述及版权或有版权存在的作品或其他受版权保护客体,如果并非因本法案便会解释为所述的《1956年法案》所指的版权的情况下,在延续该成文法则、文书或其他文件的效力所需的范围内

须解释为所述(或按个别情况的需要须解释为包括)本法案所指的版权或根据本法案而享有版权的作品。

（3）凡根据被本法案废除的条款或为施行该条款而进行任何行为(包括订立附属法律)，凡任何行为具有如此进行的效力，则该行为在其是根据相应的新版权条款而进行或为施行相应的新的版权条款而进行相同行为的情况下，具有法律效力。

（4）在文意许可的情况下，在本法案或任何其他成文法则、文书或文件中，凡述及(明示或暗示)新的版权条款的任何条款，即就生效之前的时间、情况及目的而解释为包括相应的之前已有的条款。

（5）在任何成文法则、文书或其他文件中，凡述及(明示或暗示)被本法案废除的条款，在延续该成文法则、文书或其他文件的效力所需的范围内，该述及须解释为本法案的相应条款。

（6）本条款在任何特定的过渡性条款或保留条款及本法案作出的任何明示的修正的限制下具有效力。

版权的存在

5.——

（1）如果版权在即将生效之前存在于现存的作品，则版权也在生效之后存在于该作品。

（2）第(1)款不能阻止一部现存作品在生效后享有版权保护——

（a）根据第 155 条(首次出版的资格)，或

（b）根据第 159 条的一项命令(将第 Ⅰ 部分适用于其并不延伸的国家)。

1949 c.88.

6.——

（1）根据本法案，版权并不在 1957 年 6 月 1 日之前存在的制作的艺术作品中。根据 1949 年《注册设计法》在该时间内作品能被注册的一项设计，或是根据被该法废除的成文法被用作或是意图被用作产业过程中大量生产的一个模型或模式。

(2) 出于以下目的,一项设计应该被视作用于经由任何产业过程大量生产的一个模型或模式——

(a) 当设计被复制或意图被复制在超过 50 件单件物品上,除非设计被复制或意图被复制的所有物品一起组成 1949《注册设计法》第 44 条第(1)款定义的一单一系列的物品;或

(b) 当设计被用于——

(i) 印刷墙纸,

(ii) 按长度或件数生产或销售的地毯、地板布或油布,

(iii) 按长度或件数生产或销售的纺织商品,或

(iv) 非手工制作的花边。

7. ——

(1) 版权并不存在于 1957 年 6 月 1 日之前制作的影片。

(2) 如在该日期之前制作的影片是《1911 年法案》所指的原创的戏剧作品,则新的版权条款就该影片具有效力,犹如该影片是第Ⅰ部分所指的原创的戏剧作品一样。

(3) 新的版权条款就构成在 1957 年 6 月 1 日之前制作的影片一部分的照片具有效力,犹如该等条款就并非构成影片的一部分的照片具有效力一样。

8. ——

(1)《1956 年法案》第 13 条第(9)款适用的影片声轨在生效(影片被认为包括相关声轨中的声音)之前应该被视作出于新版权条款的目的不是影片的一部分,而是作为一种录音制品。

(2) 然而——

(a) 仅当在即将生效之前版权存在于影片中,版权才存在于录音制品中,版权持续存在直到影片中的版权届满;

(b) 影片的作者和版权的第一持有人应该被视作录音制品的作者和版权的第一持有人;并且

(c) 根据影片版权或有关影片版权在生效之前所做的任何事情正如其关

于影片那样,关于录音制品也同样有效。

9. 版权并不存在于——

(a) 1957 年 6 月 1 日之前制作的广播,或

(b) 1985 年 1 月 1 日之前包括在有线传播节目服务中的有线传播节目;

而就第 14 条第(2)款(重播的版权期限)而言,无须理会任何该等广播或有线传播节目。

作 品 的 作 者

10. 就第 I 部分第 IV 章授予的权利(精神权利)而言,谁是某现存的作品的作者问题,须按照新的版权条款而裁定,而就其他各方面而言,须按照在该作品制作时有效的法律裁定。

版权的首属权

11. ——

(1) 谁是现存的作品的版权第一持有人问题,须按照在作品制作时有效的法律而裁定。

(2) 如果在生效之前有人在以下条款所指的情况下委托制作作品——

(a)《1956 年法案》第 4 条第(3)款或《1911 年法案》第 5 条第(1)款第(a)项(雕刻品、照片及画像);或

(b)《1956 年法案》第 12 条第(4)款的附文(录音制品),

上述条款是用于裁定依据委托而在生效之后制作的作品的版权首属权。

现存作品的版权期限

12. ——

(1) 以下条款就现存的作品的版权期限而具有效力。

关于任何一项条款适用于某作品版权期限问题,须参照在即将生效之前的事实而裁定,而在本条例中,凡所使用的术语曾根据《1956 年法案》而界定,则该等术语的含义与该命令中该等术语的含义相同。

（2）本应根据《1956 年法案》届满的版权在以下类别的作品中持续存在直至该等版权的期限届满——

（a）文学作品、戏剧作品或音乐作品，而《1956 年法案》第 2 条第（3）款的附文（在作者死后向公众提供的作品的版权期限）就该等作品提及的 50 年期限开始计算；

（b）雕刻品，而《1956 年法案》第 3 条第（4）款第（a）项（在作者死后发表的作品的版权期限）就该等作品提及的 50 年期限开始计算；

（c）已发表的照片及在 1957 年 6 月 1 日之前拍摄的照片；

（d）已发表的录音制品及在 1957 年 6 月 1 日之前制作的录音制品；

（e）已发表的影片。

（3）除非在任何个案中在以下日期之前知道作者的身份，否则不具名或假名的文学作品、戏剧作品、音乐作品、艺术作品（照片除外）的版权持续存在，直到以下日期为止——

（a）如果该作品已发表，该版权按照《1956 年法案》本应届满的日期；及

（b）如果该作品未发表，在新的版权条款在某日历年生效的情况下，自该年年终起计的 50 年期限届满之日，但如在该期间该等作品按第 12 条第（2）款（作者不为人知的作品的版权期限）所指的首次向公众提供，则指该等版权的期限按照该条款所规定届满的日期。

（4）凡新的版权条款于某日历年开始生效，以下作品类别的版权持续存在，直到自该年年终起计的 50 年期限届满为止——

（a）已死亡的作者生前所作的文学作品、戏剧作品及音乐作品，《1956 年法案》第 2 条第（3）款第（a）项至第（e）项提及的行为均没有就该等作品而进行；

（b）已死亡的作者生前所作的未发表的雕刻品；

（c）在 1957 年 6 月 1 日或之后拍摄的未发表照片。

（5）凡新的版权条款于某一日历年生效，版权持续存在于以下描述的作品，直至自该日历年年终起计的 50 年期限届满为止——

（a）在 1957 年 6 月 1 日或之后制作的未发表的录音制品；

（b）未包括上述第（2）款第（e）项所述范围内的影片。

但如果该未发表的录音制品在自该日历年年终起计的 50 年期限届满之

前的另一日历年发表,则该录音制品的版权持续存在,直至自该另一日历年年终起计的 50 年期间完结为止。

(6) 任何其他现存的作品的类别的版权持续存在,直至该等作品类别的版权按照本法案第 12 条至第 15 条届满的日期为止。

(7) 上述条款不适用于受王室或议会版权限制的作品(参见以下条例 41 至条例 43)。

1775 年《版权法》下的永久版权

1775 c.53.

13. ——

(1) 凡新的版权条款于某日历年开始生效,《1775 年版权法》授予高校和大学的权利持续存在,直到自该年年终起计的 50 年期限届满为止。

(2) 第 I 部分以下章节的条款——

(a) 第Ⅲ章(就版权作品而允许的行为);

(b) 第Ⅵ章(侵权救济);

(c) 第Ⅶ章(版权许可);

(d) 第Ⅷ章(版权法庭);

正如其适用于有关本法案下的版权那样适用于有关上述权利。

版 权 的 侵 权

14. ——

(1) 第 I 部分第Ⅱ章和第Ⅲ章关于构成版权侵权的条款的适用问题,只适用于生效之后进行的行为;《1956 年法案》的条款只适用于生效之前进行的行为。

(2) 第 18 条第(2)款将向公众发行复制品的受限行为延伸至包括向公众出租录音制品、影片或计算机程序的复制品,但是其并不适用于有关由任何人出于向公众出租的目的在生效前获得的录音制品、影片或计算机程序的复制品。

(3) 出于第 27 条的目的("侵权复制品"的含义)制作一件物品是否会构成

对版权的侵犯,或如果物品是在联合王国被制作的问题应该被如下裁决——

(a) 关于在 1957 年 6 月 1 日或之后且在《1956 年法案》生效之前制作的物品,参照《1956 年法案》,并且

(b) 关于在 1957 年 6 月 1 日之前制作的物品,参照《1911 年法案》。

(4) 第 31 条第(2)款,第 51 条第(2)款和第 62 条第(3)款(对某物品版权其后的利用,而该物品的制作根据该条的较早条款,并不构成侵犯版权)适用于在生效之前制作的物品,应该假设新的版权条款在所有实质性时间内有效。

(5) 凡任何产生以某种字体展现的材料的物品在生效之前根据第 55 条第(1)推出市场,第 55 条(产生以某种字体展现的材料的物品)即适用,但在新的版权条款于某日历年底生效的情况下,第(3)款所提及的期间须代以自该年年终起计的 25 年届满。

(6) 第 56 条(电子格式作品的复制品、改编作品等的版权转移)对在生效之前购买的复制品并不适用。

(7) 对于在生效之前建成的建筑物,第 65 条(重建建筑物)中述及绘图或平面图的版权人,即述及根据《1956 年法案》或《1911 年法案》撤销的任何成文法,在该建筑物建造之时为绘图或平面图的版权人的个人。

15. ——

(1) 除以下条款另有规定外,第 57 条(匿名或假名作品:基于关于版权期限届满或作者死亡的假设而允许进行的行为)就现存作品而具有效力。

(2) 第(1)款第(b)项第(i)目(版权期限已届满的假设)并不适用于有关——

(a) 照片,或

1775 c.53.

(b) 上述条例 13 提及的权利(《1775 年版权法》授予的权利)。

(3) 第(1)款第(b)项第(ii)目(作者已死亡的假设)仅适用于——

(a) 上述条例 12 第(3)款第(b)项(未发表的不具名或假名作品)适用,而新的版权条款于某日历年生效,上述条款只在该年年终起计的 50 年期限届满之后适用;或

(b) 上述条例 12 第(6)款适用(版权期限根据先前法律和根据新的版权条款属于相同的个案)。

16.《1956 年法案》第 7 条的以下条款就现存的作品仍然适用——

(a) 第(6)款(自图书馆、博物馆或其他机械内的手稿或复制品复制未发表的作品);

(b) 第(7)款(发表载有第(6)款适用的材料的作品),但第(a)项(就意图发表给予通知的责任)则除外;

(c) 第(8)款(就按照第(7)款发表的材料而后来进行的广播和表演等),

而第 9 条第(d)项(插图)根据该等条款仍然适用。

17. 如果戏剧或音乐作品在 1912 年 7 月 1 日之前制作,而《1911 年法案》所规定的权利并不包括公开表演该等作品的专有权,则受版权所限制的行为须视为不包括——

(a) 公开表演该作品;

(b) 广播该作品或将该作品包括在有限传播节目服务中;或

(c) 就该作品的改编作品进行任何上述行为;

凡《1911 年法案》赋予的权利只有公开表演该作品的专有权,则受版权限制的行为须视为只有该行为构成。

18. 凡在 1912 年 7 月 1 日之前制作的作品包括论文、文章或其部分,而该论文、文章或其部分成为评论、杂志或期刊或性质类似的作品,并在该评论、杂志或期刊或性质类似的作品首次发表,则版权须受作者在《1911 年法案》开始生效时,若当时该法案未能通过,则由 1842 年《版权法》第 18 条授予享有以独立形式发表该论文、文章或其部分的权利所限制。

设　　计

19.——

(1) 第 51 条(排除关于录制或体现在设计文件或模型中的作品的版权保

护)不适用于有关一项在生效前录制在或体现于一设计文件或模型的设计在生效后的十年期间内。

(2) 在上述十年期间第Ⅲ部分(设计权)以下条款适用于正如关于设计权的任何相关版权——

(a) 第 237 条至第 239 条(权利许可的可获得性),以及

(b) 第 247 条至第 248 条(适用于专利局长确立权利许可期限)。

(3) 在第 237 条,正如其根据本条例适用,第(1)款中述及对于设计权期限的最后五年将被替换为上述第(1)款所提到的十年期间的最后五年,或是在版权存续的最后五年时间。

(4) 在第 239 条,正如其根据本条例适用,第(1)款第(b)项述及的第 230 条将被第 99 条替换。

(5) 凡根据本条例可以获得权利许可,在生效之前被授予许可的个人可以向专利局长申请一项命令以调整该许可的期限。

(6) 第 249 条和第 250 条(上诉和规则)的条款适用于有关根据本条例关于根据第Ⅲ部分的诉讼而提起的诉讼。

(7) 如果设计文件或模型在生效后做出,根据本条例授予的一项许可仅仅适用于被第 51 条允许的行为。

(8) 第 100 条(扣押侵权复制品等的权利)并不适用于上述第(1)款所提到的有关如果受争议的设计在生效后被首次录制或体现于一设计文件或模型就不再适用的任何事物的十年的期间。

(9) 本条例不会影响到任何旨在阻止或限制有关一项设计的版权实施的法律的任何规则的实施。

20. ——

(1) 凡《1956 年法案》第 10 条(在工业上应用与艺术作品相应的外观设计的效力)在生效前的任何时间就任何艺术作品而适用,则本法案第 52 条第(2)款即适用,但须以《1956 年法案》第 10 条第(3)款定义的 15 年期限代替其中提及的 25 年期限。

(2) 除第(1)款另有规定外,第 52 条只有在有关物品在生效之后如第(1)

款第(b)项中提及的情况那样推出市场才适用。

废除法定录制许可

21. 凡《1956 年法案》第 8 条第(1)款第(b)项所指的通知已在本法案废除该条之前作出,则《1956 年法案》第 8 条(复制以零售方式出售的录制品的法定许可)持续适用,但只就——

(a) 在有关的废除生效的一年内进行;及

(b) 最多只对在该通知上列明的拟出售的数量的录制品的制作适用。

22. ——

(1) 不可根据第 I 部分的第 IV 章(精神权利)的任何条款而就在生效之前进行的行为提起诉讼。

(2)《1956 年法案》第 43 条(作者的虚假署名)对生效之前进行的行为持续适用。

23. ——

(1) 以下条款就——

(a) 第 77 条(被识别为作者或导演的权利),以及

(b) 第 80 条(反对对作品进行损害性处理的权利),

所赋予的权利而具有效力。

(2) 凡——

(a) 文学作品、戏剧作品、音乐作品及艺术作品的作者在生效之前死亡,该等权利并不对该作品适用;或

(b) 影片在生效之前制作,该等权利并不就对该影片适用。

(3) 就现存的文学作品、戏剧作品、音乐作品及艺术作品而有的权利不适用于以下行为——

(a) (凡版权首先归属作者)任何根据在生效之前作出的版权转让或授予的许可而进行不属于侵犯版权的行为;

(b) (凡版权首先归属于并非作者的人)版权人进行的或在其许可下进行

的任何行为。

（4）该等权利不适用于对依据《1956 年法案》第 8 条（法定录制许可）制作的录制品进行的任何行为。

24. 第 85 条授予的权利（某些照片和影片的隐私权）并不适用于在生效之前制作的照片和影片。

转让及许可

25.——

（1）凡在生效之前作出的文件或进行的行为——

（a）具有影响现存的作品的版权的拥有权的效力；或

（b）具有产生、转移或终止在现存的作品的版权方面的权益、权利或许可的效力，则该等文件或行为对该作品在本条例下的版权具有相应的效力。

（2）该等文件中使用的词句须按照其在即将生效之前的效力而解释。

26.——

（1）本法案第 91 条第（1）款（未来版权的转让：在版权产生之时将其法定权益通过法例规定而作出归属）对在 1957 年 6 月 1 日之前作出的协议并不适用。

（2）本法案废除《1956 年法案》第 37 条第（2）款（未来版权的转让：承让人在版权产生之前死亡的权利转让），并不影响该条就在生效之前作出的协议而施行。

27.——

（1）凡文学作品、戏剧作品、音乐作品及艺术作品的作者是该作品的版权的第一人，则该作者在《1911 年法案》通过之后和在 1957 年 6 月 1 日之前并非通过遗嘱而就该版权作出的转让或就其权益作出的授予，不具有将关于该作品的版权的任何权利归属承让人或承授人超过自作者死亡起计的 25 年届满之时的效力。

(2) 作者可在其在世之时并在生效之后就预期在上述期间终止时产生的版权的复归权益作出转让,但如果没有任何转让,则在作者死亡时,该利益须作为其遗产一部分转予其法定遗产代理人。

(3) 本条例并不影响——

(a) 由获转让复归权益的人转让该权益;

(b) 在作者死亡后由其遗产代理人或任何变成有权享有复归权益的人转让该权益;或

(c) 在复归权益届满之后作出的版权转让。

(4) 本条例不适用于汇编作品的版权的转让或就作为汇编作品一部分发表的作品或作品的部分的许可。

(5) 在第(4)款中,"汇编作品"指——

(a) 百科全书、字典、词典、年历或类似的作品;

(b) 报纸、评论、杂志或类似的期刊;以及

(c) 由不同作者写作独立部分的作品,或包含不同作者的作品或其作品的部分的作品。

28. ——

(1) 凡版权存在于 1912 年 7 月 1 日之前制作的文学作品、戏剧作品、音乐作品及艺术作品,而其作者在《1911 年法案》的实施之前作出该法案第 24 条的(1)款第(a)项(根据先前的法律就版权或表演的权利的整段期限而作出的版权或表演的权利的转让或授予)所述的转让或授予,则本条例即适用。

(2) 如果在生效之前已发生某事件或给予某通知,而该事件或该通知根据《1956 年法案》附表 7 条例 38 就作品在该法下的版权具有效力,则该事件或该通知就在本法案下的版权具有相应的效力。

(3) 在即将生效之前根据该附表条例 38 第(3)款本可就作品或其版权行使的权利,即可根据本法案就作品或其版权行使。

(4) 如果按照该附表条例 39 第(4)款,版权本会在《1956 年法案》生效之后的某一日期复归作者或其遗产代理人,而该某一日期是在新的版权条款生效之后——

（a）有关作品的版权即复归该作者或其遗产代理人（视情况而定）；以及

（b）凡有关版权根据在《1911年法案》生效之前作出的文件而在该某一日期存在，任何其他人对该版权的权益即于该某一日期终止。

29. 本法案第92条第（2）款（专有许可的被许可人相对于颁发许可的人的所有权继承人而言的权利）对生效之前颁发的专有许可并不适用。

遗　　赠

30. ——

（1）如果立遗嘱之人——

（a）在1957年6月1日之前死亡，则本法第93条（版权通过遗嘱而与载有未发表作品的原稿或其他实物一并转移）并不适用；以及

（b）在该日期或之后但在生效之前死亡，则本法第93条只就载有作品的原稿而适用。

（2）如果作者在1957年6月1日之前死亡，而在其死后其手稿的拥有权是根据该作者作出的遗嘱性质的处置而取得的，此外，该手稿是未经发表或公开表演的作品的手稿，则该拥有权即为版权属于该手稿的人的表面证明。

侵 权 救 济

31. ——

（1）本法案第96条和第97条（侵犯权利的救济）只对在生效之后的侵犯版权的行为适用，《1956年法案》第17条只对在生效之前的侵权行为持续适用。

（2）本法案第99条和第100条（交付和扣押侵犯版权复制品）适用于在生效之前或之后制作的侵犯版权的复制品及其他物品；《1956年法案》第18条及《1911年法案》第7条（就转为已用的损害赔偿等）在生效之后并不适用，但就在生效之前展开的法律程序而言，则属例外。

（3）在本法案第101条至第102条适用的情况，则本法案第96条至第100条（专有许可持有人的权利和救济）也适用；在《1956年法案》第17条或第18条适用的情况，该法第19条也持续适用。

(4) 本法案第 104 条至第 106 条(推定)只适用于根据本法案提起的法律诉讼中;《1956 年法案》第 20 条持续适用于根据该法提起的法律诉讼。

32. 本法案第 101 条及第 102 条(专有许可的被许可人的权利和救济)不适用于在 1957 年 6 月 1 日之前颁发的许可。

33. ——

(1) 本法案第 107 条的条款(制作侵犯版权物品或进行侵犯版权物品等交易的刑事法律责任)适用于在生效之后进行的行为;《1956 年法案》第 21 条(就进行侵犯版权交易的惩罚及简易法律诉讼)持续适用于在生效之前进行的行为。

(2) 本法案第 109 条(搜查担保)适用于《1956 年法案》第 21A 条或第 21B 条的适用生效之前实施的犯罪;第 21A 条和第 21B 条持续适用于在生效之前的搜查担保。

版权法庭：待生效的诉讼

34. ——

(1) 在向检察长咨询之后,大法官可以通过规则制定其认为就根据即将生效之前的《1956 年法案》第Ⅳ部分的诉讼必要和有利的条款。

(2) 根据本条例应通过法定文件制定规则,并且服从于议会任一院的撤销决议。

版权保护的资格

35. 根据《1956 年法案》享有版权的每一部作品在即将生效之前应该被认为满足本法案第Ⅰ部分对于版权保护资格的要求。

所 属 领 土

36. ——

(1) 在即将生效之前,《1911 年法案》作为任何所属领土法律的一部分保持生效,直到——

（a）根据本法案第157条（延伸新版权条款的权力）的一项命令,新的版权在该领土上生效;

（b）就任何海峡群岛而言,该法被下述第(3)款的一项命令废除。

（2）在即将生效之前延伸至《1956年法案》的任何条款任何所属领土的一项枢密令应该作为该领土的法律的一部分保持生效,直到——

（a）根据本法案第157条（延伸新版权条款的权力）的一项命令,新的版权在该领土上生效;

（b）就马恩岛而言,该命令被下述第(3)款的一项命令废除;

并且当其保持生效之时,这样一个命令可以根据《1956年法案》的条款进行变更。

（3）如果对女王陛下来说在任何海峡群岛或马恩岛的法律中制定了关于版权的条款（除通过延伸本法案第Ⅰ部分的条款外）,女王陛下可以颁布一项枢密令撤销将《1911年法案》作为该领土的法律的一部分而具有效力,视情况而定,或撤销在该领土延伸《1956年法案》的枢密令。

（4）在第Ⅰ部分延伸适用的国家的法律中,《1911年法案》和《1956年法案》保持生效的所属领土应该被视作该部分延伸适用的一个国家;并且该国在该领土的法律中应该被视作,视情况而定,《1911年法案》或《1956年法案》延伸适用的国家。

（5）如果《1911年法案》或《1956年法案》生效时,一个国家不再是联合王国的殖民地,本法案第158条（不再是殖民地的国家的结果）适用于将对于视情况而定的《1911年法案》或《1956年法案》的条款的参照替换为在第(3)款第(b)项中对于本法案第Ⅰ部分的条款的参照。

（6）在本条例中,"所属领土"系指任何海峡群岛、马恩岛或任何殖民地。

37.——

（1）本条例适用于在即将生效之前并非在上述第36段含义下所属领土的一个国家,但该国——

（a）是《1956年法案》延伸适用的一个国家;或

(b) 根据该法附表 7 条例 39 第(2)段款被视为这样一个国家(《1911 年法案》延伸适用或被视作延伸适用的国家);

并且女王陛下可以通过颁布一项枢密令出于本条例的目的最终宣布一个国家是否是上述要求的国家或是否应该被如此看待。

(2) 本条例适用的一个国家应该被视作出于第 154 条和第 156 条(版权保护的资格)的目的第 I 部分延伸适用的这样一个国家,直到——

(a) 根据第 159 条就该国而颁布的一项枢密令(第 I 部分适用于其并未延伸适用的国家);或

(b) 颁布一项枢密令宣称因为《1956 年法案》的条款的某些事实,停止如此看待这些国家,视情况而定,或延伸作为该国法律一部分的《1911 年法案》被撤销或进行了修正。

(3) 包含根据本条例的一项枢密令的一法定文件应该服从于议会任一院的撤销决议。

领海和大陆架

38. 本法案第 161 条(第 I 部分适用于在领海和大陆架的联合王国内进行的行为)并不适用于就生效之前进行的任何行为。

英国的船舶、航空器及气垫船

39. 第 162 条(英国的船舶、航空器及气垫船)对在生效之前进行的任何行为并不适用。

王 室 版 权

40. ——

(1) 本法案第 163 条(王室版权的一般条款)适用于现存作品,如果——

(a)《1956 年法案》第 39 条适用于即将生效之前的作品,并且

(b) 该作品并非第 164 条、第 165 条和第 166 条适用的作品(法案,命令和草案以及议会版权:见以下条例 42 和条例 43)。

(2) 第 163 条第(1)款第(b)项(版权的第一拥有权)在于生效之前根据

《1956 年法案》第 39 条第(6)款订立的协议的限制下具有效力。

41.——

(1) 以下条款就第 163 条(王室版权)适用的现存的作品的版权期限具有效力。

哪一项条款适用于某作品此一问题,须参照在即将生效之前的事实而裁定,而如本条例使用的词句曾为《1956 年法案》的目的而界定,则该类词句的含义与该命令中该类词句的含义相同。

(2) 以下类别的作品的版权持续存在,直至该等作品的版权按照《1956 年法案》本会届满的日期为止——

(a) 已发表的文学作品、戏剧作品或音乐作品;

(b) 除雕刻品和照片外的艺术作品;

(c) 已发表的雕刻品;

(d) 已发表的照片及在 1957 年 6 月 1 日之前拍摄的照片;

(e) 已发表的录音制品及在 1957 年 6 月 1 日之前制作的录音制品;

(f) 已发表的影片和落入《1956 年法案》第 13 条第(3)款第(a)项范畴的影片(根据先前有关影片注册的成文法而注册的影片)。

(3) 未发表的文学作品、戏剧作品或音乐作品或影片的版权持续存在,直至——

(a) 版权按照第 163 条第(3)款届满的日期为止;或

(b) 在新的版权条款在某日历年生效的情况下自该年年终起计的 50 年期限届满为止,两个时间中,以较后者为准。

(4) 以下类别的作品的版权持续存在,直至在新的版权条款在某日历年生效的情况下自该年年终起计的 50 年期限届满为止——

(a) 未发表的雕刻品;

(b) 在 1957 年 6 月 1 日或之后拍摄的未发表的照片;

(c) 凡新的版权条款在某日历年生效,不属于上述第(2)款所指的录音制品的版权持续存在,直至自该年年终起计的 50 年期限届满为止,但如果该录音制品在自该年年终起计的 50 年期限届满之前的另一个日历年发表,则其版权持续存在,直至自该另一日历年年终起计的 50 年期限届满时届满。

42.——

(1) 第 164 条(法案和命令的版权)适用于现存议会法案以及英格兰圣公会教堂的命令。

(2) 该条所述英格兰圣公会教堂的命令包括教堂大会命令。

议 会 版 权

43.——

(1) 本法案第 165 条(议会版权的一般条款)适用于现存未发表的文学作品、戏剧作品、音乐作品或艺术作品,但并不在其他情况之下适用于现存的作品。

(2) 第 166 条(议会草案的版权)并不适用于——

(a) 已经引入议会并且在生效之前发表的公共草案;

(b) 在生效之前副本已被存放在议会任一院的私法草案;或

(c) 在生效之前由上议院首先阅读过的个人草案。

归属某些国际组织的版权

44.——

(1) 在即将生效之前根据《1956 年法案》第 33 条而享有版权的作品,须当作符合本法案第 168 条第(1)款的规定;否则,视情况而定,第 168 条不适用于在生效之前制作或发表的作品。

(2) 未发表的该等作品的版权持续存在,直至该版权按照《1956 年法案》本会届满的日期为止,或如新的版权条款在某日历年生效,则直至自该年年终起计的 50 年期限届满为止,两个时间中,以较早者为准。

"发表"的含义

45. 本法案第 175 条第(3)款(建筑物的建造视作等同于发表)只在建筑物在生效之后开始建造的情况下适用。

"未经授权"的含义

46. 为就在生效之前进行的行为而应用在第 178 条(次要定义)中"未经授权"一词的定义的目的——

(a) 该条款第(a)项适用于在 1957 年 6 月 1 日之前进行的行为,对版权人的许可也同样是对其许可或默许;

(b) 该条款第(b)项在该项自"或在第 14 条第(1)款本会适用的情况下"起至段末的"并非在该人的许可下进行"为止的所有字句由"或并非在作者之下合法地提出申索的人进行"代替的情况下适用;以及

(c) 该条款第(c)项无须理会。

第 189 条。

附表 5 专利: 杂项修正案

说明书发表前撤回申请

1949 c.87.

1.《1949 年专利法》第 13 条第(2)款(专利局长的职责: 通知受理和发表完整的说明书),于第一处出现"以及"的第后面,插入",除非申请被撤回,"。

笔 误 的 更 正

1977 c.37.

2. ——

(1)《1977 年专利法》第 15 条(提出申请),在第(3)款后插入——

"(3A)上述第(2)款或第(3)款的规定不应解释为与专利局长就所提交的绘图错误或谬误的更正之权力相抵触(根据下述第 117 条第(1)款)"。

(2) 上述修改仅适用于本条生效后提交的申请。

补 充 检 索

3. ——

(1) 针对《1977 年专利法》第 17 条(初步审查与检索)作如下修改。

(2) 第(7)款(补充检索)中,"上述第(4)款"替换为"上述第(4)款和第(5)

款","它适用于"替换为"它们适用于"。

(3) 在该款后补充上——

"(8)除专利局长另有指示外,由于以下事项所涉及的补充检索仅在支付规定的费用后才可进行。——

(a) 根据下述第 18 条第(3)款或第 19 条第(1)款申请者对申请的修改,或者

(b) 根据下述第 117 条,对申请或与申请有关而递交的公文的更正。"

4.《1977 年专利法》第 18 条(实质性审查或专利的授予或拒绝),第(1)款后插入——

"(1A)如果审查员认为根据上述第 17 条应缴费之补充检索系必要,他应通知专利局长,专利局长可决定直到缴纳费用后才可进行实质性审查;除非其允许一定期限内进行了如下行为,否则其可以拒绝申请。——

(a) 缴纳费用,或

(b) 修改申请放弃补充检索。"

5.《1977 年专利法》第 130 条第(1)款(释义),在"检索费用"的定义中,"上述第 17 条"替换为"上述第 17 条第(1)款"。

恢复失效专利的申请

6. ——

(1)《1977 年专利法》第 28 条(恢复失效专利的申请)作如下修改。

(2) 第(1)款(一年期限内申请恢复)替换为——

"(1) 如果因为未支付任何延展费而导致一份专利效力中止,可在规定期限内向专利局长申请恢复专利。

(1A) 规定上述期限的规则可以包含国务大臣认为必需的或适宜的过渡性条款和保留条款。"

(3) 第(2)款后插入——

"(2A)专利局长应按照规定的方式公布申请通知。"

(4) 在第(3)款中,删除第(b)项(因持有人无法控制的情形而导致无法延展的必要条件)和第(b)项前的"并且"。

1977 c.37.

该修正不适用于依照《1977 年专利法》第 25 条第(3)款规定(在规定期限内延展失败)中止效力的专利,也不适用于依照该条第(4)款规定(六个月的延展宽限期)在生效前期限已届满的专利。

(5) 删除第(5)款到第(9)款(恢复命令的效力)。

7. 在该条款后插入——

"恢复专利命令的效力。

28A.——

(1) 恢复专利命令的效力如下。

(2) 凡在届满期和恢复期之间所进行的与专利有关或根据专利进行的行为应视为有效。

(3) 凡在上述期间内若专利未曾届满则本应构成侵权的行为仍应视为侵权——

(a) 如发生在可根据第 25 条第(4)款恢复专利的时期内,或

(b) 如其为先前侵权行为的延续或重复。

(4) 在再也无法恢复专利之后,和在恢复申请的通知发布之前,凡符合下列情形者有权或视情况继续上述行为,但无权许可第三人实施该行为。——

(a) 真诚地实施该项专利未届满则本应构成侵权之行为,或

(b) 真诚地作出有效而认真的准备工作以实施上述行为。

(5) 在业务的过程中作出的情况下,上述行为或其准备工作已由第(4)款授权的人有权——

(a) 经由当时参与该商业过程的任何合作者授权进行上述行为,且

(b) 将权利转让或在死亡时(或于该法人团体解散时),转移给在进行该行为或作出准备的过程中获得商业的该部分的任何人。

(6) 凡任何物品于行使第(4)款或第(5)款所赋予的权利而将物品转予第三人,该人或任何经由他提出主张之人,可以注册专利所有人相同的方式处置该物品。

(7) 上述条款同权利侵犯,同样适用于有关为王室服务而对注册专利的

使用。"

8. 上述修改后——

1977 c.37.

(a)《1977 年专利法》第 60 条第(6)款第(b)项,"第 28 条第(6)款"替换为"第 28A 条第(4)款或第(5)款";且

(b)《1977 年专利法》第 77 条第(5)款,第 78 条第(6)款和第 80 条第(4)款,从"第 28 条第(6)款"的全部内容替换为"上述第 28A 条第(4)款和第(5)款,且该条款第(6)款和第(7)款相应地予以适用。"

授予专利权后的裁决

9. ——

(1)《1977 年专利法》第 37 条(授予专利权后的裁决)作如下修改

(2) 第(1)款替换为——

"(1) 对一项发明授予专利后,对该专利或根据该专利拥有或声称为所有人之人,可向专利局长查询以下问题,并由专利局长裁决并颁布他认为合适的命令使裁决生效。——

(a) 谁是专利的真正所有人;

(b) 该专利是否应授予其所授予之人;

(c) 专利权或专利有关的权利是否可以转让或授予其他任何人。"

(3) 用"本条款"——

(a) 在第(4)款和第(7)款中,替换"上述第(1)款第(a)项",

(b) 在第(8)款中,替换"上述第(1)款"。

10. 在第 74 条第(6)款("权利诉讼"的含义)中,"第 37 条第(1)款第(a)项"替换为"上述第 37 条第(1)款"。

雇员的发明

11. ——

(1)《1977 年专利法》第 39 条(雇员发明的权利),第(2)款后补充上——

"(3)凡任何发明在某一雇员与其雇主之间凭借本条而属于该雇员的,则进行的任何行为均不得视为侵犯有关该项发明的任何模型或文件中的任何受保护的版权或外观设计权,该权利在该雇员与其雇主之间是由其雇主所享有。——

(a) 该雇员或其代表或借着该雇员提出申索的任何人为谋求一项专利申请;或

(b) 任何人为实行或实施该项发明。"

1977 c.37.

(2)《1977 年专利法》第 43 条(雇员发明的补充检索),在第(4)款(无论在联合王国或其他地方,述及的专利包括其他保护形式)中,将"在第 40 条到第 42 条"替换为"在第 39 到第 42 条。"

侵权诉讼中持有许可的保证

12. ——

(1)《1977 年专利法》第 46 条(权利许可)作如下修改。

(2) 在第(3)款第(c)项(侵权诉讼中持有许可的承诺保证)中,在"除通过引进任何物品外"后插入"从非欧洲共同经济体成员国的一国"。

(3) 第(3)款后插入——

"(3A)根据上述第(3)款第(c)项,在诉讼中,在最终命令下达之前的任何时间都可作出保证承诺而不负任何责任。"

专利局长授予强制许可的权力

13.《1977 年专利法》第 49 条(强制许可的补充条款)中,删除第(3)款(强制许可有权的效力可废除现行许可且剥夺专利所有人使用发明或授予许可的权利)。

因垄断与兼并委员会的报告可实施之权力

14.《1977 年专利法》第 51 条(权利许可:因垄断与兼并委员会的报告由王室提交的申请)替换为——

"因垄断与兼并委员会的报告实施之权力

51.——

(1) 如果一份来自垄断与合并委员会的报告已向议会提交,该报告包含以下结论——

(1) 垄断与兼并委员会在议会前提交的报告包括以下结论,相关的部长或部长们可根据本条向注册官申请提起诉讼。——

(a) 凡涉及确实或极有可能违背公共利益的垄断,该垄断情况存在且委员会发现该事实的。

(b) 凡涉及确实或极有可能违背公共利益的合并,满足启动一项针对兼并事项的调查,且报告中提到了具体的起因、经过与结果的。

(c) 凡涉及确实或极有可能违背公共利益的竞争,且存在反竞争行为的。

(d) 凡涉及 1980 年《竞争法案》第 11 条(公共机构和特定其他个人参照)中规定的确实或极有可能违背公共利益的一系列行为。

(2) 在提交申请之前,相关的部长及部长们应以其认为恰当的方式,应发布一项阐明所提申请性质的通知,并允许利益相关人对于决定不服的,可在通知发布后的 30 天内进行起诉。

(3) 如专利局长认为委员会报告中详述的事项达到了确实或极有可能违背公共利益的程度,且依本条提起的申请满足下列情形之一,除借命令取消或改变任何上述情形外,其可进行登记依法授予相关人该专利的许可——

(a) 就一项被专利所有人限制许可持有人实施许可或拒绝向他人授予许可,或

(b) 专利的所有人拒绝按合理条款授予许可的。

(4) 本条中'相关的部长或部长们'系指垄断与合并委员会提交报告的对象。"

强制许可: 对竞争报告中陈述的信赖

1977 c.37.

15.《1977 年专利法》第 53 条第(2)款(强制许可: 对垄断与合并委员会报告中陈述的信赖)——

（a）"根据上述第 48 条至第 51 条申请专利"替换为"根据上述第 48 条申请专利"；并且

（b）在"1973 年《公平贸易法》第Ⅷ部分"后插入"或 1980 年《竞争法》第 17 条"。

王室使用：利润损失的补偿

16.——

（1）在《1977 年专利法》中，第 57 条后插入——

"利润损失的补偿

57A.——

（1）凡有任何发明为王室所使用，相关政府部门须向为该人不获判给合约以供应用该项专利的产品或视情况实施专利方法或应用专利方法的产品而造成的任何损失，支付补偿——

（a）该项专利的所有人，或

（b）专用特许持有人（如就该项专利已有有效的专用特许）。

（2）补偿只在凭专利所有人或专用特许持有人现有的生产能力本可完成有关合约的范围内属须支付，但即使有令他不符合获判给该合约的资格的情况存在，补偿仍须支付。

（3）在判定损失时，须顾及本会自该合同赚取的利润及顾及任何生产能力未予充分运用的程度。

（4）不须就任何人未能取得合约以供应用该项专利的产品或视情况实施专利方法或应用专利方法的产品，而非拟供王室服务的物品支付任何补偿。

（5）如果注册外观设计所有人或专用特许持有人为就须支付的款额与财政部批准的相关部门达成协议，则该款额须由法院根据第 58 条作出的转介而裁定，且该款额系根据本附件中第 55 条或第 57 条需支付的任何款额以外的款额。

（6）在本条中，'政府相关部门'系指作出该项征用或授权他人作出该项征用的政府部门。

（7）本条在北爱尔兰地区的适用，其中，相关政府部门系北爱尔兰的政府部门，上述第（5）款向财政部的转介应解释为财政和人事部门。"

1977 c.37.

(2)《1977 年专利法》第 58 条(王室使用争议的转介),第(1)款作如下替换,且第(4)款,根据本条款替换为"根据上述第(1)款第(a)项,第(b)项或第(c)项"。——

"(1)任何如下争议均可于授予发明专利后由争议所涉的任何一方转介法院——

(a)由政府部门或获政府部门授权的人行使第 55 条授予的权力的争议,

(b)就根据该款的用于王室服务的发明而订立的条款的争议,

(c)任何人收取根据第(4)款作出的付款的任何部分的权利的争议,或

(d)任何人根据第 57A 款收取补偿的权利的争议。

上述修正适用于在本条生效之后有关注册设计的王室使用,即使此种使用的条款已于生效前确立。"

(3)《1977 年专利法》第 58 条第(11)款(如果相关交易、文件或事件未注册,则排除王室服务赔偿的权利),在"上述第 57 条第(3)款"后插入",或者针对任何根据上述第 57A 条的赔偿"。

(4)上述修正适用于在本条生效之后有关发明的王室使用,即使此种使用的条款已于生效前确立。

继续使用在优先权日期前已开始的权利

17.《1977 年专利法》第 64 条(继续使用在优先权日期前已开始的权利)替换为——

"64.——

(1)凡已就某项发明批予专利,在优先权的日期前(如有人声称具有优先权),凡在联合王国符合下列情形者有权或视情况继续上述行为,但无权许可第三人实施该行为。——

(a)真诚地实施该项专利未届满则本应构成侵权之行为,或

(b)真诚地作出有效而认真的准备工作以实施上述行为。

(2)在业务的过程中作出的情况下,上述行为或其准备工作已由第(1)款授权的人有权——

（a）经由当时参与该商业过程的任何合作者授权进行上述行为，且

（b）将权利转让或在死亡时（或于该法人团体解散时），转移给在进行该行为或作出准备的过程中获得商业的该部分的任何人。

（3）凡任何物品于行使第（1）款或第（2）款所赋予的权利而将物品转予第三人，该人或任何经由他提出主张之人，可以注册专利所有人相同的方式处置该物品。"

因授予错人进行的撤销

1977 c.37.

18.《1977 年专利法》第 72 条第（1）款（撤销专利的依据）第（b）项替换如下——

"（b）专利被授予了无权获得该专利的人。"

同一发明获得两项专利的撤销

19.《1977 年专利法》第 73 条（专利局长倡议的撤销），第（2）款和第（3）款（就同一发明获得专利和欧洲（联合王国）专利之撤销）替换为——

"（2）如专利局长认为，根据本法案和欧洲专利公约分别授予具有相同优先权日期的同一发明以两项专利，且该专利由同一申请人或其所有权继承人进行申请的，则专利局长应根据本法案，给予每一专利的所有人提出论述和修订该专利的说明书的机会，否则不得作出撤销该专利的命令；如该等所有人不能令法院信纳就同一项发明并无两项专利，或没有修订其中一份或一并修订两份说明书以免就同一项发明有两项专利，则专利局长须撤销该专利。

（3）在下列日期之前，专利局长不应根据上述第（2）款采取行动，且如该决议放弃欧洲专利或该专利进行避免就同一发明两项专利情形的修正，则其同样不应采取行动——

（a）根据《欧洲专利公约》提交对欧洲专利（联合王国）的异议的期限届满日，或

（b）最终处理完毕异议程序的日期。

（4）如在根据上述第 25 条第（1）款的规定参照本法案的专利被视为已授

权之日之前,已经根据上述第 29 条第(1)款放弃欧洲专利(联合王国),或者,如欧洲专利(联合王国)放弃程序在上述提及日之前已经开始,则于处理程序终结前,专利局长不应根据上述第(2)款采取行动;并且如果决议同意放弃欧洲专利,则专利局长均不应采取行动。"

不包括增补内容的申请和修正

1977 c.37.

20.《1977 年专利法》第 76 条(不包括增补内容的申请和专利的修正)替换为——

"不包括增补内容的申请和专利的修正

76. ——

(1) 凡符合下列情形的专利申请,可根据上述第 8 条第(3)款,第 12 条或第 37 条第(4)款,或如上述第 15 条第(4)款提交专利申请,但除修改专利申请排除增补内容外,该专利申请不得继续进行。——

(a) 凡涉及早期申请或已授权的专利说明书的公开内容,且

(b) 公开增补内容,增补内容是上述被提交的早期申请和专利申请公开内容以外的内容。

(2) 根据第 17 条第(3)款,第 18 条第(3)款或第 19 条第(1)款,凡修改专利申请后公开的内容将超出原申请之公开内容,则不得进行修改。

(3) 根据第 27 条第(1)款,第 73 条或第 75 条,凡修改专利说明书将导致如下情形,则不得进行修改。——

(a) 说明书公开额外的内容,或

(b) 超出专利授权的保护。"

欧洲专利(联合王国)的效力

21. ——

(1)《1977 年专利法》第 77 条(欧洲专利(英国)的效力)作如下修改。

(2) 第(3)款(未决诉讼部分有效的裁决效力)替换为——

"(3) 凡欧洲专利案件中,符合如下情形者,如适用于专利有效性存在问

题和专利只是部分有效的诉讼,第63条的规定或视情况第58条第(7)款到第(9)款的规定同样得以适用。"——

(a) 侵权诉讼或根据上述第58条的诉讼已在法庭或专利局长方进行且未得到最终处理,且

(b) 诉讼中欧洲专利局已确认该专利仅部分有效。

(3) 第(4)款(根据《欧洲专利公约》修改或撤销的效力)替换为——

"(4)凡欧洲专利(联合王国)参照《欧洲专利公约》进行修改,则正如参照本法案已修改的专利说明书,该修改基于本法案第Ⅰ部分和第Ⅲ部分的目的而生效;但第(6)款第(b)项另有规定的除外。

(4A) 凡欧洲专利(联合王国)参照《欧洲专利公约》进行撤销,基于本法案第Ⅰ部和第Ⅲ部的目的,专利应视为已根据本法案撤销。"

(4) 第(6)款(英译文件的提交),在第(b)项(修订)中,"译成英文的修订"替换为"修订之说明书的英译"。

(5) 第(7)款(未提交翻译的后果)中,从"一份翻译"至"上述"替换为"上述翻译未被提交"。

现有技术:专利申请中的材料

1977 c.37.

22.《1977年专利法》第78条(欧洲专利(联合王国)申请提交的效力)中第(5)款(撤回申请的效力和版权)替换为——

"(5)如果发生以下情况,上述第(1)款至第(3)款应终止适用于一份欧洲专利(英国)的申请,除下述第(5A)款所提及的情况——

(a) 该申请被拒绝,或被撤回,或视为被撤回;或

(b) 申请中联合王国的指定被撤回或视为被撤回;

但如果申请人的权利根据《欧洲专利公约》恢复(从它们的重建中),上述第(1)款至第(3)款应重新适用。

(5A)涉及其他发明申请欧洲专利(联合王国)申请中的材料时(依据该规定该材料已经成为现有技术的一部分),第(5)款第(a)项或第(b)项提及的任一情形的发生,不应影响到上述第2条第(3)款的继续执行。"

特定诉讼中的司法管辖权

23.《1977 年专利法》第 88 条(针对《欧共体专利共约》法定诉讼的司法管辖权)被废除。

专利的国际申请的效力

24. ——

(1)《1977 年专利法》第 89 条(专利的国际申请的效力)作如下修改。

(2) 第(3)款后插入——

"(3A) 如果参照公约修改后的申请的相关条件达到了要求,某修改的相关条件并未达到要求,该修改应被忽略。"

(3) 第(4)款后插入——

"(4A)在第(4)款第(a)项中,'一份申请副本'包括参照公约以不同于它申请时所用语言的另一种语言发布的申请副本。"

(4) 第(10)款(根据《欧洲专利公约》排除某些申请)替换为——

"(10)本条款的前述规定不适用于一份被视为是专利(联合王国)之国际申请的申请,之所以如此仅仅因为该申请包含申请人希望获得欧洲专利(联合王国)的意愿,但不应违背该规定适用于也独立指示联合王国的申请。"

(5) 本条中的修改应视为永久有效。

(6) 本条应通过使以下条款生效的命令而被废除。

1977 c.37.

25.《1977 年专利法》第 89 条(专利的国际申请的效力)替换如下——

"专利的国际申请的效力。

89. ——

(1) 根据《专利合作条约》申请日已被给予的一项专利(联合王国)的国际申请,遵循——

第 89A 条(国际和国内的申请阶段);以及

第 89B 条(国际申请规则的调整);

根据本法案第 I 部分和第 III 部分,应视为根据本法案的一份专利申请。

(2) 如果该申请,或在其中的联合王国的指定,根据条约被撤回或(除第

(3)款所述之情形)被视为撤回,则它应视为根据本法案被撤回。

(3) 根据本法案,如果一份申请或其中的英国的指定根据条约是因为以下原因视为撤回,则该申请不应视为被撤回——

(a) 因为一个根据条约而生效的规定的错误或遗漏;或

(b) 因为,由于非申请人所能控制情形,一份申请副本没有在根据条约为此所规定的期限截止前被国际局收到,或其他可能规定的情况。

(4) 根据上述规定,一份申请不应仅仅因为该申请包含申请人希望获得欧洲专利(联合王国)的意愿,就视为是一项专利(联合王国)的国际申请,但是如果一份申请也独立指示联合王国,该申请应视为如上。

(5) 如果一份指示联合王国的专利的国际申请根据条约在申请日被拒绝,并且专利局长判定之所以被拒绝是因为一个根据条约而生效的规定的错误或遗漏,则他可以下令该申请应视为参照本法案的一份申请,同时专利局长也可指示其申请日。

国际和国内的申请阶段

89A.——

(1)《专利合作条约》中涉及的公布,检索,审查与修改的条款,以及本法案中除涉及上述内容以外的条款,在国际申请阶段适用于一项专利(联合王国)的国际申请。

(2) 国际申请阶段系指参照条约提交申请至国内申请阶段开始的一段日期。

(3) 国内申请阶段开始于——

(a) 规定期限届满之日(如果申请的任何英文译本已存档到专利局,并且申请人已支付规定的费用);或

(b) 申请人明确要求专利局长较早开启国内申请阶段,以及将以下内容在专利局存档——

(i) 一份申请副本(如果没有任何申请副本已参照条约递交到专利局),以及

(ii) 任何必要的申请的英文译本,并支付规定的费用之日。

此处一份"申请副本"包括参照公约以不同于它申请时所用语言的另一种语言发布的申请副本。

(4) 如果在未满足第(3)款第(a)项所提及条件下规定期限届满,则申请应被撤回。

(5) 在国际阶段根据条约修改申请,如果满足以下条件,修改应视为根据本法案所进行的——

(a) 当规定期限届满,任何必要的修改的英文译本已经被归档至专利局,或

(b) 如果申请人明确要求专利局长较早开启国内申请阶段,以下内容被归档至专利局——

(i) 一份修改副本(如果没有任何修改副本已参照条约递交到专利局),以及

(ii) 任何必要的副本的英文译本;否则应无视修改。

(6) 根据上述第(3)款或第(5)款,规定费用一经支付,专利局长应公布任何归档在专利局的译文。

有关国际申请的条款的调整

89B. ——

(1) 根据《专利合作条约》,一项专利(联合王国)的国际申请的申请日已被给予——

(a) 当日,或如果根据条约申请日延后的当日,应视为根据本法案提交申请之日;

(b) 任何根据条约优先权的声明应视为根据上述第 5 条第(2)款所作的声明,如果根据条约允许额外多几天,那么第 5 条第(2)款指明的 12 个月的期限应视为发生相应的改动;并且

(c) 根据条约任何发明者名字的表述应视为根据上述第 13 条第(2)款提起的表述。

(2) 如果该申请(还未曾根据本法案发表)参照条约进行公布,当满足第 89A 条第(3)款第(a)项所提及的条件时,应视为该申请根据上述第 16 条进行

的发表,除第(3)款提及的情形外。

(3) 根据第 55 条(为王室服务使用发明)和第 69 条(侵犯发表权),一份还未根据本法案发表的申请,应视为根据上述第 16 条进行了发表,并且——

(a) 如果该申请参照条约以英文进行发表,则仍以英文发表;

(b) 如果该申请以非英文发表——

(i) 则根据上述第 89A 条第(6)款,以申请译本发表,或

(ii) 以申请人服务提供的申请说明书的英文译本向相关政府部门或(视具体情况而定)实行侵权行为的人发表。

第(b)项第(ii)目项涉及的向政府部门或其他人的译本服务,指邮递或交付给政府部门或其他人。

(4) 在国际申请阶段期间,上述第 8 条(根据本法案申请权利问题的确定)仅适用申请,上述第 12 条(外国和公约专利权利的确定)不仅适用于申请;但在国际申请阶段结束后,上述情况反之。

(5) 当国内阶段开始,专利局长应参照申请,根据上述第 17 条和第 18 条,获取他认为合适的(鉴于根据条约进行的审查或检索)适度审查和检索。”

法院上或专利局长前的诉讼

1977 c.37.

26.《1977 年专利法》第 99 条(法院的一般权力)后插入——

“专利法院下令报告的权力。

99A. ——

(1) 根据本法案,法院规则应制定条款授权专利法院在任何其法院的诉讼中,基于或不基于任一方的申请,下令专利局对任何事实或观点的问题进行调查并报告。

(2) 如果法院基于某一方的申请颁布上述命令,支付给专利局的费用应参照法院规则确定等级并应作为诉讼费用,除非法院另作规定。

(3) 如果法院出于自身动机颁布上述命令,支付给专利局的费用应经财政部许可后由大法官确定等级并应从议会拨款中支付。

最高民事法院下令报告的权力

99B. ——

（1）根据本法案，在最高民事法院上的任何诉讼法院可以，无论是出自它自身的意愿或基于任一方的申请，下令专利局对任何事实或观点的问题进行调查并报告。

（2）如果法院出于自身意愿颁布上述第（1）款的命令，支付给专利局的费用应经财政部许可后由最高民事法院的主席阁下确定等级并应从议会拨款中支付。

（3）如果法院基于某一方的申请颁布上述第（1）款的指令，支付给专利局的费用应确定为法院规则可能提供的等级并应视为诉讼费用。"

1977 c.37.

27.《1977 年专利法》第 102 条（专利诉讼的发言权）替换为——

"专利局长前专利诉讼的发言权及其他

102. ——

（1）根据本法案，或根据任何条约或联合王国为其成员的国际公约，出席在专利局长前诉讼的某方，可以本人或其代表出现在专利局长前。

（2）根据由非法定授权人员准备公文的条款，不能仅因为某人为在诉讼中使用而准备公文，就判定该行为违法，契约除外。

（3）根据参照 1988 年《版权、设计和专利法案》第 281 条（专利局长拒绝承认特定代理人的权利）订立的规则，第（1）款生效。

（4）当本条款应用于欧洲专利申请诉讼时，根据参照《欧洲专利公约》订立的限制性条款，本条款生效。

对专利局长提起上诉的诉讼发言权及其他

102A. ——

（1）根据本法案，在专利法院对专利局长提起的诉讼中，最高法院的律师可以代表任一方出席并旁听。

（2）根据本法案，在专利法院对专利局长提及的诉讼有关的注册专利代理人或实习律师，可以做与最高法院律师可做之事相同的任何事，准备契约除外。

（3）.大法官可以通过条例——

（a）规定第（2）款授予的权利应遵循大法官认为必要的或合宜的条件或限制。

（b）将此类法律条款,法院规则和其他法律条例以及条例中可能指明的适用于律师的惯例适用于上述权利行使者。

并且可依据不同类型的诉讼订立不同的条款。

（4）根据本条款,条例需通过法定文件订立,并且服从于议会任一院的撤销决议。

（5）本条款不违反律师在高等法庭出席的权利。"

信息的提供

1977 c.37.

28.《1977 年专利法》第 118 条（专利申请有关的信息及其他）,在第（3）款（专利公布前对公开的限制：例外）中,"上述第 22 条第（6）款第（a）项"替换为"上述第 22 条第（6）款"。

延长时间限制的权力

29.《1977 年专利法》第 123 条（规则）,第（3）款后插入——

"（3A）特此声明——

（a）授权矫正不正当程序的规则,或

（b）规定任何时期变更的规则,

可以授权专利局长延长或进一步延长任何期限,尽管该期限已届满。"

微生物样本的可得性

30.《1977 年专利法》第 126 条后插入——

"借说明书公开发明：

微生物样本的可得性。

125A. ——

（1）可以通过规则订立条款,该条款规定下述情形：为了一项要求使用微生物的发明所做的专利申请或专利的说明书,被视为以一种具备技能之人执行该发明时足够清晰和完整的方式,进行的对发明的公开。

（2）规则可以特别要求申请人或专利权持有人——

（a）采取可能规定的措施使微生物样本公之于众,并且

（b）除规定情况,不准对微生物样本可能投入的使用施加或宣称限制。

（3）规则可以规定（在可能规定的情形中）,样本需仅允许这类人或可能规定的其他类人可用;并且,规则可以通过参考专利局长是否已给其某事项的证书来识别某一类人。

（4）根据上述第 72 条第（1）款第（c）项,如果其规则的任何要求都终止履行,那么可以申请废除专利。"

2003 年第 2498 号法定文件　版权法 表演权　2003 年版权和邻接权条例

起草：2003 年 9 月 27 日

递交议会：2003 年 10 月 3 日

生效：2003 年 10 月 31 日

目　　录

第 1 部分　引 言 性 条 款

1. 引用和生效

2. 后续的修订和废除

第 2 部分　1988 年《版权、外观设计和专利法修正案》

3. 引言

广　　播

4. 广播相关条款

5. 其他与广播相关的修正案

版权所限制的行为

6. 限制行为：向公众传播作品

可 获 得 权

7. 表演者的可获得权

与版权作品和表演权相关的可施行的行为

8. 制作临时复制品

9. 有关研究和私人研习的条款修正

10. 有关批评、评论和新闻报道的条款修正

11. 与教学或考试有关的条款修正

12. 教育机构录制广播的条款修正

13. 教育机构复制资料的条款修正

14. 图书管理员复制资料的条款修正

15. 计算机程序的观察、研究和测试

16. 民歌录音作品的条款修正

17. 售卖艺术作品的宣传的条款修正

18. 为了俱乐部、社团等播放录音作品的条款修正

19. 为迁就时间而制作记录的相关条款

20. 广播照片的相关条款

21. 公开放映或播放广播条款的修正

22. 接收和再传送广播的条款修正

23. 广播复制品字幕的条款修正

技术措施和权利管理信息

24. 规避保护措施

25. 权利管理信息

制 裁 和 救 济

26. 新刑事犯罪

27. 对服务供应商的强制令

28. 非专用许可人的权利和救济

期　限

29. 录音作品的版权期限

第 3 部分　保留和过渡性条款

一 般 条 款

30. 引言

31. 通则

32. 某些现有协议的保留条款

特 殊 条 款

33. 许可行为

34. 表演者的权利：向公众公开表演

35. 行使表演相关权利

36. 扩大录音作品版权的所有权

37. 扩大录音作品版权的准所有权

38. 扩大录音作品版权：现有许可、协议等·

39. 录音作品版权的期限：一般保留条款

40. 制裁和救济

附表 1　相应修订

附表 2　废除

附表 3　对 1988 年《版权、设计与专利法案》增加的新附表 5A

根据 1972 年《欧洲共同体法案》第 2 条第（2）款指定的国务大臣负责①涉及版权和表演权方面的措施②，同时防止未经授权摘取数据库的内容和重复

---

① 　1972 c.68.
② 　SI 1993/595.

利用这些内容,①行使该条款所赋予的权力,由此制定了以下的条例:

第 1 部分　引 言 性 条 款

引用和生效。

1. 本条例可被引证为 2003 年《版权和相关权利条例》,并且自 2003 年 10 月 31 日起生效。

后续的修订和废除。

2. ——(1) 附表 1(后续的修订)具有效力。

(2) 附表 2(废除)具有效力。

第 2 部分　1988 年《版权、外观设计和专利法修正案》

引言。

3. 1988 年《版权、设计和专利法案》②应作如下修订,且除另有说明外,本部分所述及的条款或款项是指该法案中所述及的条款或款项,所述及的附表是指该法案中所述及的附表。

广　　播

广播相关条款。

4. 第 6 条修改如下——

(a) 对于第(1)款,应该替换为——

"(1) 在本部分中,'广播'是指对视觉图像、声音或其他信息的电子播送——

(a) 播送上述信息是公众能够同步接收该信息,并且能够被公众合法地

---

① SI 1996/3155.

② 1988 c.48.

接收到,或者

(b) 播送的时间完全是由为向公众展示而进行播送的人决定,并且上述信息不在第(1A)款之外,同时所述及的广播应作相应的解释。

(1A)'广播'的定义是任何非网络的播送,除非——

(a) 它同时在网络上和通过其他途径播送,

(b) 它是一个现场事件的实时播送,或者

(c) 它是播送者在计划时间内播送已经录制好的影像或声音的节目服务;"

(b) 在第(3)款中,"广播一部作品,或者包括在广播中的作品"应该被替换为"或这种播送是一种广播形式";

(c) 在第(4)款中,也就是"广播"一词第一次出现的地方,在"广播"前插入"无线";

(d) 在第(5)款后面插入——

"(5A)为本部分之目的,通过接收和实时再传送而对广播进行的再传送,应被视为与广播制作不同的广播行为。"

其他与广播相关的修正案。

5. ——(1) 第7条失去效力。

(2) 在第1条第(1)款第(b)项中,"广播或者有线节目"被替代为"或者广播"。

(3) 第6A条将修改如下——

(a) 在第(1)款第(a)项中——

(i) 在"等效广播"前插入"无线";

(ii)"广播侵权"替换为"向公众传播而侵权";

(b) 在第(1)款第(b)项和第(1)款第(c)项的"广播"前插入"无线";

(4) 第9条第(2)款第(c)项将失去效力。

(5) 在第17条第(4)款中,"电视广播或者有线传播节目"和"广播或者有线传播节目"被替换为"或者广播"。

(6) 在第144A条第(1)款中,在"广播"前插入"无线"。

版权所限制的行为

限制行为：向公众传播作品。

6. ——(1) 第 20 条被替换为——

"20 向公众传播而侵权

(1) 将作品向公众传播的行为是受以下作品的版权所限制的行为——

(a) 文学、戏剧、音乐或者艺术作品，

(b) 录音作品或影片，或者

(c) 广播。

(2) 在本部分中，向公众传播就是指通过电子播送的方式向公众传播有关包括如下内容的作品——

(a) 作品的广播；

(b) 通过电子播送，使得公众成员能够在其个体选择的地点和时间获得作品。"

(3) 第 16 条第(1)款第(d)项被替换为——

"向公众传播作品(详见第 20 条)。"

可 获 得 权

表演者的可获得权。

7. ——(1) 在第 182C 条后插入——

"182CA　向公众传播须获得的许可

(1) 在未经表演者许可的情况下，使公众能够在一定地点和时间，获得通过电子方式播送的任何具有资格的表演的全部或者实质性部分，则表演者的权利受到侵犯。

(2) 本条中表演者授权或禁止向公众传播录制品的权利即指本部分中的'可获得权'。"

(2) 第 182D 条(开发利用录音作品时获得合理报酬的权利)第(1)款第(b)项替换为——

"(b)向公众传播的方式与第 182CA 条第(1)款提到的向公众传播的方式不同。"

（3）在第 191A 条（表演者的财产权）第（1）款，"出租权和出借权"后，插入"可获得权（第 182CA 条）"。

（4）附表 2A 修订如下——

（a）在条例 1 第（3）款中，将"第 182B 条或第 182C 条"修订为"第 182B 条，第 182C 条或第 182CA 条"；

（b）在条例 2 和条例 9，将第（a）项最后的"或"替换为——

"（aa）使得录音能够按第 182CA 条第（1）款提到的方式向公众传播，或"。

与版权作品和表演权相关的可施行的行为

制作临时复制品。

8. ——（1）在第 29 条之前出现的标题"总则"之后，插入——

"28A 制作临时复制品

除了计算机程序、数据库、戏剧作品、音乐作品、艺术作品、已出版作品版本的版面设计、录音作品或影片之外的文学作品的版权，不会因制作临时短暂存在的或附带的复制品而受到侵犯，而该复制品的制作是一项技术过程的完整和必要部分，并且该制作过程的唯一目的只是促成——

（a）该作品由中介通过网络在第三方之间传播；或

（b）合法地使用该作品；

并且该作品没有独立的经济意义。"

（2）在附表 2 条例 1 后须插入——

"制作临时复制品

1A. 第 2 部分授予的权利，在下列的情况下没有受到侵犯：所制作的表演的临时复制品是暂时的或附带的，是一项技术过程的完整和必要部分，并且这一行为的唯一目的是促成——

（a）该录制品由中介通过网络在第三方之间传递；或

（b）合法地使用该录制品；

并且该录制品没有独立的经济意义。"

（3）在第 182A 条第（1）款之后插入——

"（1A）在第（1）款中，制作录音作品的复制品包括制作暂时的复制品或附带于原录音的其他用途的复制品。"

有关研究和私人研习的条款修正。

9. 第 29 条修订如下——

(a) 第(1)款替换为——

"(1) 出于非商业目的的研究而合理处理文学、戏剧、音乐或艺术作品,只要对此有充分的确认,就不属于侵犯作品版权。"

(b) 第(1A)条修订为——

"(1B)出于第(1)款提到的实用性或其他的目的的合理处理,则不需要充分确认。出于第(1)款中所提到的目的而合理处理时,不要求对其目的进行充分确认,但出于实用性或其他原因的除外。

(1C)出于私人研习的目的,合理处理文学、戏剧、音乐作品或艺术作品的行为,不侵犯作品版权。"

(c) 将第(2)款中的"第(1)款提到的"替换为"用于研究或私人研习"。

(d) 在第(4)款之后插入——

"(4A)为了决定构成计算机程序任何要素之基础的主题思想和原则,而对计算机程序进行观察、研究或测试的行为不属于合理处理,(除非符合第50BA 条(观察、研究和测试),这些行为才被允许)。"

(e) 第(5)款失去效力。

有关批评、评论和新闻报道的条款修正。

10. ——(1) 第 30 条修订如下——

(a) 在第(1)款中,"确认"之后插入"并且若作品已经能够向公众传播";

(b) 在第(1)款之后插入——

"(1A)出于第(1)款的目的,作品能通过任何的下列有效途径向公众传播,包括——

(a) 向公众发行复制品;

(b) 使公众能够通过电子检索系统获取该作品;

(c) 向公众出租或出借作品的复制品;

(d) 在公众场合表演、展出、播放或放映作品;

(e) 向公众播送该作品,

但是,出于该款之目的,大致裁定一个作品是否已向公众传播时,不得考虑任何未经授权之行为。"

(c) 在第(3)款中,从"广播"到"节目"这部分,替换为"或非实用性和其他目的的广播"。

(2) 附表2中的条例2第(1)款替换为——

"2.——(1) 只要表演或录音是向公众公开的,那么以批评或评论为目的合理处理表演或录音、其他表演或录音或是作品的行为,不侵犯第2部分授予的权利。

(1A)为了报道时事而合理处理表演或录音的行为,不侵犯第2部分授予的权利。"

与教学或考试有关的条款修正。

11. 第32条修订如下——

(a) 第(1)款和(2)款替换为——

"(1) 文学、戏剧、音乐或艺术作品的复制品,用在教学或教学准备过程中,不侵犯版权,只要这些复制品——

(a) 是由一位施教者或受教者制作,

(b) 不是通过复印制作的,并且

(c) 得到了充分的承认,并且该教学不是出于商业目的。

(2) 在教学或教学准备过程中,制作影片或影片声带的复制品,不侵犯录音作品、影片或广播的版权,只要复制品——

(a) 是由施教者或受教者制作的,

(b) 得到了充分的承认,并且该教学不是出于商业目的。

(2A)在教学或教学准备过程中,制作那些公开发行的文学、戏剧、音乐或艺术作品的复制品,不侵犯其版权,只要复制品——

(a) 合理处理了原作品。

(b) 是由施教者或受教者制作的。

(c) 不是通过复印制作的,并且

(d) 得到了充分的承认。

(2B)第 30 条第(1A)款的规定(公开发行的作品)可以出于同样的目的适用于第(2A)款,以及第 30 条第(1)款";

(b) 第(3)款中的"回答问题"之后,插入",若这些问题得到充分的承认";

(c) 在第(3)款之后插入——

"(3A)第(1)款,第(2)款或第(2A)款中涉及的复制,或者出于第(3)款提到的目的而实施过的任何行为,不需要此类确认;而上述情况,不适用于实用性原因或者其他。"

(d) 在第(5)款中,从"出于这种目的"到最后,替换为——

"出于这种目的,'处理'意为——

(a) 出售或出租,或供公开出售或公开出租;或

(b) 向公众传播,除非根据第(3)款,该传播不属于对版权的侵犯。"

(2) 附表 2 的条例 4 修订如下——

(a) 第(1)款中"接受教育"后插入"且该教育并非出于商业目的";

(b) 第(3)款中,从"出于这种目的"到最后,替换为——

"出于这种目的,'处理'意为——

(a) 出售或出租,或供公开出售或公开出租;或

(b) 向公众传播,除非根据第(2)款(b)项,该传播不属于对第二部分所授予的权利的侵犯。"

教育机构录制广播的条款修正。

12. ——(1) 第 35 条修订如下——

(a) 第(1)款中,在"包括在其中"之后插入",除非对广播具有充分的确认,并且该教育目的是非商业性的";

(b) 在第(1)款后插入——

"(1A)版权在以下情况下不会受到侵犯:一份遵循第(1)款而制作的广播录制品或者此类录制品的复制品(其制作不构成对版权的侵犯),通过一位教育机构内部人员向公众传播,并且,不会传播至任何在此教育机构所处场地之

外的人。

（c）在第（3）款中，从"或提供"到最后的部分，替换为"，提供或公开出售、出租，或由教育机构内部之人向任何教育机构外部的人传播。"

（2）附表 2 条例 6 修订如下——

（a）在第（1）款中，"包括他"后插入"，除非该教育目的是非商业性的"；

（b）在第（1）款后插入——

"（1A）按照第（1）款，教育机构职员制作非侵权的广播录音或广播录音的复制品并向公众传播，并且教育机构所处场地以外的人无法获得该复制品，则不侵犯第 2 部分中的权利。

（1B）如果根据规定了许可授予的附表 2A 条例 16，出于本项的目的颁发特许计划，或达到此种程度，则本项不适用。"

（c）在第（2）款中，从"或提供"到最后，替换为"，提供或公开出售、出租，或由教育机构内部之人向任何教育机构之外的人传播"。

教育机构复制资料的条款修正。

13. 第 36 条修订如下——

（a）在第（1）款中，"或在排版编排中"替换为"除非获得充分的承认，并且教育不是出于商业目的"；

（b）在第（1）款后插入——

"（1A）按照第（1）款中非实用或其他的目的而制作复制品，不需要此类认知。

（1B）由教育机构为了教育目的制作公开出版物上的文章复印资料，且不侵犯版本的排版编排版权，在一定程度，本条是允许的。

（c）在第（5）款中，从'或提供'到最后，替代为'，提供、公开出售、出租，或向公众传播'。"

图书管理员复制资料的条款修正。

14. ——（1）将第 38 条和第 39 条的第（2）款第（a）项替换为——

"（a）那些复制品只提供给能满足图书馆管理员要求的个人，他们使用这些复制品是为了——

(i) 非商业性研究,或

(ii) 私人研习,

并且不会出于其他目的使用它们;"

(2) 将第 43 条第(3)款第(a)项替代为——

"(a)那些复制品只提供给能满足图书管理员或档案保管员要求之个人,他们使用复制品是为了——

(i) 非商业性研究,或

(ii) 私人研习,

并且不会出于其他目的使用它们;"

计算机程序的观察、研究和测试。

15. ——(1) 在第 50B 条后插入——

"50BA 计算机程序的观察、研究和测试

(1) 为了决定构成计算机程序任何要素之基础的主题思想和原则,电脑程序复制品的合法使用者对一个计算机程序进行观察、研究或测试其功能,在此过程中做任何权利许可的行为,如对该程序进行安装、显示、运行、传输或储存,不侵犯版权。

(2) 只要本条许可一项行为,那么一项意在禁止、限制该行为的协议中不管是否有任何相应的条款或条件(根据第 296A 条,这些条款是无效的),都是无关紧要的。"

(3) 在第 50A 条第(2)款中,在"第 50B 条"之后插入",第 50BA 条"。

(4) 在第 50C 条第(3)款中,将"第 50A 条或第 50B 条"替换为"第 50A 条、第 50B 条或第 50BA 条"。

(5) 第 296A 条第(1)款第(c)项替换为——

"(c)按照第 50BA 条,对程序的功能进行观察、研究和测试。"

民歌录音作品的条款修正。

16. 第 61 条第(4)款第(a)项替换为——

"(a)那些复制品只提供给能满足档案保管员要求的个人,他们使用复制品是为了——

(i) 非商业性研究,或

(ii) 私人研习,

并且不会出于其他目的使用它们;"

售卖艺术作品的宣传的条款修正。

17. 第 63 条第(2)款中,"或发行"替换为",或向公众发行或传播"。

为了俱乐部、社团等播放录音作品的条款修正。

18. ——(1) 在第 67 条第(2)款中,从第(a)项末尾处的"和"至该款结束,替换为——

"(b)由一个主要并且直接为了组织利益,而不是为了个人利益的人播放录音作品。

(c) 任何能听到录音作品的场所的入场费收入,只是为了组织,并且

(d) 由组织或代表组织——

(i) 在能够听到录音作品的场所,并且

(ii) 在播放录音作品的场合,

提供食品或服务所获得的收益只为了组织而适用。"

(2) 在附表 2 第 15 项中,从第(2)目最后的"和"到结束替换为——

"(b)由一个主要并且直接为了组织利益,而不是为了个人利益的人播放录音作品。

(c) 任何能听到录音作品的场所的入场费收入,只是为了组织,并且

(d) 由组织提供食品或服务——

(i) 在能够听到录音作品的场所,并且

(ii) 在播放录音作品的场合的收益只为了组织而适用。"

为迁就时间而制作记录的相关条款。

19. ——(1) 将当前的第 70 条修改为第 70 条的第(1)款

(2) 在新的第 70 条第(1)款中"制作"之后插入"在住宅内",并且在这款

后插入——

"(2) 凡任何复制品(假使非因本条该复制品即属侵犯版权复制品)按照本条制作,但其后有人进行该复制品的交易——

(a) 则就该项交易而言,该复制品须视为侵犯版权复制品;并且

(b) 如该项交易侵犯版权,则就所有其后的目的而言,该复制品须视为侵犯版权复制品。

(3) 在第(2)款中,'处理'意为出售或出售、出租、要约出售或要约出租、或为出售或出租而展示,或向公众传播。"

(4) 在附表 2 中第 17 项后插入——

"为迁就时间而制作记录

17A.——(1) 纯粹为可在一个较方便的时间观看或收听广播的目的,而在室内制作该广播的记录供私人或家庭使用,并不属侵犯第 2 部分授予的有关包含在任何广播中的表演或录音的版权。

(2) 凡任何复制品(假使非因本条该复制品即属侵犯版权复制品)按照本条制作,但其后有人进行该复制品的交易——

(a) 则就该项交易而言,该复制品须视为侵犯版权复制品;并且

(b) 如果该交易侵犯了第 2 部分授予的任何权利,则就所有其后的目的而言,该复制品须视为非法录制。

(3) 在第(2)款中,'处理'意为出售或出售、出租、要约出售或要约出租、或为出售或出租而展示,或向公众传播。

(4) 在本项中使用的表述与第 70 条中使用的含义相同。"

广播照片的相关条款。

20.——(1) 将第 71 条替换为

"71. 广播的照片

(1) 在住宅内,为满足个人或家庭使用的目的,拍摄广播的全部或任何部分的照片,或制作照片的复制品,不侵犯任何广播或影片中照片的版权。

(2) 凡任何复制品(假使非因本条该复制品即属侵犯版权复制品)按照本条制作,但其后有人进行该复制品的交易——

(a) 则就该项交易而言,该复制品须视为侵权复制品;并且

(b) 如果该交易侵犯版权,则就所有其后的目的而言,该复制品须被视为侵权复制品。

(3) 在第(2)款中,"处理"意为出售或出售、出租、要约出售或要约出租、或为出售或出租而展示,或向公众传播。"

(4) 在附表 2 第 17A 项中(由条例 19 第(3)款插入)之后插入——

"广播的照片

17B. ——(1) 在住宅内,为满足个人或家庭使用的目的,拍摄广播的全部或任何部分的照片,或制作照片的复制品,不侵犯第 2 部分授予的有关广播中的表演或录音的任何权利。

(2) 凡任何复制品(假使非因本条该复制品即属侵犯版权复制品)按照本条制作,但其后有人进行该复制品的交易——

(a) 则就该项交易而言,该复制品须视为非法录制品;并且

(b) 如果处理时侵犯了任何第 2 部分授予的任何权利,则就所有其后的目的而言,都应将其视为非法录制品。

(3) 在第(2)目中,"处理"意为出售或出售、出租、要约出售或要约出租、或为出售或出租而展示,或向公众传播。

(4) 在本条中使用的表述同第 71 条中使用的含义相同。"

(5) 在第 27 条第(6)款中的"或",出现在第 68 条第(4)款最后,替换为——

"第 70 条第(2)款(为迁就时间而制作记录),第 71 条第(2)款(广播的照片),或"。

(6) 在第 197 条第(5)款中适当的位置插入——

"第 17A 项第(2)目(为迁就时间而制作记录),或

第 17B 项第(2)目(广播的照片)"。

公开放映或播放广播条款的修正。

21. ——(1) 第 72 条修订如下——

(a) 第(1)款第(a)项和第(b)项替换为——

"(a)广播;

(b) 广播的任何录音作品（除非是一个特别的录音作品）；

(c) 广播中的任何影片。"

(b) 在第(1)款后插入——

"(1A) 就本部分的目的而言，"特别的录音作品"是指一段录音作品——

(a) 其作者不是包含这段录音作品的广播的作者；并且

(b) 其是一段具有或不具有言语或歌词的音乐记录。

(1B)只要根据第(1)款中的规定，在公众场合放映或播放的广播中的版权不受侵犯，则在以下条件下，广播中任何特别的录音作品的版权不受侵犯——

(a) 公开放映或播放广播的行为构成组织活动的一部分，且该组织非以营利为目的而建立或进行活动；或

(b) 公开放映或播放广播，就下列目的而言，是必要的——

(i) 修复设备以接收广播；

(ii) 为证明该设备的修复工作正在进行；或

(iii) 为演示正在出售、出租、要约出售或要约出租、或为出售或出租而展示的设备。"

(2) 附表 2 条例 18 修订如下——

(a) 在第(1)款第(b)项中"录音作品"之后插入"（除非是一个特别的录音作品）"；

(b) 在第(1)款后插入——

"(1A)如向任何观众或听众公开放映或播放任何广播，而该等观众或听众并没有支付进入某地方观看或聆听该广播或有线传播节目的入场费，不侵犯第 2 部分授予的有关任何特别的录音作品（这些特别的录音作品是通过接收广播而公开播放的）中的表演和录音的权利，——

(a) 公开放映或播放广播的行为构成组织活动的一部分，且该组织非以营利为目的而建立或进行活动；或

(b) 公开放映或播放广播，就下列目的而言，是必要的——

(i) 修复设备以接收广播；

(ii) 为证明该设备的修复工作正在进行；或

(iii) 为演示正在出售、出租、要约出售或要约出租、或为出售或出租而展

示的设备。"

(3) 在第 128 条之后插入——

"128A　特别录音作品许可或特许计划的通知

(1) 本条只适用于可以授权公开播放广播中的特别的录音作品的建议的许可或特许计划。由于第 72 条第(1)款将特别录音作品排除在外,否则公开播放此类记录将会侵犯记录中的版权。

(2) 在特别的录音作品的建议许可或特许计划生效之前,许可机构必须事先通知国务大臣有关细节。

(3) 根据第(2)款进行通知的许可或特许计划应自通知起 28 天后才能由许可机构实施。

(4) 根据第(5)款,国务大臣应该把第(6)款中所列的事项考虑进来,并且随后——

(a) 应当将许可或特许计划提交至版权法庭,由其裁定在当前情况下许可或特许计划是否合理,或

(b) 通知许可机构他没有意向将该许可或特许计划提交至审裁处。

(5) 如果国务大臣开始意识到——

(a) 许可机构未能在根据第(2)款规定的许可或特许计划生效之前通知他,或

(b) 许可、特许计划在根据第(2)款规定的通知发出 28 日以内便实施,

那么第(4)款不适用。但是国务大臣可以在任何时间将许可、特许计划提交至审裁处请求裁定其在该情况下是否合理;或通知许可机构他没有意向将该许可或特许计划提交至审裁处。

(6) 第(4)款中提及的事项是——

(a) 建议许可或特许计划的条款和条件是否考虑了在第(7)款中列出的因素;

(b) 国务大臣收到任何书面陈述;

(c) 审裁处以前的裁定;

(d) 其他特许计划的可获得性,或在相似的情况下向其他人授予许可,以及这些计划或许可的规定;并且

(e) 许可机构与任何可能受到提议的许可或特许计划影响的个人之间，或是与代表这些个人的组织之间协商的程度以及步骤，如果可能的话，其将作为结果而被采用。

(7) 第(6)款中提及的因素有——

(a) 一个潜在的被许可人在第(1)款中提到的环境下放映和播放的广播，包括特别的录音作品的可能性；

(b) 许可、特许计划所许可的特别的录音作品的受众规模和性质；

(c) 潜在的被许可人播放特别的录音作品可能获得的商业利益；并且

(d) 到达这样的程度，即特别录音作品的版权人能够自建议的许可或特许计划以外的源头，因潜在被许可人将他们的记录纳入将要公开放映或播放的广播中而获得合理报酬。

(8) 根据第(2)款已经通知国务大臣的一项建议的许可或特许计划，在通知生效之前，依照第 118 条或第 125 条只能向法庭提请审裁。

(9) 根据第 119 条，在国务大臣通知许可机构其不向法庭提请审裁后，根据第(2)款已经通知国务大臣的一项拟定的许可、特许计划只能向法庭提请审裁。

(10) 若根据第(8)款的规定允许根据第 118 条或第 125 条向法庭提请审裁，那么——

(a) 该申请不能仅仅因为没有根据第(2)款通知国务大臣许可或特许计划而被认为是不成熟的；并且

(b) 只要法庭决定受理此申请，第(2)款至第(5)款就不适用。

(11) 本条中任何规定都不能被用来歧视任何根据第 120 条至第 122 条，第 126 条或第 127 条向法庭提出申请的权利。

(12) 本条适用于现行有效的许可和特许计划的条款修订，正如它适用于建议的许可和特许计划。

(13) 在本条和在第 128B 条中，"许可"意为由一个许可机构授权而非依据特许计划授权的许可，并且涵盖了多名作者的作品。

128B　根据第 128A 条　由国务大臣向版权审裁处提交的申请

(1) 版权审裁处可进行适当的咨询，以确定国务大臣根据第 128A 条第

(4)款第(a)项或第(5)款提交的许可、特许计划在此情形下是否合理。

（2）在考虑涉及的事项，并且在进行咨询后，审裁处应该考虑——

（a）该建议的许可、特许计划的条款和条件，是否考虑到了第 128A 条第（7）款中的因素；和

（b）任何其他相关的因素；

并且应该根据第（3）款颁布法令。

（3）审裁处颁布此法令——

（a）就特许计划而言，确立或改变该拟定的方案，或者一般而言或只要其涉及任何所述的案例；或

（b）就许可而言，确立或改变该拟定的许可；

正如审裁处可以在此情况下做出合理的裁定。

（4）只要能减少应付费用，审裁处可以指令该命令在其发布之日前即生效。

如果下达此类指令，就已经支付的费用而言，应该向被许可人给予必要的补偿。

（5）审裁处可以裁定对补偿采取单利，在这样的比率和周期下，最好不晚于其认为该法令合适的截止日期。

（6）在第 120 条第（1）款中，将"第 118 条或第 119 条"替换为"第 118 条、第 119 条或第 128A 条"。

（7）在第 127 条第（1）款中，将"第 125 条或第 126 条"替换为"第 125 条、第 126 条或第 128B 条（只要该法令不涉及特许计划）"。

（8）在第 149 条第（c）项之后插入——

"（ca）第 128B 条（国务大臣依据第 128A 条提交的申请）；"。

（9）在第 179 条（定义表达索引：第 1 部分），在适当的位置插入——

"特别的录音作品   第 72 条第（1A）款"。

接收和再传送广播的条款修正。

22. ——（1）第 73 条修订如下——

（a）在开头，从"广播"到"服务"替换为"通过电缆发送的无线电广播"；

（b）在第（1）款中，在"广播"前应插入"无线"，并且从"，接收"到"服务"一

段替换为"接收并且立即通过电缆再传送";

(c) 在第(2)款第(a)项中,"内含物"替换为"通过电缆再传送";

(d) 在第(2)款第(b)项和第(3)款中,从"电缆"到"提供"一段,替换为"由电缆再传送";

(e) 在第(3)款中,从"作为一个节目"到"服务"一段,替换为"通过电缆";

(f) 在第(4)款中——

(i) 在第(a)项中,"内含物"一词替换为"通过电缆再传送";

(ii) 在第(b)项中,"提供电缆节目服务"被替换为"通过电缆再传送";

(iii) "电缆节目服务中的内含物"应被替换为"通过电缆再传送";

(iv) 从"广播中的内含物"到"服务"一段,被替换为"通过电缆再传送广播";

(g) 在第(5)款中,从"内含物"到"服务"一段,被替换为"通过电缆再传送该作品";

(h) 在第(12)款后插入——

"(13)在本条中,电缆再传送,包括地面固定点之间的微波力量的传送。"

(2) 在第 73A 条第(1)条款中,从第一个"广播"到"服务"被替换为"通过电缆播送无线电广播"。

(3) 附表 2 中的条例 19 修订如下——

(a) 标题中,从"广播"到"服务",替换为"通过电缆的无线电广播"

(b) 在第(1)款中——

(i) 在"广播"一词之前插入"无线电";并且

(ii) 从",接收"到"服务",被替换为"接收且立即通过电缆再传送";

(c) 在第(2)款中——

(i) 从"电缆"到"提供",替换为"通过电缆再传送";且

(ii) 从"作为一个节目"到"服务",被替换为"通过电缆";

(d) 在第(3)款中——

(i) 在第(a)项中,"内含物"被替换为"通过电缆再传送";

(ii) 在第(b)项中,"提供电缆节目服务"被替换为"通过电缆再传送";

(iii) "电缆节目服务中的内含物"应被替换为"通过电缆再传送";

(iv) 从"广播中的内含物"到"服务"一段,被替换为"通过电缆再传送广播";

(e) 在第(4)款中,从"内含物"到"服务",替换为"通过电缆再传送的表演或录音"。

广播复制品字幕的条款修正。

23.——(1) 第 74 条第(1)款中,"发行"后插入"或出借"。

(2) 附表 2 条例 20 修订如下——

(a) 在第(1)款中,从"电视"到"节目",替换为"广播和广播录音的复制品,并且向公众发行或出借复制品";

(b) 在第(1)目后插入——

"(1A)本条不适用于以下情况,即根据附表 2A 条例 16 且出于本条之目的,授予特许计划,以颁布许可。"

技术措施和权利管理信息

规避保护措施。

24.——(1) 标题"用于规避复制保护的设备"(出现在第 296 条之前),和第 296 条替换为——

"规避保护措施

296　规避应用于计算机程序的技术设备

(1) 本条适用于——

(a) 技术设备已适用于电脑程序;和

(b) 若某人(A)知道或有理由相信,计算机程序中的技术设备将会被用于制作侵权的复制品——

(i) 且其生产技术设备用于出售或出租,进口,销售,出售或出租,要约出售或公开出售或出租,为出售或出租做广告,或出于商业目的,生产技术设备唯一的目的就是为了促进技术设备的未授权的移除或规避;或

(ii) 发布促使或帮助他人去移除或规避技术设备的信息。"

(2) 就版权的侵犯而言,针对 A,下列各类人具有与版权人同样的权利——

(a) 某人将已使用技术设备的电脑程序——

(i) 向公众发行其复制品,或

(ii) 向公众传播，

计算机程序中的技术设备；

(b) 版权人或独占许可人，若其不是第(a)项中所指明的人；

(c) 计算机程序中的技术设备的知识产权人或独占许可人。

(3) 第(2)款授予的权利是并存的，并且第 101 条第(3)款和第 102 条第(1)款至第(4)款，对于当上述条款适用时拥有并存权利的个人而言，适用于本条规定的诉讼程序；而对于拥有并存权利的版权人及专用许可人而言，适用于上述条款中提及的诉讼程序。

(4) 此外，关于第(1)款中涉及的任何如下方法，即个人意图占有、保管或控制应该被用来促使应用于计算机程序中的技术设备中未授权的移除或规避，根据第 99 条或第 100 条(交付或扣押某些物品)中的规定，在第(2)款中提及的人员就侵权复制品，享有与版权人所享有的同等权利。

(5) 第(4)款授予的权利是并存的，且第 102 条第(5)款，对于当上述条款适用时拥有并存权利的个人而言，适用于关于根据第(4)款中涉及的第 99 条或第 100 条做的任何事情；而对于拥有并存权利的版权人及专用许可人而言，适用于根据第 99 条或第 100 条所做的任何事情。

(6) 在本条中所述及的与电脑程序相关的技术设备是指任何用于防止或限制未经该电脑程序版权人授权的以及受版权限制的行为的设备。

(7) 以下条款适用于本条下的诉讼，正如适用于第 1 部分(版权)的诉讼——

(a) 本法案第 104 条到第 106 条(版权相关事项的推定)；和

(b) 1981 年《最高法院法》中第 72 条，1985 年《法律改革法》(杂项规定)(苏格兰)第 15 条和 1978 年《司法法》(北爱尔兰)第 94A 条(撤销在特定知识产权相关诉讼中的不自证其罪特权)；且本法案第 114 条(经过必要的修订)适用于根据第(4)款交付或扣押的东西的处理。

(8) 就本法案(版权)第 1 部分的目的而言，本条所使用的明确定义的表述，在该部分具有相同的含义。

296ZA　技术措施的规避

(1) 本条适用于下列情况——

(a) 有效技术措施被运用于版权作品，而非计算机程序；且

(b) 某人(B)实施任何规避这些技术措施的行为,且他知道或有合理的理由知道,他是在实现这一目标。

(2) 本条不适用于下列情况:若某人为了研究密码,做出规避有效技术措施的事情;除非这么做或发布研究信息,他将对版权人的权利造成不良影响。

(3) 就对版权的侵犯而言,下列各类人对 B 享有与版权人同样的权利——

(a) 此人将已经运用有效技术措施的作品——

(i) 向公众发行其复制品,或

(ii) 向公众传播;

(b) 版权人或其专用许可人,如果其并非第(a)项中所指明之人。

(4) 第(3)款授予权利是并存的,第 101 条第(3)款和第 102 条第(1)款至第(4)款,对于当上述条款适用时拥有并存权利的个人而言,适用于本条规定的诉讼程序;而对于拥有并存权利的版权人及专用许可人而言,适用于上述条款中提及的诉讼程序。

(5) 以下条款适用于本条下的诉讼,正如适用第 1 部分(版权)的诉讼——

(a) 本法案第 104 条至第 106 条(版权相关事项的推定);和

(b) 1981 年《最高法院法》中第 72 条,1985 年《法律改革法》(杂项规定)(苏格兰)第 15 条和 1978 年《司法法》(北爱尔兰)第 94A 条(撤销在特定知识产权相关诉讼中的不自证其罪特权);

(6) 第(1)款到(4)款和第(5)款第(b)项以及本法案任何其他的条款(正如它对这些条款起作用),在经过必要的修订后,适用于表演权、发表权以及数据库权利。

(7) 1997 年《版权和数据库权利条例》(SI1997/3032)中条例 22(数据库权利的推定)适用于依据本条关于数据库权利的规定而提起的诉讼。

296ZB　用于规避技术措施的设备和服务

(1) 下列行为属于犯罪——

(a) 为出售或出租而生产任何设备、产品、零件;或

(b) 非为个人或家庭使用的目的进口任何设备、产品、零件;或

(c) 在下列交易中——

(i) 出售或出租任何设备、产品、零件,或

(ii) 要约出售或公开销售、出租任何设备、产品、零件,或

(iii) 做广告销售或出租任何设备、产品、零件,或

(iv) 持有任何设备、产品、零件,或

(v) 发行任何设备、产品、零件;或

(d) 不是在交易过程中进行的发行任何设备、产品、零件,但达到了严重损害版权人利益的程度;

这些设备、产品、零件是被设计、生产或改编以适合用于促进对有效技术措施的规避。

(2) 若某人提供、促进、广告或推销一项服务,其目的是为了促使规避有效的技术措施——

(a) 在交易过程中,或

(b) 非在交易过程中却达到严重的损害版权人利益的程度,则构成犯罪。

(3) 第(1)款和(2)款不会使得执法机关或任何情报服务部门去做或以其名义做任何非法之事——

(a) 为了国家的安全利益;或

(b) 为阻止或侦查犯罪,对犯罪调查或起诉;

且在这条中"情报服务"和 2000 年《调查权力规范法》中第 81 条中"情报服务"具有相同的含义。

(4) 第(1)款或第(2)款规定为犯罪的人,应受到惩罚——

(a) 即决裁定,可处不超过 3 个月的有期徒刑,或不超过法定最高限额的罚款,或两者并罚;

(b) 定罪公诉,处罚款或不超过 2 年的有期徒刑,或两者并罚。

(5) 根据本条所起诉的犯罪的被告可以进行抗辩,即证明其不知道,且没有合理理由相信——

(a) 设备、产品或零部件;或

(b) 服务;

能够或促进对有效的技术措施的规避。

296ZC　被用作规避技术措施的设备和服务: 搜查令和没收

(1) 第 297B 条(搜查令),第 297C 条(没收未经批准的解码器: 英格兰和

威尔士或北爱尔兰)和第 297D 条(没收未经授权的解码器：苏格兰)适用于经下列修正的第 296ZB 条中的犯罪行为。

(2) 在第 297B 条中所提及的第 297A 条第(1)款中的犯罪,应该被解释为第 296ZB 条第(1)款或第(2)款中的犯罪。

(3) 在第 297C 条第(2)款第(a)项和第 297D 条第(15)款中,所提及的第 297A 条第(1)款中的犯罪,应被解释为第 296ZB 条第(1)款中的犯罪。

(4) 在第 297C 条和第 297D 条中所提及的未经授权的解码器,应该被解释为,以规避有效的技术措施为目的的设备、产品或零部件。

296ZD 被用作规避技术措施的设备和服务方面的权利和救济

(1) 本条适用于——

(a) 有效的技术措施被运用于版权作品中,而非计算机程序中;和

(b) 某人(C)生产、进口、发行,出售或出租,要约出售或要约出租、做广告来出售或出租、为商业目的而持有设备、产品、零部件,或提供服务——

(i) 这些服务是为了规避那些措施而受到推广、广告或被进行市场推销,或

(ii) 这些服务除了规避技术措施外,只有有限的商业意义和用途,

(iii) 这些服务主要是为了促使或促进对技术措施的规避,而设计、生产、改编或执行的。

(2) 就对版权的侵犯而言,下列各类人对 C 享有与版权人同样的权利——

(a) 该人员——

(i) 向公众发行已适用有效技术措施的作品的复制品,或

(ii) 向公众传播已适用有效技术措施的作品;

(b) 版权人或其专用许可人,如果该人不是在第(a)项中指明的人;和

(c) 已经运用技术措施的作品的知识产权人或专用许可人。

(3) 第(2)款授予的权利是并存的,第 101 条第(3)款和第 102 条第(1)款至第(4)款,对于当上述条款适用时拥有并存权利的个人而言,适用于本条规定的诉讼程序;而对于拥有并存权利的版权人及专用许可人而言,适用于上述条款中提及的诉讼程序。

(4) 此外,关于个人占有、保管或控制用来规避任何有效技术设施的任何

此类设备、产品或要素,在第(2)款中提及的人员,拥有在第 99 条或第 100 条(交付或扣押某些物品)中规定的相同的权利,正如版权人拥有的关于侵权复制品的权利。

(5) 第(4)款授予的权利是并存的,且第 102 条第(5)款,对于当上述条款适用时拥有并存权利的个人而言,适用于关于根据第(4)款中涉及的第 99 条或第 100 条做的任何事情;而对于拥有并存权利的版权人及专用许可人而言,适用于根据第 99 条或第 100 条所做的任何事情。

(6) 以下条款适用于本条下的诉讼,正如适用第 1 部分(版权)的诉讼——

(a) 本法案第 104 条至第 106 条(版权相关事项的推定);和

(b) 1981 年《最高法院法》中第 72 条,1985 年《法律改革法》(杂项规定)(苏格兰)第 15 条和 1978 年《司法法》(北爱尔兰)第 94A 条(撤销在特定知识产权相关诉讼中的不自证其罪特权);且本法案第 114 条(经过必要的修订)适用于根据第(4)款交付或扣押的东西的处理。

(7) 在第 97 条第(1)款(善意的版权侵犯),正如它适用于对本条授予的权利的侵犯的诉讼程序,对所涉及不知道或没有理由认为作品有版权的被告,应该被理解为,被告不知道或没有理由认为,他的行为造成或促进了对版权的侵犯。

(8) 第(1)款至第(5)款,第(6)款第(b)项和(7)款以及本法案任何其他的条款,(正如它对这些条款生效),经过必要的修订后,适用于表演权、发表权以及数据库权利。

(9) 1997 年《版权和数据库权利条例》(SI1997/3032)中的条例 22(数据库权利的推定)适用于依据本条关于数据库权利的诉讼。

296ZE 有效技术措施阻止被许可行为的救济

(1) 在本条中——

"被许可的行为"意为与版权作品相关的行为,该版权作品,依照本法案附表 5A 第一部分,需要有版权存在。

"自愿措施或协议"意为——

(a) 由版权人、版权专用许可人或向公众发行、传播该作品而非计算机程序的人员,采取的任何自愿的措施,或

（b）由版权人、版权专用许可人或发行、传播该作品而非计算机程序的人员，同其他团体达成的任何协议。

该措施或协议的效果是使得个人可以执行一项被许可的行为。

（2）只要任何的有效技术措施在版权作品而非计算机程序中的运用，阻止某人执行与该作品相关的被许可的行为，那么该个人或代表被阻止执行被许可行为的一类人的人可以向国务大臣发出起诉通知。

（3）收到起诉通知后，国务大臣会给作品版权人或专用许可人必要的和合理的指示，出于此目的——

（a）确定与版权作品相关的任何的自愿措施或协议（起诉的对象）是否存在；或

（b）（已经明确了不存在自愿措施或协议）确保版权人或专用许可人，可以贯彻执行被许可行为（起诉的对象）的方式，以使起诉人可以从该许可行为中受益。

（4）国务大臣同样可以就以下给出指示——

（a）向其（国务大臣）递交第（2）款中起诉通知的形式或方式；

（b）向其（国务大臣）递交的任何自愿措施或协议证据的形式或方式；和

（c）依据一般程序处理本条下的投诉；

并且应以其认为将致力为他们提供足够的宣传的方式公布根据本款所给出的指示。

（5）根据第（3）款第（a）项或第（b）项接受指示之人，有责任使该指示生效。

（6）遵循根据第（3）款第（b）项所给予的指示的责任，是对原告应负的责任；如果该诉讼是由集体之代表提起，那么该责任即是对代表人和被代表的集体里的每个人应负的责任；对违背责任的行为可相应地提起诉讼（受制于抗辩和适用于违背法定责任诉讼的其他事件）。

（7）根据本条给出的任何指示，可以根据本条随后的指示，更改或撤销。

（8）根据本条给出的任何指示，须以书面形式给出。

（9）本条不适用于如下版权作品，即按商定的合同条款提供给公众，按这种方式，公众可在其个人选定的地点和时间获得的那些作品。

（10）本条只适用于如下情况，原告可以合法使用被保护的版权作品，或在原告是能合法地获得该作品的集体的代表。

（11）经过任何必要的修订，第（1）款至第（10）款适用于——

（a）表演中的权利，且在此处，"被许可的行为"指依照本法案附表 5A 中条例 2 的条款进行的行为；

（b）数据库权利，且在此处，"被许可的行为"指依照本法案附表 5A 中条例 3 的条款进行的行为；

（c）出版权。

296ZF　对第 296ZA 条到第 296ZE 条的解释

（1）在第 296ZA 条到第 296ZE 条中，"技术措施"意指，在正常工作过程中，为保护除计算机程序以外的版权作品而设计的任何技术、设备或零部件

（2）要使措施"有效"，版权人须通过以下方式控制作品的使用——

（a）访问控制或保护措施，如加密，加扰或对作品的其他改造，或

（b）复制控制机制，

以上已达到预期的保护。

（3）在本条中，所述——

（a）某件作品的保护，是对未经作品版权人授权的且被版权法限制的行为进行阻止或限制；

（b）作品的使用并不包含任何版权所限制的行为以外的使用。

（4）使用在第 296ZA 条到第 296ZE 条中为了明确本法案（版权）第 1 部分的目的的表述，同该部分具有相同的含义。

——（2）附表 5 后，须插入，如附表 5A，载于附表 3 的附表（1988 年《版权、设计与专利法案》的新附表 5A）。

权利管理信息。

25. 在第 296ZF 条（通过条例 24 第（1）款插入）后插入——

"权利管理信息

296ZG　电子权利管理信息

（1）本条适用于这样的个人（D）：明知且在没有授权的情况下，消除或改变电子权利管理信息，该电子权利管理信息——

(a) 与版权作品的复制品相关联,或

(b) 在版权作品向公众传播时出现,并且

D 个人知道,或有理由认为通过这样方式,是在诱导,促使,促进或掩盖对版权的侵犯。

(2) 本条适用于这样的个人(E):明知且在没有授权的情况下,发行、进口发行、或向公众传播版权作品的复制品,——

(a) 与该作品的复制品相关的电子权利管理信息,或

(b) 在向公众传播作品时出现的电子权利管理信息,

在未经授权的情况下,已被删除或擅自改变,并且 E 知道或有理由认为,他这样做是诱导,促使,促进或掩盖对版权的侵犯。

(3) 一个向公众发行作品复制品或传播该作品的人,对 D 和 E 的侵犯版权行为,同版权人拥有相同的权利。

(4) 版权人或其专用许可人,如果其不是向公众发行作品复制品或传播该作品的人,对 D 和 E 的侵犯版权行为,其拥有与向公众发行作品复制品或传播该作品的人相同的权利。

(5) 第(3)款和第(4)款授予的权利是并存的,且第 101 条第(3)款和第 102 条第(1)款至(4)款,对于当上述条款适用时拥有并存权利的个人而言,适用于本条规定的诉讼程序;而对于拥有并存权利的版权人及专用许可人而言,适用于上述条款中提及的诉讼程序。

(6) 以下条款适用于本条下的诉讼,正如适用第 1 部分(版权)的诉讼——

(a) 本法案第 104 条到第 106 条(版权相关事项的推定);和

(b) 1981 年《最高法院法》中第 72 条,1985 年《法律改革法》(杂项规定)(苏格兰)第 15 条和 1978 年《司法法》(北爱尔兰)第 94A 条(撤销在特定知识产权相关诉讼中的不自证其罪特权)。

(7) 在本条中——

(a) 为了明确本法案(版权)第 1 部分所定义的表述,同本部分有相同的意义;且

(b) "权利管理信息"意为,由版权人、或版权法中规定的任何权利人提供的任何信息,该信息能够确认作品,作者,版权人或任何知识产权权利人,或有

关作品使用条件的信息,以及代表此种信息的任何数字或编码。

(8) 第(1)款到第(5)款和第(6)款第(b)项,以及本法案的任何其他条款(正如其对这些款的目的有影响),在做出必要调整后,适用于表演权,发表权和数据库权利。

(9) 1997 年《版权和数据库权利条例》(SI1997/3032)中条例 22(数据库权利中的推定)适用于依据本条关于数据库权利的诉讼。

制 裁 和 救 济

新刑事犯罪。

26. ──(1) 第 107 条修订如下──

(a) 在第(2)款后插入──

"(2A)若某人──

(a) 在交易过程中通过向公众传播作品侵犯作品版权,或

(b) 在非交易过程中,通过向公众传播作品侵犯作品版权,但达到严重损害版权人利益的程度,如果他知道或有理由认为这样做是在侵犯该作品版权,则构成犯罪。"

(b) 在第(4)款后插入──

"(4A)依照第(2A)款,被判定有罪的个人应受到惩罚──

(a) 即决裁定,可处不超过 3 个月的有期徒刑,或不超过法定最高限额罚款,或两者并罚;

(b) 定罪公诉,处罚款或不超过 2 年的有期徒刑,或两者并罚。"

(2) 在以下条款中──

(i) 第 109 条第(1)款第(a)项;

(ii) 第 109 条第(4)款;

(iii) 第 114A 条第(2)款第(a)项;

(iv) 第 114B 条第(15)项;

"第 107 条第(1)款或第(2)款"替换为"第 107 条第(1)款、第(2)款或第(2A)款"。

(3) 第 198 条修订如下──

(a) 在第(1)款之后插入——

"(1A)若某人,——

(a) 在交易过程中侵犯表演者的可获得权,或

(b) 在非交易过程中侵犯表演者的可获得权,但达到严重损害表演者的可获得权的程度,如果他知道或有理由认为这样做是在侵犯录音的可获得权,则构成犯罪";

(b) 在第(5)款后插入——

"(5A))根据第(1A)款,被判定有罪的个人应受到惩罚——

(a) 即决裁定,可处不超过 3 个月的有期徒刑,或不超过法定最高限额的罚款,或两者并罚;

(b) 定罪公诉,处罚款或不超过 2 年的有期徒刑,或两者并罚。"

(4) 在以下条款中——

(a) 第 200 条第(1)款第(a)项;

(b) 第 200 条第(3A)款;

(c) 第 204A 条第(2)款第(a)项;

(d) 第 203B 条第(15)款;

"第 198 条第(1)款"替换为"第 198 条第(1)款或第(1A)款"。

对服务供应商的强制令。

27. ——(1) 在第 97 条后插入——

"97A 对服务供应商的强制令

(1) 当服务供应商实际知晓其他人在利用他们的服务侵犯版权时,高等法院(在苏格兰,最高民事法院)有权颁布对服务供应商的强制令。

(2) 在确认一个服务供应商出于本条之目的是否具有实际认知时,法院应考虑到出现在特定情况下与此有关的所有事项,除此以外,须考虑——

(a) 服务供应商是否已通过可用的 2002 年《电子商务(欧盟指令)条例》(SI 2002/2013)中条例 6 第(1)款第(c)项中的联络方式来接收通知;和

(b) 即任何的通知是否包括——

(i) 通知寄件人的全名及地址;

(ii) 尚未定论的侵权的细节；

(3) 在本条中，"服务供应商"同 2002 年《电子商务（欧盟指令）条例》中的条例 2 所给出的含义相同。"

——(2)在第 191j 条后插入——

"191JA　对服务供应商的强制令

(1) 当服务供应商实际知晓，其他人在利用他们的服务侵犯表演者的财产权时，高等法院（在苏格兰，最高民事法院）有权授予对服务供应商的强制令。

(2) 在确认一个服务供应商出于本条的目的是否具有实际认知时，法院应考虑到出现在特定情况下与此有关的所有事项，除此以外，须考虑——

(a) 服务供应商是否已通过可用的 2002 年《电子商务（欧盟指令）条例》(SI 2002/2013)中条例 6 第(1)款第(c)项中的联络方式来接收通知；和

(b) 即任何的通知是否包括——

(i) 通知寄件人的全名及地址；

(ii) 尚未定论的侵权的细节。

(3) 在本条中，'服务供应商'同 2002 年《电子商务（欧盟指令）条例》中条例 2 所给出的含义相同。

(4) 第 177 条在本条中适用，正如它在第 1 部分中适用。"

非专用许可人的权利和救济。

28. 在第 101 条后增加——

"101A　非专用许可人可提起的特定侵权诉讼

(1) 在以下情况中，非专用许可人可提起版权侵权诉讼——

(a) 侵权行为与被许可人的优先受许可行为直接相关；并且

(b) 许可——

(i) 是书面形式的，并且由版权人或其代表签字；同时

(ii) 确切赋予非专用许可人以本条下的诉讼权利。

(2) 在依本条提起的诉讼中，非专用许可人将享有与如果诉讼是由版权人提起时原告可获得的相同的权利与救济。

(3) 本条赋予的权利与版权人的权利并存，本部分相关条款中提及版权

人的部分都应据此做出解释。

(4) 在由非专用许可人依本条之效力提起的诉讼中,被告可以利用在诉讼是由版权人提起的情况下被告可使用的抗辩。

(5) 适用于专用许可人的条款第 102 条第(1)款至第(4)款同样适用于在本条效力下拥有起诉权利的非专用许可人。

(6) 在本条中,'非专用许可人'意指许可持有人,其授权被许可人行使版权人依旧保留行使权的权利。"

期　　限

录音作品的版权期限。

29. 第 13A 条将做如下修订——

(a) 将第(2)款的内容替代为——

"(2)根据第(4)款和第(5)款,版权在下列情况下期满——

(a) 自录音作品制作当年年底起算的 50 年期满,或者

(b) 如果录音作品在此期间出版,则自其首次出版当年年底起算的 50 年期满,或者

(c) 如果录音作品在此期间没有出版,但以向公众表演或传播的方式向公众公开,则自其首次向公众公开当年年底起算的 50 年期满,但是在判断作品是否出版、演出或传播时,不考虑任何未被授权的行为。"

(b) 第(3)款将停止效力;

(c) 第(4)款和第(5)款中的"第(2)款和第(3)款"将被"第(2)款"替代。

第 3 部分　保留和过渡性条款

一　般　条　款

引言。

30. ——(1) 在本部分中——

"生效"系指这些条款生效之日;

"扩大版权"系指依 1988 年条款本应到时期满、而在《1988 年法案》第 13A

条(经条例 29 修订)效力下仍将有效的录音作品的版权；

"准所有人"包括在条例 37 第(1)款中提及的协议效力下预期将获得录音作品的扩大版权的人

"《1988 年法案》"系指 1988 年《版权、设计与专利法案》；同时

"1988 年条款"系指《1988 年法案》中在本法案正式实施日前立即起效的条款(包括《1988 年法案》中表示沿用更早之法律的附表 1 中的条款)。

(2) 本部分为《1988 年法案》第 1 部分或第 2 部分定义所使用的表述与该部分具有相同的含义。

通则。

31. ——(1) 根据第 32 条,这些条例适用于在本法案正式生效之前或之后——

(a) 制作的版权作品,

(b) 进行的表演,

(c) 制作的数据库,该数据库具有数据库权利,以及

(d) 首次发表的作品,该作品具有发表权。

(2) 在本法案正式生效以前的行为不得视为对这些条例所带来的新的或扩大权利的侵犯。

某些现有协议的保留条款。

32. ——(1) 这些条例中的任何规定将不会影响任何在 2002 年 12 月 22 日以前达成的协议。

(2) 为遵循在 2002 年 12 月 22 日以前达成的协议而在本法案正式生效后实施的任何行为将不会被认为是对这些条例所带来的新的或扩大权利的侵犯。

特 殊 条 款

许可行为。

33. 1988 年条款中第 1 部分第 3 章的条款(有关版权作品的被许可行为)以及附表 2(表演的权利：被许可行为)将继续适用于任何在这些条款下被许

可的、在本法案正式生效前开始而在本法案正式生效后完成的行为。

表演者的权利：向公众公开表演。

34.——(1) 1988 年条款中的第 182D 条中赋予有关通过第 182CA 条第(1)款(条例 7)所提及的途径向公众提供已被商业出版的录音作品以获取合理报酬权利的部分，将自本法案正式实施日起失效。

(2) 任何依第 182D 条第(2)款并且在本法案正式实施日前完成的权利转让，将自本法案正式实施日起在第 182CA 条(条例 7)赋予的新的有关公众可获得权利的范畴内失效。

行使表演相关权利。

35.——(1) 第 182CA 条赋予的新的权利(向公众传播所需之许可)，自本法案正式实施日起可被表演者或(如果表演者已死亡)在本法案正式实施日前已根据第 192A 条第(2)款继承了第 2 部分赋予表演者的与其表演有关权利的人行使。

(2) 根据第(1)项所赋予的权利，个人代表所收到的任何损害赔偿将被作为固定资产的一部分，如果在其死亡前权利已经存在并且已经授予他。

扩大录音作品版权的所有权。

36. 录音作品在本法案正式实施日前的版权人，将从本法案正式实施日起成为该录音作品任何扩大版权的所有人。

扩大录音作品版权的准所有权。

37.——(1) 如果凭借在本法案正式实施日前达成的、由准所有人或其代表签字的关于录音作品的扩大版权的协议，准所有人声明将转让扩大版权(全部或部分)于他人，那么自本法案正式实施日起，受让人或其他自称被授权以要求被授予版权的人，依本条之效力，版权应被赋予受让人或其合法继承人。

(2) 录音作品的扩大版权的准所有人所颁发的许可对于继承其版权利益

(或准利益)的每一个继承人都有约束力。但善意地支付了对价并且不知道
(实际上或推定)有此许可的购买人,以及此种购买人的权利继承人不在此列;
凡《1988 年法案》第 1 部分有关的在得到或没有得到版权人许可的条件下所
实施的任何行为都应据此作出解释。

扩大录音作品版权:现有许可、协议等。

38. ——(1) 根据相反的协议,任何版权许可或关于录音作品的利用的协
议中的条款及条件在该录音作品的扩大版权期内继续有效,如果——

(a) 有关现存的录音作品而在正式实施前存在,并且

(b) 在 1988 年条款所规定的版权期满前仍然有效。

(2) 根据审裁处的进一步法令,任何由版权审裁处的法令颁布的版权许
可或有关对于录音作品的利用的协议中的任何条款及条件在该录音作品的任
何扩大版权期内继续有效,如果——

(a) 有关现存的录音作品在正式实施前存在,并且

(b) 在 1988 年条款所规定的版权期满前仍然有效。

录音作品版权的期限:一般保留条款。

39. 如果现存录音作品的版权期限,根据 1995 年《版权与表演权利期限条
例》(SI 1995/3297)条例 15 的规定期限在根据条例 29 修订后的《1988 年法
案》第 13A 条的规定期限之后,那么该版权将在 1995 年《版权与表演权利期限
条例》(SI 1995/3297)条例 15 的规定期限前继续有效。

制裁和救济。

40. ——(1) 1988 年条款第 296 条(规避复制保护的设备)将继续适用于
在本法案正式实施日前实施的有关计算机程序和其他计算机作品的行为。

(2) 被条例 24 第(1)款替代的第 296 条(应用于计算机程序的规避技
术设备),以及经由第 24 条第(1)款引入的第 296ZA 条(技术措施的规避)
和第 96ZD 条(被用作规避技术措施的设备方面的权利和救济),将适用于
所有在本法案正式实施日及之后实施的与计算机程序或其他计算机作品有

关的行为。

(3) 第 107 条第(2A)款、第(1A)款以及第 296ZB 条第(1)款和第(2)款(犯罪)将不适用于任何在本法案正式实施日前实施的行为。

赛恩斯波里

议会科学创新部长

贸易与工业部

2003 年 9 月 27 日

条例 2 第(1)款

附表 1　相　应　修　订

第 1 部分　对 1988 年《版权、设计与专利法案》的修订

1. 1988 年《版权、设计与专利法案》①将做下述修订。除有另外说明,本部分中提及的条款、项目与附表均指此法案中的相应内容。

对特定条款标题的修订。

2. ——(1) 在第 69 条与附表 2 第 17 项的标题中,"电缆节目"替换为"其他服务"。

(2) 在附表 2 第 5 项的标题中,字段",广播或电缆节目"替换为"或广播"。

与"广播"新定义有关的修订。

3. ——(1) 在下述条款中——

(a) 第 17 条第(4)款;

(b) 第 19 条第(2)款第(b)项;

(c) 第 19 条第(3)款;

---

① 1988 c.48.

(d) 第 31 条第(1)款；

(e) 第 31 条第(3)款；

(f) 第 34 条第(2)款；

(g) 第 79 条第(4)款第(a)项；

(h) 第 79 条第(4)款第(b)项；

(i) 第 85 条第(2)款第(a)项；

(j) 第 132 条第(3)款第(b)项；

(k) 第 133 条第(2)款；

(l) 附表 2 条例 3 第(1)款；

(m) 附表 2 条例 3 第(3)款；

(n) 附表 2 条例 5 第(1)款；

字段"广播或电缆节目"替换为"或广播"。

(2) 在下述条款中——

(a) 第 132 条第(1)款；

(b) 第 133 条第(2)款；

字段"广播或电缆节目"替换为"或广播"。

(3) 在第 299 条第(5)款中,字段"'广播'至'服务'"替换为"与'服务'"。

与"向公众传播"等有关的修订。

4. ——(1) 第 12 条第(5)款第(a)项第(ii)段将替换为——

"(ii)向公众传播"。

(2) 第 12 条第(5)款第(b)项第(iii)段将替换为——

"(iii)向公众传播"。

(3) 第 13B 条第(6)款第(b)项将替换为——

"(b)向公众传播"。

(4) 第 117 条第(d)款和第 124 条第(d)款将被替换为——

"(d) 向公众传播作品"。

(5) 第 198 条第(2)款第(b)项将替换为——

"(b) 被传播给公众的"。

（6）附表 1 条例 17 第（b）项将替换为——

"（b）向公众传播作品，或者"。

5. 在下述条款中——

（a）第 24 条第（2）款；

（b）第 59 条第（2）款；

（c）第 62 条第（3）款；

自"广播"至"服务"之字段将替换为"向公众传播"。

6. ——（1）在下述条款中——

（a）第 175 条第（4）款第（a）项第（ii）段；

（b）第 175 条第（4）款第（b）项第（iv）段；

（c）第 175 条第（4）款第（c）项第（ii）段；

自"广播"至"服务"之字段将替换为"向公众传播作品"。

（2）在下述条款中——

（a）第 18A 条第（3）款第（a）项；

（b）第 31 条第（2）款；

（c）第 182 条第（3）款第（a）项；

（d）第 301 条；

（e）附表 2 条例 3 第（2）款；

（f）附表 6 条例 2 第（1）款；

自"广播"至"服务"之字段将替换为"或向公众传播"。

7. 在第 151A 条第（1）款第（a）项中，自"广播"至"服务"之字段将替换为"向公众传播作品"。

8. ——（1）在下述条款中——

（a）第 77 条第（2）款第（a）项；

（b）第 77 条第（6）款；

（c）第 105 条第（5）款；

（d）第 191 条第（3）款；

所有出现的字段"被广播或出现在电缆节目中的"将替换为"或被传播给公众的"。

(2) 在下述条款中——

(a) 第 77 条第(4)款第(a)项；

(b) 第 85 条第(1)款第(c)项；

自"广播"至"服务"之字段将替换为"被传播给公众的"。

(3) 在第 51 条第(2)款中,自"广播"至"服务"之字段将替换为"或向公众传播"。

9. ——(1) 在下述条款中——

(a) 第 59 条第(2)款；

(b) 第 77 条第(7)款第(c)项；

自"广播"至"节目"之字段将替换为"或公众传播"。

(2) 在第 107 条第(3)款中,自"广播"至"节目"之字段将替换为"公众传播"。

10. ——(1) 在下述条款中——

(a) 第 80 条第(3)款第(a)项；

(b) 第 80 条第(6)款第(a)项；

自"广播"至"服务"之字段将替换为"向公众传播"。

(2) 在下述条款中——

(a) 第 84 条第(3)款第(a)项；

(b) 第 84 条第(3)款第(b)项；

自"广播"至"服务"之字段将替换为"或向公众传播"。

11. 在下述条款中——

(a) 第 163 条第(1A)款；

(b) 第 165 条第(4)款第(b)项；

自"现场直播"至"节目"之字段将替换为"或现场直播"。

12. 在下述条款中——

(a) 第 58 条第(1)款第(b)项；

(b) 附表 2 条例 13 第(1)款第(b)项；

自"广播"至"服务"之字段将替换为"向公众传播"。

13. ——(1) 在下述条款中——

(a) 第 183 条第(b)项；

(b) 第 187 条第(1)款第(b)项；

自"广播"至"服务"之字段将替换为"向公众传播"。

(2) 在第 80 条第(4)款第(a)项中,自"或广播"至"服务"之字段将替换为"或向公众传播"。

14. 在第 62 条第(2)款第(c)项中,自"广播"至"服务"之字段将替换为"向……广播"。

对一些定义的修订。

15. ——(1) 在第 135A 条第(5)款中,在"播送唱片音乐的节目时间"之定义前将增加"广播"不包括任何在第 6 条第(1A)款第(b)项与第(c)项中所规定的播送。

(2) 第 144A 条第(7)款将替换为——

"(7)在本条中——

'电缆操作员'系指负责无线广播电缆再传送的个人;并且

'电缆再传送'系指电缆的接受和即时再传送,包括无线广播在地面固定点间微波的播送。"

(3) 在第 178 条适当位置将增加下述定义——

"'私人研习'不包括任何直接或间接带有商业目的的研究";

"'无线广播'系指采用无线电报技术的广播"。

(4) 在第 179 条适当位置将增加下述词条——

"向公众传播 第 20 条";

"私人研习 第 178 条";

"无线广播 第 178 条"。

(5) 第 211 条将做下述修订——

(a) 在第(1)款中——

(i) 在适当位置将增加下述词条——

"公众传播";

"强制令(苏格兰)";

"无线广播";

(ii)"录音作品"将被"录音作品,以及"替代;

(b) 在(2)款中,"第 6 条第(3)款至第(5)款,第 7 条第(5)款,以及第 19 条第(4)款"将替换为"第 6 条第(3)款至第(5A)款,以及第 19 条第(4)款"。

(6) 在第 212 条适当位置将增加下述词条——

"公众传播　　　　　　第 211 条第(1)款(以及第 20 条)";

"强制令(苏格兰)　　　第 211 条第(1)款(以及第 177 条)";

"可获得权　　　　　　第 182CA 条"。

对附表 1 的修订。

16. 附表 1 将做下述修订——

(a) 条例 9 将替换为——

"9. 下述作品不存在版权——

(a) 在 1957 年 6 月 1 日前制作的无线广播;或者

(b) 在 1985 年 1 月 1 日前制作的电缆广播;

以及任何因条例 14 第(5)款而应被忽视的广播(重播的版权期限)";

(b) 条例 15 第(3)款将停止效力。

对附表 2A 的修订。

17. 在附表 2A 条例 16 中——

(a) 在第(1)款中,"附表 2 条例 14A(特别的录制品的出借)"将替换为"附表 2 条例 6,条例 14A 或条例 20(教育机构对广播的录制,特别的录制品的出借,有字幕的广播复制品的提供)";并且

(b) 在第(3)款中,"条例 14A"将替换为"相关条例"。

根据《欧洲经济共同体理事会第 93/83/EEC 号指令》做出的修订。

18. ——(1) 在第 79 条第(3)款中,自"被赋予"至此款结束的字段将被"根据第 11 条第(2)款(在雇佣期内完成的作品)被赋予作者或导演之雇主的。"

(2) 在第 82 条第(1)款第(a)项中,在"作者的"之后将增加"或导演的",并且在"雇佣期"之后自"或"字至此段结束的字段将被删除。

(3) 附表 1 第 12 项第(3)款将做下述修订——

(a) 在第(b)项中,"第 12 条第(2)款"将替换为"第 12 条第(3)款";

(b) "第 12 条第(1)款"将替换为"第 12 条第(2)款";

(c) "加 50"将替换为"加 70"。

第 2 部分　对其他法律的修订

对 1968 年《医药法》的修订。

19. 1968 年《医药法》①第 92 条将做下述修订——

(a) 第(1)款中,"广播或电缆节目"将替换为"或广播";

(b) 第(2)款第(a)项 中,"录制品"后将增加"或影片原声带"。

对 1995 年《奥林匹克标志(保护)法》的修订。

20. 在 1995 年《奥林匹克标志(保护)法》②第 4 条第(3)款中,"广播和电缆节目"将替换为"与广播"。

对 1996 年《广播法》的修订。

21. 1996 年《广播法》③第 137 条将做下述修订——

(a) 第(2)款第(a)项将替换为以下内容——

"(a)与广播有关的'相关交易',系指以向公众传播任何从该广播获取的视觉图像进行交易,并且";

(b) 在第(2)款第(b)项中,"电缆节目"将替换为"向公众传播"。

对 2002 年《版权(视觉障碍者)法》的修订。

22. 2002 年《版权(视觉障碍者)法》④将做下述修订——

(a) 在第 1 条中,自"包括在"至"节目服务"之字段将替换为"被传播给公众的";

---

① 1968 c.67.
② 1995 c.32.
③ 1996 c.55.
④ 2002 c.33.

(b) 在第 2 条中,自"包括在"至"节目服务"之字段将替换为"被传播给公众的";

(c) 在第 7 条第(2)款后将增加——

"(3)在附表 5A 条例 1(第 296ZE 条所适用的被许可行为)适当位置增加——

第 31A 条（为个人使用而制作的单个可获取的复制品）

第 31B 条（为视觉障碍者而制作的多样性复制品）

第 31C 条（中间复制品与记录）"。

对 2003 年《传播法》的修订。

23. 在 2003 年《传播法》①附表 17 条例 92 第(1)款中,自"广播"至"服务"的字段将替换为"经由电缆的无线广播"替代。

第 3 部分　对文件的修订

对 1989 年《版权(民歌的档案记录)(指定机构)法令》的修订。

24. 在 1989 年《版权(民歌的档案记录)(指定机构)法令》②第 3 条第(2)款第(a)项中,在"研究"前将增加"为非商业目的"。

对 1989 年《版权审裁处规定》的修订。

25. 在 1989 年《版权审裁处规定》③附表 3 条例 15 中,"广播/包含在电缆节目服务中"将被"公众传播"替代。

对 1989 年《版权(图书馆员与档案官员)(对版权资料的复制)条例》的修订。

26. 1989 年《版权(图书馆员与档案官员)(对版权资料的复制)条例》④将做下述修订——

---

① 　2003 c.21.

② 　SI 1989/1012.

③ 　SI 1989/1129.

④ 　SI 1989/1212,经 SI 1999/1042 修订。

（a）在条例4第（2）款第（a）项第（i）段与条例7第（2）款第（a）项第（i）段中，将在"研究"前增加"出于非商业目的"；

（b）在条例5第（2）款第（c）项，以及条例6第（2）款第（d）项中，"不少于"将被"相当于但不超过"替代；

（c）在附表2表A与表B条例2第（b）项，在"研究"前将增加"出于非商业目的"。

对1996年《版权与相关权利条例》的修订。

27. 1996年《版权与相关权利条例》[①]（a）将做下述修订——

（a）"传播"将被"使公众可以获得"替代；

（b）第（e）项将被下述内容替代——

"（e）向公众传播作品。"

条例2第（2）款

附表2　废　　除

法　律

标题及章节	废　除　内　容
1068年《医药法》（c.67）	第92条—— （a）第（2）款第（b）项中，自"或"至"服务"字段； （b）第（6）款中，自第一次出现的"电缆"至"服务"字段。
1988年《版权、设计与专利法》（c.48）	第6条第（6）款中字段"或在电缆节目中"。 第7条。 第9条第（2）款第（c）项。 第13A条第（3）款。 第14条—— （a）标题中的字段"以及电缆节目"； （b）所有出现的字段"或电缆节目"；

---

① SI 1996/2967.

续　表

标题及章节	废　除　内　容
1988 年《版权、设计与专利法》(c.48)	(c) 第(2)款中自"或电缆节目"至"服务"的字段； (d) 第(5)款中自"或包括在"至"服务"之字段； (e) 第(6)款中的字段"任一"，以及自"或由电缆"至"服务"的字段。 第 27 条第(6)款中的字段"或电缆节目"。 第 29 条第(5)款。 第 35 条—— (a) 标题中的字段"以及电缆节目"； (b) 第(1)款中两处出现的字段"或电缆节目"。 第 36 条第(4)款中的字段"文学、戏剧或音乐"。 第 58 条第(2)款第(a)项中的字段"或电缆节目"。 第 68 条前标题中的字段"以及电缆节目"。 第 68 条—— (a) 标题中的字段"以及电缆节目"； (b) 第(1)款中自"或包括"至"服务"的字段； (c) 第(2)款中的字段"或电缆节目"； (d) 第(3)款第(b)项中自"或,如"至"服务"的字段。 第 70 条第(1)款中两处出现的字段"或电缆节目"。 第 72 条—— (a) 标题中的字段"或电缆节目"； (b) 第(1)款中第一次出现的字段"或电缆节目"，以及字段"或节目"； (c) 第(2)款第(b)项第(i)段中的字段"或节目"； (d) 第(3)款第(b)项中的字段"或节目"； (e) 第(4)款中自"或包括"至"节目服务"的字段，以及字段"或节目"。 第 74 条—— (a) 标题中的字段"或电缆节目"； (b) 第(1)款中各两次出现的字段"电视"，以及字段"或电缆节目"。 第 75 条第(1)款中两处出现的字段"或电缆"。 第 82 条第(1)款第(a)项中在字段"雇佣"后出现自"或"至此段结束之字段。 第 131 条—— (a) 标题中的字段"或电缆节目"； (b) 第(1)款中的字段"或电缆节目"； (c) 第(2)款中的字段"或电缆节目"。 第 134 条—— 在第(1)款中—— (a) 在字段"在广播中"后出现的字段"或电缆节目服务"；

续　表

标题及章节	废　除　内　容
1988 年《版权、设计与专利法》(c.48)	(b) 在字段"('第一次传输')"前出现的字段"或电缆节目"； (c) 自"或包括在"至"服务"的字段； (d) 在第(3)款中的字段"(除第(4)款适用的情况外)"。 第 135A 条前标题中的字段"以及电缆节目服务"。 第 135A 条中所有出现的字段"或电缆节目"。 第 135B 条第(2)款中的字段"或电缆节目服务"。 第 135C 条第(1)款,以及第(4)款中所有出现的字段"或电缆节目服务"。 第 135E 条第(1)款第(a)项中的字段"或电缆节目服务"。 第 135H 条第(1)款第(b)项中两次出现的字段"或电缆节目"。 第 143 条—— (a) 第(1)款第(a)项中的字段"或电缆节目"；(b) 第(1)款第(d)项中的字段"或电缆节目"。第 149 条第(c)项中的字段"或电缆节目服务"。 第 153 条第(1)款第(c)项中的字段"或电缆节目",以及字段"或被输出的电缆节目"。 第 154 条第(5)款第(c)项。 在第 156 条中—— (a) 第(1)款中自"以及电缆"至"输出,"的字段； (b) 第(2)款—— (i) 字段"或电缆节目"； (ii) 字段"或若可能,输出"。 第 159 条第(1)款第(d)项中两次出现的字段"或输出的电缆节目"。 第 179 条中的词条"电缆节目,电缆节目服务(以及相关表述)"。 第 180 条—— (a) 第(2)款对"录制"的定义中的字段",或电缆节目包括"； (b) 第(4)款第(a)项中的字段"或电缆节目"。 在第 182 条第(1)款中—— (a) 在第(b)项中自"或包括"至"服务"的字段；中字段"或电缆节目包括"。 第 182 条第(2)款。 第 182A 条第(1)款中自"否则"至"用"。 第 186 条第(1)款中自"否则"至"用"。 第 197 条第(5)款中的字段"或电缆节目",以及在字段"第 16 项第(3)目"前的字段"或者"。 在第 211 条中—— (a) 第(1)款—— (i) 词条"电缆节目"中的字段"以及电缆节目服务"；

标题及章节	废　除　内　容
1988 年《版权、设计与专利法》(c.48)	(ii) 字段"被出版"后的字段"并且"； (b) 第(2)款中的字段"以及电缆节目服务"； 第 212 条中词条"电缆节目，电缆节目服务(以及相关表述)"。 第 297 条第(1)款中的字段"或电缆节目"。 第 297A 条第(4)款中的字段"或电缆节目"。 第 298 条第(1)款第(a)项中的字段"或电缆节目"。 第 299 条第(4)款中的字段"或电缆节目服务"。附表 1，第 15 项第(3)款。 附表 2，条例 6—— (a) 中的字段"以及电缆节目"； (b) 第(1)款中的字段"或电缆节目"。 附表 2，条例 13 第(2)款第(a)项中的字段"或电缆节目"。 附表 2，条例 16—— (a) 标题中的字段"或电缆节目"； (b) 第(1)款自"或包括"至"服务"的字段，以及字段"广播"后出现的字段"或电缆节目" (c) 第(2)款第(b)项中自"或包括"至"服务"的字段。 附表 2，条例 18—— (a) 标题中的字段"或电缆节目"； (b) 第(1)款—— (i) 字段"向观众"前出现的字段"或电缆节目"； (ii) 字段"或节目"； (iii) 第(a)项中的字段"或电缆节目"； (iv) 第(b)项中的字段"或电缆节目"； (c) 第(2)款第(b)项第(i)段中的字段"或节目"； (d) 第(3)款第(b)项中的字段"或节目"； (e) 第(4)款自"或包括"至"节目服务"的字段，以及字段"或节目"。 附表 2，条例 20—— (a) 标题中的字段"或电缆节目"； (b) 第(1)款中的字段"或电缆节目"。 附表 2，条例 21—— (a) 标题中的字段"或电缆节目"； (b) 第(1)款中两次出现的字段"或电缆节目"。 附表 2A，条例 2 中出现在第(a)项最后的字段"或者"。 附表 2A，条例 9 中出现在第(a)项最后的字段"或者"。 附表 7，条例 10 第(3)款。
1996 年《广播法》(c.55)	第 137 条第(1)项中两次出现的字段"或电缆节目"。

续　表

标题及章节	废　除　内　容
2002 年《版权等,以及商标(犯罪和强制执行措施)法》(c.25)	第 2 条—— (a) 第(2)款第(a)项与第(b)项;以及 (b) 第(3)款第(a)项第(i)段。
2003 年《传播法》(c.21)	第 125 条第(2)款中的字段"或电缆节目"。

文　件

名　称　与　编　号	废　除　内　容
1989 年《版权(与教育机构的相关条款对教师的适用)(2 号)法令》(SI 1989/1067)	第 2 条中的字段"以及电缆节目"。
1989 年《版权审裁处规定》(SI 1989/1129)	第 26A 条前面标题中的字段"以及电缆节目服务"。 第 26A 条第(1)款中的字段"或电缆节目服务"。 附表 3—— (a) 条例 10A 中两处出现的字段"以及/电缆节目服务"; (b) 条例 10B 中的字段"以及/电缆节目服务"; (c) 条例 10C 中的字段"以及/电缆节目服务"。
1990 年《版权(教育录制机构有限)(对广播和电缆节目的教育录制的特许计划证书)法令》(SI 1990/879)	第 2 条中的字段"或电缆节目"。 附表中条例 4 中所有出现的字段"或电缆节目"。
1993 年《版权(指定机构)(对广播和电缆节目的指定类别档案馆使用录制)法令》(SI 1993/74)	第 2 条中的字段"或电缆节目"。 第 3 条中的字段"以及所有电缆节目"。
2003 年《版权(开放性大学)(对广播的教育录制的特许计划证书)法令》(SI 2003/187)	第 2 条中的字段"以及电缆节目"。

条例 24(2)

附表 3　对 1988 年《版权、设计与专利法案》增加的新附表 5A

"条款 296ZE

附表 5A　条款第 296ZE 适用的被许可行为

第 1 部分　版 权 之 例 外

第 29 条(研究与私人研习)

第 32 条(1)款、第(2)款以及第(3)款(以教育指导或考试为目的而实施的行为)

第 35 条(教育机构对广播的录制)

第 36 条(教育机构从已出版作品中影印复制一些段落)

第 38 条(图书馆员复制:期刊文章)

第 39 条(图书馆员复制:已出版作品的片段)

第 41 条(图书馆员复制:向其他图书馆提供复制品)

第 42 条(图书馆员或档案馆员复制:用作替代作品的复制品)

第 43 条(图书馆员或档案馆员复制:某些未出版作品)

第 44 条(因出口需要而制作的复制品)

第 45 条(议会与司法程序)

第 46 条(王室委员会与法定调查)

第 47 条(交付公众查阅或在法定注册的资料)

第 48 条(在公共事务中传输至王室的资料)

第 49 条(公共记录)

第 50 条(依据法律授权而进行的行为)

第 61 条(民歌的录制)

第 68 条(为广播而进行的临时录制)

第 69 条(为监督与控制广播而录制)

第 70 条(为定时移位而录制)

第 71 条(广播的图像)

第 74 条(提供有字幕的广播复制品)

第 75 条(为存档录制)

第 2 部分　表演权的例外

附表 2　条例 4(以教育指导或考试为目的而实施的行为)

附表 2　条例 6(教育机构对广播的录制)

附表 2　条例 7(因出口需要而制作的复制品)

附表 2　条例 8(议会与司法程序)

附表 2　条例 9(王室委员会与法定调查)

附表 2　条例 10(公共记录)

附表 2　条例 11(依据法律授权而进行的行为)

附表 2　条例 14(民歌的录制)

附表 2　条例 16(为广播而进行的临时录制)

附表 2　条例 17(为监督与控制广播而录制)

附表 2　条例 17A(为定时移位而录制)

附表 2　条例 17B(广播的图像)

附表 2　条例 20(提供有字幕的广播复制品)

附表 2　条例 21(为存档录制)

第 3 部分　数据库权的例外

1997 年《版权和数据库权利条例》(SI.1997/3032)第 20 条以及附表 1。"

第 Ⅱ 部分　表 演 权

引　　言

赋予享有录制权的表演者及个人的权利。

180. ——

（1）本部分赋予权利于——

（a）表演者,规定对任何表演的使用均须得到其表演者的许可（参见第181 条至第 184 条）,并且

（b）享有表演的录制权就未获得表演的录制权或表演者许可而制作的录制品的录制权利持有人（参见第 185 至 188 条）,并且认定交易或使用非法录制品或某些其他相关行为构成犯罪（参见第 198 条和第 201 条）。

（2）在本部分中——

“表演”系指——

（a）戏剧表演（包括舞蹈及哑剧）,

（b）音乐表演,

（c）朗读文学作品,或

（d）综合表演或任何相似的演出,

这些表演是,或只要其是由一个或多个个体进行的现场表演;

与表演相关的“录制品”系指——

（a）由现场表演直接制作的,

（b）由表演的广播或包括表演的有线传播节目制作,或

（c）直接或间接地由表演的另一个录制品制作的影片或录音制品。

（3）本部分所赋予的权利适用于发生在本部分生效前的表演;但是生效前的行为或是根据生效前的安排进行的行为不应该被视为侵犯这些权利。

（4）本部分赋予的权利独立于以下——

（a）任何已表演的作品的版权或与该作品相关的精神权利;该表演的任何影片或录音制品的版权或与该影片或录音制品相关的精神权利;包括该表演的广播或有线传播节目的版权或与该广播或有线传播节目相关的精神

权利;及

(b) 任何其他并非根据本部分而产生的权利或责任。

表 演 者 权

具有资格的表演。

181. 若由一名具有资格的个体(如第 206 条所定义)进行表演或该表演发生在一个具有资格的国家(如定义),依据本部分中规定的表演者权利的相关条款,该表演是合资格表演。

进行表演的录制或现场直播所需的许可。

182.——

(1) 任何人,未经表演者许可,进行如下行为,即侵犯了表演者的权利——

(a) 非出于私人或家庭使用,录制合资格表演的全部或任何实质性部分,制作录制品,或

(b) 将合资格表演的全部或任何实质性部分进行现场广播或将其纳入有线传播节目服务中。

(2) 在根据本条提起的任何侵犯表演者权利的诉讼中,如被告证明在侵犯权利时,他有合理理由相信已获得许可,则不得判决被告进行损害赔偿。

以使用未经许可而制作的录制品的方式侵犯表演者的权利。

183. 任何人,未经表演者许可,以录制品的方式,进行如下行为,即侵犯了表演者的权利——

(a) 公开展示或放映合资格表演的全部或任何实质性部分,或

(b) 将合资格表演的全部或任何实质性部分进行广播或将其纳入有线传播节目服务中。

该录制品是未经表演者许可而制作的,并且该侵权人知道或者有理由相信其录制未经许可。

以进口、持有或交易非法录制品的方式侵犯表演者的权利。

184. ——

（1）任何人，未经表演者许可，进行如下行为，即侵犯了表演者的权利——

（a）非为私人或家庭使用，将合资格表演的录制品进口到联合王国（英国），或

（b）在交易期间，持有，出售或出租，要约出售或要约出租，或发行合资格表演的录制品。该录制品是非法录制品，且侵权人知道或有理由相信其为非法录制品。

（2）在根据本条所提起的侵犯表演者权利的诉讼中，若被告证明该非法录制品是由他或他之前的所有权人善意取得的，则就该侵权行为，针对被告可寻求的唯一救济是不超过与被诉行为相应的合理偿付（数额）之损害赔偿。

（3）在第（2）款中，"善意取得"系指取得录制品的人不知道且无理由相信该录制品是非法录制品。

录制权利所有人的权利

专用录制合同和录制权利所有人。

185. ——

（1）在本部分"专用录制合同"系指表演者与其他个人之间的合同，而根据此合约，该当事人有权制作该表演者的一项或多项表演的录制品，以达到商业使用的目的，并排除其他人（包括该表演者）具有该项权利。

（2）在本部分中，所提及的与表演相关的"录制权利所有人"，（根据第（3）款规定）是指具有资格的人，且为——

（a）规制表演的专用录制合同的一方当事人，且其享有该合同利益；或

（b）上述合同利益的受让人。

（3）若某项表演受一专用录制合同所规制但第（2）款提及的人却并非具有资格的人，则在本部分中所提及的与表演相关的"录制权利所有人"即指具有资格的人，且为——

（a）任何获得该等并非具有资格的人的许可而制作该项表演的录制品，以达到商业使用的目的的人，或

（b）上述许可所得利益之受让人。

（4）在本条中，"达到商业使用目的"系指以达到将录制品出售或出租，或公开展示或放映的目的。

制作受专用录制合同限制的表演的录制品所须获得的许可。

186.——

（1）任何人在未获得对某项表演享有录制权的录制权所有人或该表演的表演者之许可的情况下，非出于私人或家庭使用，制作该表演的全部或任何实质性部分的录制品，即侵犯了与该项表演相关的录制权所有人的权利。

（2）在根据本条提起的任何侵犯该等权利的诉讼中，如被告证明在侵犯权利时，他有合理理由相信已获得许可，则不得判决被告给付损害赔偿。

使用未经许可而制作的录制品对录制权造成的侵害。

187.——

（1）任何人在未获得对某项表演享有录制权的录制权利所有人或（如该表演属合资格表演）该表演的表演者之许可的情况下，以录制品的方式——

（a）公开放映或播放该表演的全部或任何实质性部分，或

（b）将该表演的全部或其任何实质性部分广播或将其纳入有线传播节目服务中，而该录制品是在没有获得适当的许可下制作的，且该人知道或有合理理由知道该录制品是在没有获得适当的许可下制作的，则该人即侵犯了对该项表演享有录制权的人的权利。

（2）第（1）款中提到的"适当的许可"是指以下人所给予之许可——

（a）表演者，或

（b）在给予许可时，对特定表演享有录制权的人（如对表演享有录制权的人多于一人，则指所有享有该权利的人）。

进口、持有或交易非法录制品对录制权造成的侵害。

188.——

（1）任何人在未获得对某项表演享有录制权的录制权所有人或（如该表演属合资格表演）该表演的表演者之许可的情况下，将该项表演的录制品——

（a）非供私人或家庭使用而进口到联合王国；或

（b）在交易期间，持有、出售或出租、要约出售或要约出租，或发行；

而该录制品是非法录制品，且该人知道或有理由相信该录制品是非法录制品，则该人即属侵犯对该项表演享有录制权的录制权所有人的权利。

（2）在根据本条提起的侵犯该等权利的诉讼中，如被告证明该侵犯权利的录制品是由他或他之前的所有权人善意取得的，则就该侵权行为，针对被告可寻求的唯一救济是不超过与被诉行为相应的合理偿付（数额）之损害赔偿。

（3）在第（2）款中，"不知情地取得"系指取得录制品的人不知道并且无合理理由相信该录制品是非法录制品。

赋予权利的例外情况

本部分所赋权利之外仍允许的行为。

189. 附表 2 的条款详细规定了本部分所赋予权利之外仍可作出的行为，而该行为大致与第 I 部分第 III 章（在尽管有版权的情况下仍允许的行为）中所详细规定的特定行为相对应。

特别法庭在特定情况下代表演者作出许可的权力。

190. ——

（1）任何人如意欲录制某项表演的录制品，通过向版权法庭提出申请，版权法庭在下列情况下可以给予许可——

（a）通过合理调查仍不能确定表演者的身份或下落，或

（b）表演者不合理地拒绝给予其许可。

（2）为达到下列条款之目的，版权法庭所给予的许可具有与表演者所给予的许可相同的效力——

（a）本部分中关系表演者权利的条款，和

（b）第 198 条第（3）款第（a）项（刑事责任：关于合资格表演的完全许可），法庭也可根据法庭决议中的具体条件给予许可。

（3）除非根据第 150 条（一般程序规则）所规定的通知，或法庭在任何特

别情况下指示的通知已经送达或公告,否则仲裁庭不得根据第(1)款第(a)项给出许可。

(4) 除非表演者拒绝给予许可的理由不包括保护其任何合法利益,否则仲裁庭不应根据第(1)款第(b)项给予许可;但是表演者应该表明其拒绝给予许可的理由,对于表演者的理由,在缺乏证据的情况下,法庭可以进行适当的推论。

(5) 在任何情况下,仲裁庭均须考虑以下因素——

(a) 原录制品是否在得到表演者的许可的情况下制作,并且由打算进行进一步录制的人合法拥有或控制;

(b) 进一步录制品的制作是否与原录制品制作安排的各方当事人的责任相一致,或是否与制作原录制品的目的相一致。

(6) 凡特别法庭根据本条给予许可,而申请人与表演者之间并无协议的,法庭可以做出决议,指令申请人向表演者就所给予的许可提供报酬。

权利的期限和转让及许可

权利的期限。

191. 本部分就某项表演而赋予的权利的存续期限为自表演发生当年的最后一日起的 50 年。

权利的转让。

192. ——

(1) 本部分授予的权利不可转让,除非根据以下条款,表演者的权利是可以转让的。

(2) 被授予表演者权利的人死亡——

(a) 权利人在遗嘱处分中明确指定权利转让的对象,

(b) 若没有遗嘱指示,则权利由遗产代理人行使;

本部分所提及的表演者,在某人具有表演者权利的情况下,应该被解释为目前被授予行使此类权利的人。

(3) 凡根据第(2)款第(a)项,权利可以由多人行使的,每一个人可以独立于其他人行使该项权利。

（4）上述条款并不影响第 185 条第（2）款第（b）项或第（3）款第（b）项,只要这些条款将本部分项下的权利授予合同利益或许可利益的受让方。

（5）由遗产代理人依本条的规定于权利人死后所追回的侵权损害赔偿,应当作为权利人财产的一部分予以移交,视同权利人死前即被授予诉权且该权利存续。

许可。

193. ——

（1）出于本部分的目的,可以就特定的表演,特定类型的表演或一般表演给予许可,且该许可可涉及过去或未来的表演。

（2）若某表演的录制权人的权利是根据专有录制合同或许可获得的,则受让人受到原权利人作出的许可的限制,与本人作出的许可效力相同。

（3）本部分所授予的一项权利转让给另一人时,任何对先前权利人有约束力的许可将同样约束权利受让人,与本人作出的许可效力相同。

侵 权 救 济

违反法定义务时可诉的侵权。

194. 对本部分授予的任何权利的侵犯,可由权利人以违反法定义务为由提起诉讼。

交付令。

195. ——

（1）任何人在交易过程中持有,保管或控制任何表演的非法录制品,则根据本部分就该项表演具有表演者权和录制权人可向法院申请法令,规定将该录制品交付该人或法院指示的其他人。

（2）任何申请不得在第 203 条指明的期限结束之后提出;除非法院也根据第 204 条(处置非法录制品的法令)颁布法令或法院认为有理由根据第 204 条颁布法令,否则法院不得颁布法令。

（3）如果法院没有根据第 204 条颁布法令,则依根据本条所颁布的法令而获得交付的录制品的人须保留该录制品,以听候法院根据该条颁布法令或决定不颁布法令。

(4) 本条并不影响法院的任何其他权力。

没收非法录制品的权利。

196. ——

(1) 如果表演的非法录制品被发现处于公开状态或待出售或出租,且权利人有权对该非法录制品申请第 195 条项下法令,则该人或其授权的人可以没收、扣押非法录制品。

行使没收和扣押的权利应当符合以下条件并受法院依据第 204 条(处置非法录制品的法令)作出的决议的限制。

(2) 根据本条进行没收之前,应当向当地警察局通知拟采取没收措施的时间和地点。

(3) 为行使本条所赋予的权利,权利人可以进入对公众开放的营业场所,但不得没收他人在永久或固定营业场地所持有、监管或控制的任何物品,且不得使用暴力。

(4) 根据本条进行没收时,在执行没收的现场应当留有以规定形式制定并包含规定内容的通知,以表明由何人或依照何人的授权进行没收及其理由。

(5) 在本条中——

"场所"包括土地、建筑物(固定的或可移动的建筑物)、汽车、船舶、航空器及气垫船;

"规定的"系指国务大臣通过法令所规定的。

(6) 国务大臣依本条所颁发的法令应当以法定文件形式制定,并遵守议会任一院的撤销决议。

"非法录制品"的含义。

197. ——

(1) 本部中的"非法录制品",在涉及表演时,应根据本条作出解释。

(2) 出于表演者权利的目的,未经表演者许可,非因私人目的而对表演者的表演的全部或任何实质性部分进行录制的录制品为非法录制品。

(3) 出于具有录制权的个人所拥有的权利的目的,未经具有录制权的个人或表演者的许可,非因私人目的而对受专用录制合同约束的表演的全部或任何实质性部分进行录制的录制品为非法录制品。

(4) 出于第 198 条和第 199 条(犯罪以及刑事诉讼中的交付令)的目的,为以上第(2)款和第(3)款提到的目的非法制作的录制品为非法录制品。

(5) 在本部分中,"非法录制品"包括根据附表 2 中的以下规定,视为非法录制品的录制品——

条例 4 第(3)款(为教学或考试目的制作的录制品),

条例 6 第(2)款(教育机构为教育目的制作的录制品),

条例 12 第(2)款(对主要录制品转让时以电子形式保留的表演的录制品),

条例 16 第(3)款(为广播或有线传播节目制作的录制品),

但其不包括根据该附表任何其他的规定制作的录制品。

(6) 出于本条的目的,该录制品制作的场所对于判定是否为非法录制品没有重大联系。

犯　　罪

制作、交易或使用非法录制品的刑事责任。

198.——

(1) 若个人未经完全许可而实施下列行为将构成犯罪——

(a) 出于出售或出租的目的而制作录制品,或者

(b) 并非出于私人及家庭使用的目的而将录制品进口到联合王国,或者

(c) 在交易过程中,为实施任何侵犯本部分授予的权利的行为而持有录制品,或者

(d) 在交易过程中——

(i) 出售或出租录制品,或

(ii) 要约出售或要约出租录制品,或

(iii) 发行录制品,

该录制品是非法录制品,或者该人知道或有理由相信该录制品是非法录

制品。

(2) 个人实施下列行为——

(a) 公开放映或播放未经完全许可而录制的表演录制品,或

(b) 广播未经完全许可而录制的表演录制品或将其引入有线传播节目服务中,因此侵犯了本部分所赋予的权利,且如果其知道或有理由相信这样做会构成侵权,那么其行为构成犯罪。

(3) 第(1)款和第(2)款中的"充分许可"系指——

(a) 就合资格表演而言,表演者的许可,

(b) 就专用录制合同项下的非合资格表演而言——

(i) 出于第(1)款第(a)项(录制品制作)的目的,指表演者或是录制权所有人的许可,且

(ii) 出于第(1)款第(b)项,第(c)项和第(d)项以及第(2)款(交易或使用录制品)的目的,指录制权所有人的许可。

在本款中录制权所有人是指许可被授予之时享有此权利的人,如果为多人,则其全部为录制权所有人。

(4) 根据附表2中的规定,不侵犯本部分所授予的权利的行为,不属于第(1)款和第(2)款中所述的犯罪。

(5) 构成第(1)款第(a)项、第(b)项,或第(d)项第(iii)目下犯罪的人——

(a) 经简易程序定罪的,被判处不超过6个月的有期徒刑或不超过法定最高限额的罚款,或者两者并罚;

(b) 经公诉程序定罪的,判处罚款或不超过两年的有期徒刑,或者两者并罚。

(6) 构成本条规定的其他犯罪之人,经简易程序定罪,判处不超过标准规格五级的罚款或者不超过6个月的有期徒刑,或者两者并罚。

在刑事诉讼中的交付令。

199. ——

(1) 任何人在交易过程中持有、保管或控制表演的非法录制品且被捕或被控告,则根据第198条受理控告其犯罪的诉讼的法院可以颁布法令,将非法

录制品交付给具有表演者权或具有录制权的人或由法院指定的其他人。

（2）为此目的，一个人在下列情况下应被视为已受到刑事控告——

（a）在英格兰、威尔士及北爱尔兰，当其被口头起诉或收到传票或起诉书时；

（b）在苏格兰，当其被警告、控告或收到控诉或起诉书时。

（3）法院可以依职权或依公诉人（或者在苏格兰，检察总长或地方检察官）的申请而颁布法令，而且不论被告是否已被定罪均可颁布；但在下列情况下不得颁布法令——

（a）第 203 条（已过交付补救期限）所规定的期限已经届满，或者

（b）法院认为将不可能依第 204 条（处置非法录制品的法令）而颁布任何法令。

（4）对地方法院依本条而颁布的法令可向下列法院提出上诉——

（a）在英格兰与威尔士，向巡回刑事法院上诉，以及

（b）在北爱尔兰，向郡法院上诉；

在苏格兰，根据本条所颁布的法令颁布后，已失去对非法录制品的持有、保管或控制的人可以以与对判决提出上诉的同样方式对法令提出上诉，该上诉不与任何法律规则所规定的任何其他形式的上诉有不同之处。

（5）依本条所颁布的法令的执行而被交付非法录制品的人，应保存这些物品直至第 204 条所规定的法令颁布或作出不颁布此法令的决定。

1973 c.62.

1975 c.21.

S.I.1980/704(N.I.6).

（6）本条的规定不影响法院依 1973 年《刑事仲裁庭权力法》第 43 条、1975 年《（英格兰）刑事程序法》第 223 条或第 436 条或者 1980 年《（北爱尔兰）刑事司法令》第 7 条（刑事诉讼中有关没收的一般规定）所拥有的权力。

搜查令。

200. ——

（1）如果治安官（在苏格兰为郡长或治安官）在由警察于宣誓后提供的情

报(在苏格兰为宣誓证词)的基础上相信有合理的依据认为——

(a) 第 198 条第(1)款第(a)项、第(b)项、或第(d)项第(iii)目或第(e)项下的犯罪已经或将要发生于任何场所中,而且

(b) 证明这些犯罪已经或将要发生的证据就在这些场所中。

治安法官可以颁布授权令,授权警察进入并搜查该场所,而且必要时可合理地使用暴力。

1984 c.60.

(2) 在英格兰与威尔士,第(1)款所赋予的权力不能延伸至授权对 1984 年《警察与刑事证据法》第 9 条第(2)项(个人或保密材料中特定的等级)所列资料的搜查。

(3) 第(1)款所规定的搜查令——

(a) 可以授权其他人协助任何警察执行此令,并且

(b) 自颁布之日起在 28 天内始终有效。

(4) 本条中的"场所"包括土地、建筑物、固定或活动的建筑物、汽车、船舶、航空器及气垫船。

错误地代表权利人给予许可。

201. ——

(1) 虽经授权,却错误地代理他人给予本部分与表演相关的许可的,构成犯罪,除非该人有合理的理由认为确实已获得该授权。

(2) 构成本条规定的犯罪的人,经简易程序定罪,判处不超过 6 个月的有期徒刑或不超过标准规格五级的罚款,或者两者并罚。

法人团体的犯罪:高级职员的责任。

202. ——

(1) 若由法人团体实施的本部分所规定的犯罪,且被证实系经其负责人、经理、秘书或其他同等级管理人,或者可能行使这类职能者许可或默许而为之结果,则该人与法人团体均构成犯罪,应当应诉并接受相应的惩罚。

(2) 对于其事务由其成员管理的法人团体,"负责人"系指法人的一个

成员。

有关交付和没收的补充性条款

已过交付补救期限。

203.——

（1）自受到质疑的非法录制品制作之日起的 6 年期限届满后，任何人申请根据第 195 条（民事诉讼中的交付令）所规定的法令，将不再获准颁布，但下列情况除外。

（2）在这段期间或其中的一段期间内，有权申请该法令的人——

（a）无行为能力，或者

（b）受到欺骗或隐瞒，使其不知其有资格申请法令的事实，

上述权利人自无行为能力状态终止之日，或者通过合理注意能够发现这种事实之日起 6 年内，可以提出申请。

（3）第（2）款中的"无行为能力"——

1980 c.58.

（a）在英格兰与威尔士，与 1980 年《诉讼时效法》的用语含义相同；

1973 c.52.

（b）在苏格兰，系指 1973 年《（苏格兰）权利时效与诉讼时效法》含义内的无法律行为能力；

1958 c.10.（N.I.）

（c）在北爱尔兰，与 1958 年《诉讼时效法》的用语含义相同。

（4）在任何情况下，自有关的非法录制品制作之日起 6 年后，第 199 条（刑事诉讼中的交付令）所规定的法令均不得再颁布。

处置非法录制品的法令。

204.——

（1）有关人员可申请法院颁布一项法令，对因行使依第 195 条或第 199 条所颁布的法令而交付、或者因行使第 196 条的赋予的权利而没收并扣押的非法录制品进行以下处理——

(a) 将其没收并交予法院指定的具有表演权和与表演相关的录制权的人,或者

(b) 销毁或以法院认为适当的其他方式加以处理,

或可以申请法院作出不颁布此种法令的决定。

(2) 在考虑颁布何种法令(如果颁布的话)时,法院应当考虑针对侵犯本部分所赋予的权利而提起的诉讼中可用的其他救济方式是否足以补偿上述权利人,以及是否足以保护他们的利益。

(3) 应依照法院的规则制订一项向对录制品享有利益的人送达通知的条款,任何对录制品享有利益的人都有权——

(a) 在依本条所颁布的法令的诉讼程序中出庭,不论其是否收到了通知,

(b) 对已颁布的法令提出上诉,不论其是否参与了法令颁布程序;

法令在可能接收到上诉通知的期限届满前不应生效;如果在此期限终了前接收到上诉通知,则在上诉程序的最终判决作出或上诉人放弃上诉之前法令不应生效。

(4) 如果不止一人对录制品享有利益,法院可以按其认为公正的方式颁布法令,并且可以(在特殊情况下)决定将这些物品售出或作其他处理,将所得分给有关各方。

(5) 如果法院决定本条所规定的法令不应颁布,那么录制品的持有、保管或控制者即有资格要求将先前交付或被扣押的录制品予以归还。

1938 c.22.

(6) 本条中对录制品享有利益的人包括可依本条或依本法案第 114 条或第 231 条或 1938 年《商标法》第 58c 条(对有关表演、外观设计和商标侵权做出类似规定)而颁布的法令中受益的任何人。

郡法院的司法管辖权。

205. ——

(1) 在英格兰、威尔士及北爱尔兰,郡法院可以受理下列各条所涉及的诉讼程序——

第 195 条(非法录制品的交付令);或

第 204 条（处置非法录制品的法令）。

但非法录制品的价值不得超过郡法院对侵权诉讼所规定的限额。

（2）在苏格兰，可以根据任何条款向郡法院提起颁布法令的诉讼程序。

（3）本条的任何规定不得被解释为影响最高法院或苏格兰的最高民事法院的司法管辖权。

保护的资格和范围

具有资格的国家、个体和个人。

206. ——

（1）在本部分中——

"具有资格的国家"系指——

（a）联合王国，

（b）欧洲经济共同体的其他成员国家，或者

（c）根据第 208 条的法令所延伸及的提供互惠保护以及被指定享受互惠保护的国家；

"具有资格的个体"系指具有资格的国家的公民或国民，或居住在具有资格的国家中的人，并且

"具有资格的个人"系指具有资格的个体或法人团体或其他具有法律人格的团体——

（a）根据联合王国或者其他具有资格的国家的法律成立，并且

（b）在具有资格的国家有营业场所，并且进行实质性经营活动。

（2）"具有资格的个体"的定义中所指的具有资格的国家的公民或国民，应被解释为——

（a）涉及联合王国时，是指不列颠的公民，并且

（b）涉及联合王国的殖民地时，是指与殖民地相联系的不列颠独立地区的公民。

（3）为达到对"具有资格的个人"定义的目的，在判断重要经营活动是否在具有资格的国家的营业场所进行时，不应对在所有关键时刻均在该国之外的商品交易加以考虑。

本部分延伸适用的国家。

207. 本部分的规定延伸至英格兰、威尔士、苏格兰和北爱尔兰。

享受互惠保护的国家。

208. ——

（1）女王陛下可以通过枢密令指定以下国家享有本部分所规定的互惠保护——

（a）公约国，或

（b）女王陛下认为其法律规定已经或者将对不列颠的表演进行足够保护的国家。

（2）"公约国"系指有关表演者权利的公约的缔约国，并且联合王国也是该公约的缔约国。

（3）"不列颠的表演"系指——

（a）不列颠的公民或居住在联合王国的人的表演，或者

（b）在联合王国进行的表演。

（4）如果该国法律仅对某些类型的表演提供足够的保护，则根据第（1）款第（b）项指定该国家的枢密令应当规定，本部分所提供的对该国表演的保护范围限于与该国法律提供的保护相应的范围。

（5）第（1）款第（b）项所授予的权力，在有关海峡群岛、马恩岛或联合王国的殖民地的实施与在外国实施相同。

（6）包含本条所指的枢密令的法定文件应当服从于议会任一院的撤销决议。

领海和大陆架。

209. ——

（1）出于本部分的目的，联合王国的领海应被视为联合王国的一部分。

（2）在联合王国大陆架区域内的建筑或船舶上所为之行为，视同在联合王国所为之行为，同样适用本部分之规定。其中的建筑与船舶是为了与海床或底土的开发或其中自然资源的开发有直接关联的目的而构建的。

(3) 联合王国大陆架区域系指 1964 年《大陆架法》第 1 条第(7)款所划定的区域。

英国的船舶、航空器及气垫船。

210.——

(1) 在英国船舶、航空器及气垫船上所为之行为,视同在联合王国所为之行为,同样适用本部分之规定。

(2) 在本条中——

1988 c.12.

"英国船舶"系指为了达到《商业船运法》(参见 1988 年《商业船运法》第 2 条)的目的而属于英国轮船的船舶,其中不包括在联合王国以外的国家注册的船舶。

"英国航空器"及"英国气垫船"系指在联合王国注册的航空器或气垫船。

解　　释

与版权条款中的表述具有相同含义的表述。

211.——

(1) 本部分中的下列表述与第Ⅰ部分(版权)中的规定具有相同的含义——

广播,

商业,

有线传播节目,

有线传播节目服务,

国家,

被告(苏格兰),

交付(苏格兰),

影片,

文学作品,

已出版的,并且

录音制品。

(2) 第 6 条第(3)款至第(5)款,第 7 条第(5)款以及第 19 条第(4)款(有关广播和有线传播节目服务的补充性条款)的规定根据本部分,适用于就侵犯本部分授予的权利的情况,如同根据第 I 部分,适用于侵犯版权的情况。

定义措辞索引。

212. 下表列出了定义或解释本部分所用之表达的条款(不包括仅对本条用语作出定义或其他解释的条款)

广播(及有关用语)	第 211 条(及第 6 条)
商业	第 211 条第(1)款(及第 178 条)
有线传播节目,有线传播节目服务(及有关用语)	第 211 条(及第 7 条)
国家	第 211 条第(1)款(及第 178 条)
被告(苏格兰)	第 211 条第(1)款(及第 177 条)
交付(苏格兰)	第 211 条第(1)款(及第 177 条)
专用录制合同	第 185 条第(1)款
影片	第 211 条第(1)款(及第 5 条)
非法录制品	第 197 条
文学作品	第 211 条第(1)款(及第 3 条第(1)款)
表演	第 180 条第(2)款
已出版的	第 211 条第(1)款(及第 175 条)
具有资格的国家	第 206 条第(1)款
具有资格的个体	第 206 条第(1)款和第(2)款
合资格表演	第 181 条
具有资格的个人	第 206 条第(1)款和第(3)款
录制品(表演的)	第 180 条第(2)款
录制权(个人所有的)	第 185 条第(2)款和第(3)款
录音制品	第 211 条第(1)款(及第 5 条)

附表 2　表演权：被允许的表演

引　言

1. ——

（1）本附表的条款详细说明了除第Ⅱ部分授予的权利之外与表演或录制品有关的可为之行为；该条款仅与侵犯该权利的问题相联系并且不影响任何其他权利和限制上述可为行为的义务。

（2）从根据本附表在不侵犯第Ⅱ部分授予的对于该权利的范围的权利的情况下可以进行的任何行为的描述中不能得出任何结论。

（3）本附表的条款应独立于其他条款而做出解释，因此，未受一项条款规制的行为并不意味着不受其他条款规制。

批评、评论和新闻报道

2. ——

（1）表演或录制品的合理使用——

（a）出于批评或评论的目的，对该表演或录制品或另一表演或录制品，或一件作品的使用，或

（b）出于报道当前事件的目的，

并不侵犯第Ⅱ部分授予的任何权利。

（2）本条中所使用的表述与第 30 条中的含义相同。

表演或录制品的附带引入

3. ——

（1）录音制品、影片、广播或有线传播节目中的表演或录音的附带引入并不会造成对第Ⅱ部分所赋予的权利的侵犯。

（2）复制或播放、展示、广播根据第一款的规定而不侵犯第Ⅱ部分授予的权利的录制品，或将其引入有线传播服务，不会侵犯上述权利。

（3）一项表演或录音制品，只要其由音乐、或言语或歌词组成，且是被故意

引入的,就不应该视为被附带性地引入了录音制品、广播或有线传播节目中。

(4) 本条中所使用的表述与第31条中的含义相同。

出于教学或考试的目的而进行的行为

4. ——

(1) 在教学或教学准备过程中,制作影片或影片声轨,对一项表演的录制品进行复制,如果复制是由受教者或施教者进行的,第Ⅱ部分授予的权利不受侵犯。

(2) 第Ⅱ部分授予的权利不受以下行为的侵犯——

(a) 出于设置或回答考试中的问题的目的而对一项表演的录制品进行复制,或

(b) 出于考试的目的,通过将问题传达给应试者的方式而做出的任何事情。

(3) 凡根据本条款制作的一个录制品(若无本款规定则为非法录制品)随后进行了交易,出于该交易的目的,并且如果该交易为了所有随后的目的侵犯了第Ⅱ部分授予的任何权利其应该被视作一件非法复制品。

出于这个目的的"交易"系指出售或出租,要约出售或出租,或为出售或出租而展示。

(4) 本条中所使用的表述与第32条中的含义相同。

在教育机构播放或展示录音制品、
影片、广播或有线传播节目

5. ——

(1) 在一个教育机构内,出于教学的目的,在由该教育机构的教师和学生以及与教育机构活动直接联系的其他人员组成的观众面前播放或展示一项录音制品、影片、广播或有线传播节目,不属于出于侵犯第Ⅱ部分所授予的权利的目的而进行的公开播放或公开展示一项表演。

(2) 基于本条之目的,一个人不能仅仅因为是教育机构某一学生的家长而与教育机构的活动有直接联系。

(3) 本条例中所使用的定义表述与第34条中的含义相同,并且根据第174条第(2)款关于该条的适用而制定的条款出于本条例的目的也适用。

由教育机构录制广播或有线传播节目

6. ——

(1) 教育机构基于其教育目的而进行制作,或代表该教育机构制作广播或有线传播节目的录制品,或该录制品的复制品。此行为不侵犯第 II 部分所授予的与包括在录制品或复制品种的任何表演或录音相关的权利。

(2) 凡根据本条款制作的一个录制品(若无本款规定则为非法录制品)随后进行了交易,出于该交易的目的,并且如果该交易为了所有随后的目的侵犯了第 II 部分授予的任何权利其应该被视作一件非法复制品。

出于本条之目的,"交易"系指出售或出租,要约出售或出租,或为出售或出租而展示。

(3) 本条例中所使用的定义表述与第 35 条中的含义相同,并且根据第 174 条第(2)款关于该条的适用而制定的条款出于本条例的目的也适用。

作为出口条件要求制作的作品复制品

7. ——

(1) 一件具有文化和历史重要性或利益的物品不能从联合王国合法地出口,除非该物品的复制品被制作并且存放在一个适当的图书馆或档案馆。制作该复制品的行为不是对第二部分所赋予的权利的侵犯。

(2) 本条例中所使用的定义表述与第 44 条中的含义相同。

议会和诉讼程序

8. ——

(1) 出于议会或诉讼程序之用或出于报道相关程序的目的而为之行为不侵犯第 II 部分所授予的权利。

(2) 本条例中所使用的定义表述与第 44 条中的含义相同。

王室专门调查委员会和法定询问

9. ——

(1) 出于王室专门调查委员会和法定询问的程序之用或出于报道有关程

序的目的而为之行为不侵犯第Ⅱ部分授予的权利。

（2）本条例中所使用的定义表述与第 46 条中的含义相同。

公 共 记 录

1958 c.51.

1937 c.43.

1923 c.20.(N.I.).

10. ——

（1）在 1958 年《公共记录法案》,1937 年《公共记录法案》(苏格兰)或 1923 年《公共记录法案》(北爱尔兰)范围内归入公共记录的材料,经由根据该法案任命的任何官员的授权,可以向公众开放以供公众查阅,可以复制,并且可以向任何人提供复制品。

（2）本条例中所使用的定义表述与第 49 条中的含义相同。

根据法定授权进行的行为

11. ——

（1）凡进行一项《议会法案》(无论何时通过)特别授权的特殊行为,除非法案另有规定,该行为并不侵犯第Ⅱ部分授予的权利。

（2）第(1)款适用于包括在《北爱尔兰立法》中的法律,正如其适用于《议会法案》那样。

（3）本法案中没有内容应该被解释为排除任何法定权力的抗辩(否则根据任何成文法是可获得的)。

（4）本条例中所使用的定义表述与第 50 条中的含义相同。

电子形式的作品复制品的转让

12. ——

（1）本条例适用于购买一个电子形式的表演的录制品的情况。该买卖或明示或暗示或根据法律的规定,允许购买者制作与上述录制品的使用相关的进一步的录制品。

（2）如果不存在明示的条款——

（a）由购买者禁止录制品的转让，施加在转移后仍存在的责任，禁止在转让录制品中转让任何许可或终止任何许可，或

（b）规定被转让人可以进行任何购买者被允许进行的行为，

被转移者可以进行任何允许购买者进行的行为而不侵犯本部分授予的权利，但是任何由购买者制作的没有转让的录制品，在原录制品转让后，应被视作非法录制品。

（3）同样也适用于初始购买的录制品不再可用，而被转让的是一件原录制品的进一步的复制品。

（4）上述条款也适用于后续的转让，将第（2）款述及的购买者替换为述及后续转让人。

（5）本条例不适用于在第Ⅱ部分生效之前购买的录制品。

（6）本条例中所使用的定义表述与第 56 条中的含义相同。

在特定情形中使用语言作品的录制品

13. ——

（1）凡出于以下目的制作一部文学作品的朗诵的录制品——

（a）报道时事，或

（b）将朗诵的全部或部分进行广播或引入一个有线传播节目服务，

且满足下列条件，不会侵犯第Ⅱ部分授予的出于上述目的使用录制品（或复制录制品，或使用复制品）的权利。

（2）条件为——

（a）录制品是对朗诵的直接录制品并且不是来源于预先制作的录制品或来源于广播或有线传播节目；

（b）录制品的制作并未被朗诵者或其利益代表人禁止；

（c）在录制品制作之前，录制品的使用类型不为制作人或其代表人所禁止；并且

（d）经录制品的合法持有人授权而使用。

（3）本条中所使用的表述与第 58 条中的含义相同。

民歌的录制品

14.——

(1) 若满足下述第(2)款中的各项条件,出于将一首歌曲的表演的录制品保存于一个由指定机构维护的档案馆中的目的而制作该录制品,不侵犯任何第Ⅱ部分授予的任何权利。

(2) 条件为——

(a) 歌词未发表,且在制作录制品之时作者未知,

(b) 录制品的制作不侵犯任何版权,并且

(c) 表演者未禁止录制品的制作。

(3) 档案保管员制作和提供根据第(1)款制作的且保存于一个指定的机构维护的档案馆的录制品的复制品,如果规定的条件得到满足,则不侵犯第Ⅱ部分授予的任何权利。

(4) 在本条中——

"指定机构"系指出于第61条的目的而指定的一个机构,并且

"规定的条件"系指出于第61条第(3)款的目的而规定的一些条件。

且本条中所使用的其他表述与第61条中的含义相同。

出于俱乐部或社团等的目的播放录音制品

15.——

(1) 将播放录音制品作为一个俱乐部、社团或其他组织的活动的一部分,或为了一个俱乐部、社团或其他组织的利益播放录音制品,如果满足以下条件,则不构成对第Ⅱ部分授予的任何权利的侵犯。

(2) 条件为——

(a) 该组织是非营利性的,且其主要目的是与慈善或是与宗教、教育或社会福利的发展相关,并且

(b) 针对进入录制品播放场所的任何收费仅适用于为了该组织之目的的情况。

(3) 本条例中所使用的定义表述与第67条中的含义相同。

出于广播或有线传播节目的目的而附带的录制

16. ——

(1) 某人打算广播一项表演的录制品,或将表演的录制品引入有线传播节目服务中,在不侵犯第 Ⅱ 部分授予的权利的情况下,出于该部分的目的,应被视为已获得许可以广播或有线传播节目为目的制作进一步的录制品。

(2) 在满足下列条件的情况下可以取得该许可,即进一步的录制品——

(a) 不应被用于任何其他目的,并且

(b) 应该在其首次用于广播表演或引入一个有线传播节目中之后的 28 天内销毁。

(3) 根据本条所制作的录制品应该被视作非法录制品——

(a) 出于违反第(2)款(a)中提到的条件而使用的目的,并且

(b) 出于违反该条件或第(2)款第(b)项中的条件后的所有目的。

(4) 本条中所使用的表述与第 68 条中的含义相同。

出于监督或控制广播或有线传播节目之目的的录制

17. ——

(1) 不列颠广播公司出于维持对其广播节目的监督和控制的目的,制作或使用该节目的录制品并不侵犯第 Ⅱ 部分授予的权利。

(2) 第 Ⅱ 部分授予的权利不受以下行为的侵犯——

1981 c.68.

(a) 独立广播组织出于 1981 年《广播法案》第 4 条第(7)款(对节目和广告维持监督和控制)提到的目的制作或使用录制品;或

(b) 根据节目订阅人和组织依照该法第 21 条签订的合同中的条款所做的任何行为。

(3) 第 Ⅱ 部分授予的权利不受以下行为的侵犯——

1984 c.46.

(a) 有线电视局出于对节目(根据 1984 年《有线传播和广播法案》第 Ⅰ 部分所许可的服务内的节目)维持监督和控制的目的制作或授权制作,或使用节目的录制品;或

(b) 根据下列条款所进行的行为——

(i) 根据 1984 年《有线传播和广播法案》第 16 条(有线传播机构要求制作录制品的权力)给出的一项通知或指令;或

(ii) 根据该法案第 35 条(机构确保出于特定目的可获得录制品的职责)的一项许可中的一个条件。

(4) 本条中使用的表述与第 69 条中的含义相同。

免费公开放映或播放广播或有线传播节目

18. ——

(1) 如向任何观众或听众公开放映或播放任何广播或有线传播节目,而该等观众或听众并没有支付进入某地方观看或聆听该广播或有限传播节目的入场费,则该项放映或播放并不属侵犯第 II 部分授予的与包涵在以下内容中的表演或录制品有关的权利——

(a) 广播或有线传播节目,或

(b) 通过接收广播或有线传播节目公开放映或播放的任何录音作品或影片。

(2) 如有以下情况,观众或听众可视为已支付进入某个地方观看或聆听广播或有线传播节目的入场费——

(a) 该等观众或听众已支付进入某一地方的入场费,而观看或聆听广播或有线传播节目的地方构成该某一地方的一部分;或

(b) 在该地方(或观看或聆听广播或有线传播节目的地方构成其一部分的地方)有货品供应或服务提供,而该货品或服务的价格——

(i) 实质上可归因于提供观看或聆听该广播或节目的设施,或

(ii) 高于通常在该地方收取的价格,并且可部分归因于上述设施。

(3) 以下情况不应该被视为已经支付了入场费——

(a) 以该地方的居民或住客身份入场的人;

(b) 以该会社或社团的会员身分入场的人,其所支付的费用只是该会社或社团的会籍费用,且提供观看或聆听有关广播或有线传播节目的设施,亦只是为该会社或社团的主要目的而附带地提供的。

（4）凡制作广播或将节目引入有线传播节目服务的行为侵犯第Ⅱ部分授予的有关表演或录音的权利的，在评估该项侵权的损害赔偿时应该考虑通过接收广播或节目公开地看到或听到的事实。

（5）本条例中所使用的定义表述与第 72 条中的含义相同。

有线传播节目服务中广播的转播和接收

19.——

（1）本条例适用于在联合王国境内制作的广播通过接收和直接转播被引入一有线传播节目服务中的情况。

（2）在下列情况下，第Ⅱ部分授予的与引入广播中的表演或录制品有关的权利不受侵犯——

1984 c.46.

（a）如果将广播引入有线传播节目服务中，该引入遵照根据 1984 年《有线传播和广播法案》第 13 条第（1）款（有线电视局确保将特定节目引入有线传播服务的职责）给出的要求；或

（b）如果是为了在提供有线传播节目服务的某些地区接收而制作广播；

但是凡制作广播是对上述权利的侵犯的，在评估该项侵权的损害赔偿时应该考虑在有线传播节目服务中转播广播以作为其节目的事实。

（3）本条中所使用的表述与第 73 条中的含义相同。

提供广播或有线传播节目的次级复制品

20.——

（1）为耳聋者或听力障碍者，或其他身体或精神上有缺陷的人提供次级的或因他们的特殊需求而进行改造的复制品，指定的机构可以制作电视广播或有线传播节目的录制品。该行为不构成对第Ⅱ部分授予的与广播或有线传播节目中的表演或录制品有关的任何权利的侵犯。

（2）在本条中，"指定机构"系指出于第 74 条之目的而指定的一个机构，其他在本段中使用的表述与第 74 条中的表述具有相同含义。

出于档案保管目的录制广播或有线传播节目

21. ——

（1）指定类别的广播或有线传播节目的录制品，或此种录制品的复制品，可以出于被存放在一个由指定的机构维护的档案馆的目的被制作并且不会因此侵犯任何第Ⅱ部分授予的与广播或有线传播节目中的表演或录制品有关的任何权利。

（2）在本条例中，"指定类别"和"指定机构"系指，出于第 75 条之目的而指定的一种类别或一个机构，其他在本条中使用的表述与第 75 条的表述具有相同含义。

第 272 条。

1996年第2967号法定文件表演权 1996年版权和邻接权条例

起草：1996年11月26日

生效：1996年12月1日

目　　录

第 I 部分　总　　则

1. 引用、生效与适用范围

2. 解释

3. 本条例的执行

4. 本条例摘要

第 II 部分　1988年《版权、设计和专利法修正案》

卫星广播与有线转播

5. 广播发布地

6. 与特定卫星广播相关的保障措施

7. 有线转播相关权利的实施

8. 无线电报的定义

发　行　权

9. 向公众发行作品复制品：邻接权利

出租权和出借权

10. 版权作品的出租或出借

11. 许可出借的版权作品

12. 在影片制作协议下出租权转让的推定

13. 出租和出借：适用于版权审裁处

14. 出租权转让时的合理报酬权

15. 有关许可规定的相应修改

发 表 权

16. 发表权

17. 适用于发表权的版权条款

影片和某些摄影作品的身份权

18. 影片版权

19. 有关创作于 1989 年前的摄影作品的过渡性条款说明

表 演 者 权 利

20. 表演者权利的延伸

21. 表演者的财产权

22. 表演者财产权利的许可

23. 表演者权利：版权审裁处授予许可的权力

24. 表演者权利：版权审裁处的司法管辖权

第Ⅲ部分　过渡性条款及保留条款

一 般 条 款

25. 引言

26. 一般规则

27. 保留某些现有协议

特 殊 条 款

28. 广播

29. 卫星广播：国际间的合作生产协议

30. 新权利：表演相关权利的行使

31. 新权利：生效前授权复制的效力

32. 新权利：生效前影片制片协议的效力

33. 1997 年 4 月 1 日后出租适用的合理报酬权

34. 对现有存货的保留条款

35. 图书馆或档案馆对复制品的出借

36. 影片制片人

注 释

鉴于下列规定的起草已由各级议会决议通过：

因此，经首相选派的国务大臣受针对 1972 年《欧洲共同体法》第 2(2) 条中关于版权及表演权利的保护措施，行使该法第 2(2) 条与 (4) 条所赋予的权力，特制定以下条例：——

第 Ⅰ 部分 总 则

引用、生效与适用范围。

1. ——(1) 本条例可被援引为 1996 年《版权及邻接权条例》。

(2) 本条例自 1996 年 12 月 1 日起生效。

(3) 本条例适用于大不列颠及北爱尔兰联合王国。

解释。

2. 本条例中——

"欧洲经济区协议"指于 1992 年 5 月 2 日在葡萄牙大城奥波多签署，并根据 1993 年 3 月 17 日布鲁塞尔议定书实施调整的欧洲经济区协议。"欧洲经济区国家"指欧洲经济区协议的缔约国。

(1)

Cm2073

(2)

Cm2183

本条例的执行。

3. 本条例旨在贯彻实施——

（a）1992 年 11 月 19 日《关于出租权、借阅权以及知识产权领域与版权有关的特定权利》的欧洲理事会第 92/100/EEC 号指令；

（b）1993 年 9 月 27 日《关于卫星广播和有线转播中版权及版权相关权利的协调》的欧洲理事会第 93/83/EEC 号指令；

（c）1993 年 10 月 29 日《协调版权保护期及其相关权利，版权和表演者权利条例》中未实行的欧洲理事会第 93/98/EEC 号指令，和；

（d）大不列颠及北爱尔兰联合王国在欧洲经济区所需履行的与以上指令相关的义务。

(1)

O.J.No.L346，27.11.92，p.61.

(2)

O.J.No.L248，6.10.93，p.15.

(3)

O.J.No.L290，24.11.93，p.9.

(4)

S.I.1995/3297

本条例摘要。

4. 1988 年《版权、设计和专利法案》根据本条例第 II 部分实施修正，以本条例第 III 部分"过渡性条款及保留条款"为准。

(1)

1988 c.48.

第Ⅱ部分　1988 年《版权、设计和专利法修正案》

卫星广播与有线转播

广播发布地。

5. 将第 6 条第(4)款(广播：被称作发布地处)替换成"(4)本部分旨在说明,广播发布地即为在广播制作人的管理控制下,节目所携信号传入不间断通信链的地方(包括在卫星传输中连接卫星及地球的通信链)。"

与特定卫星广播相关的保障措施。

6. (1)第 6 条(广播)中,第(4)款后插入——"(4A)第(3)款和第(4)款根据第 6A 条(与某些卫星广播相关的保障措施)生效。"

(2) 该条后插入——

"与某些卫星广播相关的保障措施

6A. ——(1) 本条适用于通过卫星传输的广播,其制作地不属于欧洲经济区国家且当地法律无法提供以下保护——

(a) 与第 20 条(广播侵权)规定相同的,有关文学作品、戏剧、音乐剧、艺术作品、影片、广播作品作者广播行为的排他性权利;

(b) 第 182 条第(1)款第(b)项所赋予表演者的与广播直播有关的权利(直播广播表演所需经过的许可);及

(c) 在录音制品广播中,录音制品作者与表演者享有同等待遇的权利。

(2) 若节目携带的信号传输至卫星("上行站")位于欧洲经济区国家内某地——

(a) 则该地应被视为广播发布地,且

(b) 上行站运营者应被视为广播制作者。

(3) 若上行站没有位于欧洲经济区国家内,但欧洲经济区国家内的某人员已受任制作该广播——

(a) 该人员应视作广播制作者,且

(b) 该人员在欧洲经济区内的主要定居地视作该广播的发布地。"

有线转播相关权利的实施。

7. 第Ⅰ部分第Ⅶ章(版权许可相关条款),在第 144 条后插入——

某些权力的强制集体管理与有线转播相关的权利的集体实施

144A. ——(1) 本条适用于文学、戏剧、音乐、艺术作品、录音或影片的版权人授权或拒绝授权其他欧洲经济区国家进行广播有线转播的权利。这种权利,以下简称"有线转播权"。

(2) 有线转播权只能通过特许机构方能由有线运营商实施。

(3) 若版权人未将有线转播权的管理转让给特许机构,特许机构有线转播权的管理应被视为授权管理。若多家特许机构管理有线转播权,版权人有权从中选取一家授权管理。

(4) 因版权人已将有线转播管理权转让给特许机构,则第(3)款适用的版权人具有有线运营商和特许机构之间的相关协议中规定的同样的权利和义务。

(5) 第(4)款中版权人所拥有的任何权利,必须在有线转播开始的三年内有效。

(6) 本条不影响广播制作者任何有关广播或广播中包含的任何作品的权利。

(7) 本条中——"有线运营商"指提供有线节目服务的人员;"有线转播"指接收和通过有线广播节目的服务方式即时再传输。"

无线电报的定义。

8. 在第 178 条中,对于"无线电报"的定义,在最后插入"但不包括地面固定地点之间的微波能量传递"。

发 行 权

向公众发行作品复制品:邻接权利。

9. ——(1) 第 18 条(向公众发行复制品对版权的侵犯)有以下修正。

(2) 将第(2)款、第(3)款(向公众发行复制品的定义)替换为——

"(2)在本部分中,凡提述向公众发行一部作品的复制品,即是——

(a) 经过版权人许可,将先前未在欧洲经济区流通过的复制品投入欧洲经济区流通,或

（b）将未在欧洲经济区或其他任何地区流通过的复制品投入欧洲经济区以外的地区。

（3）在本部分中，凡提及向公众发行一部作品的复制品，不包括——

（a）任何已投入流通的复制品的后续发行、出售、租借（但参见第 18A 条：租借侵权），或

（b）任何将此类复制品进口到英国或欧洲经济区国家的行为，

除非第（2）款中的第（a）项可用于已在欧洲经济区外流通的复制品，在欧洲经济区内投入流通。”

（4）在第（3）款后加入——

“（4）在本部分中，凡提及发行一部作品的复制品，包括对原作的发行。”

（5）由以上修正，在第 27 条（“版权侵权”的定义）中，删去第（3A）款以及第（3）款中的“根据第（3A）款，”。

（6）在 172A 条（欧洲经济区国家的定义和欧洲经济区国家），将旁注和第 1 条替换为——

“第 172A 条　欧洲经济区的定义和相关表达。

（1）在本部分中——

“the EEA”指欧洲经济区；

“欧洲经济区国民”指欧洲经济区国家的国民；并且

“欧洲经济区国家”指某个欧洲经济区协议的缔约国。”

（7）在第 179 条（定义表达索引）中——

（a）在第 1 个有关“欧洲经济区国民”和“欧洲经济国家”表达的条目处，在句首插入“欧洲经济区”，且

（b）在第 2 个与“向公众发行复制品”表达相关的条目处，将“第 18 条第（2）款”替换为“第 18 条”。

版权作品的出租或出借。

10.——（1）第 16 条（作品版权的限制行为）中，在第（1）款第（b）项后插入——

“向公众出租或出借作品（见第 18A 条）；”

（2）在第 18 条后（发行作品的复制品对版权的侵犯），插入——

"通过向公众出租或出借作品侵权

18A.——（1）向公众出租或出借作品的复制品在以下情况下受版权限制——

（a）文学、戏剧或音乐作品，

（b）艺术作品，除——

（i）以建筑物或建筑物模型形式出现的建筑作品，或

（ii）实用艺术作品，或

（c）影片或录音制品。

（2）本部分以本条下列条款为准——

（a）'出租'指为直接或间接的经济或商业利益，在其将要或可能归还的情况下，复制可用作品，且

（b）'出借'指通过公共机构，除产生直接或间接经济或商业利益外，在其将要或可能归还的情况下，复制可用作品。

（3）'出租'和'出借'不包括——

（a）出于公开演出、公开展演、公开广播、或包含有线节目服务的目的，获取作品的复制品；

（b）出于公开展览的目的，获取作品的复制品；或

（c）为在现场参考时使用，获取作品的复制品。

（4）'出借'一词不包括公共场所之间的作品获取。

（5）若出借给公共机构导致所需款项不超过运营该机构所需成本，则在本条中称其无直接或间接经济或商业利益。

（6）在本部分中，凡提及出租或出借作品的复制品，包括出租或出借原作。

（7）在第 178 条中，在合适处插入——

'出租权'指版权人有权授权或禁止出租作品复制品（参见第 18A 条）；

且删去'出租'定义。

（8）第 179 条（定义表达索引），在与'出租'相关表达处将'第 178 条'替换为'第 18 A 条第（2）款到第（6）款'；且在合适处插入——

'出借 第 18 A 条第(2)款到第(6)款'。

'出租权 第 178 条'。"

许可出借的版权作品。

11. ——(1) 在第 I 部分第 III 章(与版权作品相关的许可行为),在与教育有关的条款中,在第 36 条后插入——

"教育机构出借复制品

36A. 教育机构出借复制品不侵犯作品版权。"

(2) 在同一章中,在与图书馆、档案馆有关条款中,在第 40 条后插入——

"图书馆、档案馆出借复制品

40A. ——(1) 公共图书馆若在其公共出借权利体制内出借书籍不侵犯任何版权。——

(a) '公共出借权利体制'指 1979 年《公共出借权法案》第 1 条中的体制,且

(b) 若一本书符合资格相关体制条例的定义,无论事实上是否有资格,其都属在公共出借权利体制之内。

(2) 若指定图书馆、档案馆(除公共图书馆外)不为营利目的出借作品的复制品,则不属侵犯版权。"

(3) 在同一章第 66 条(录音制品、影片、计算机程序的出租)及相关标题换为——

"杂项:作品出借与录音播放

向公众出借某些作品的复制品

66. ——(1) 国务大臣可通过命令规定在命令明文列举的情况下,向公众出借文学作品、戏剧、音乐或艺术作品、录音制品、影片的复制品,应视为经过版权人许可,仅需要支付合理版税或版权审裁处协议规定的其他款项。

(2) 如果存在一个根据第 143 条授予许可认证的授权方案,则此类命令不再适用。

(3) 命令可根据不同情况作不同规定,及根据任何与作品、出借复制品、出借者、出借情况相关的因素明确说明案例。

（4）命令应由法定文件规定；只有草案已提交并经由各议会决议通过，命令才正式确立。

（5）本条内容不影响第 23 条（二次侵权：拥有或处理侵权复制品）关于出借侵权复制品所规定的责任。

（6）第 143 条第（1）款（许可认证体制：相关条款）中，将第（c）项替换为——

"（c）第 66 条（向公众出借某些作品的复制品）"。

（7）第 178 条中，在合适处插入——

"'公共图书馆'指代表以下机构或由以下机构管理的图书馆——

（a）

在英格兰和威尔士，1964 年《公共图书馆和博物馆法案》中定义的图书馆机构；

（b）

在苏格兰，1955 年《公共图书馆（苏格兰）法案》规定的法定图书馆机构；

（c）

在北爱尔兰，1986 年《教育和图书馆（北爱尔兰）条例》规定的教育和图书馆机构。"

（8）第 179 条（定义表达索引）中，在合适处插入——

"公共图书馆 第 178 条"。

（9）废除以下条款（与公共图书馆出借相关）——

1955 年《公共图书馆（苏格兰）法案》第 4 条第（2）款，

1964 年《公共图书馆与博物馆法案》第 8 条第（6）款，

1986 年《教育和图书馆（北爱尔兰）条例》第 77 条第（3）款，

1988 年《版权、设计和专利法案》（加入上述条款后）附表 7 的段落 6、段落 8 和段落 34。"

（1）

1955 c.27.

（2）

1964 c.75.

(3)

S.I. 1986/594(N.I.3)

(4)

1988 c.48.

在影片制作协议下出租权转让的推定。

12. 在第Ⅰ部分第Ⅴ章(版权作品权利),第 93 条后插入——

"在影片制作协议下出租权转让的推定。

93A. ——(1) 若一项关于影片制作的协议在作者与制片人之间终止,则推定(除非协议有相反规定)作者将因影片中出现作者作品复制品而产生的与影片相关的出租权转让给制片人。

(2) 本条中"作者"指文学、戏剧、音乐或艺术作品的作者或未来作者。

(3) 第(1)款不适用于任何与专属该影片的影片剧本、台词、或音乐有关的出租权。

(4) 凡本条适用的,缺乏作者或者代表作者签署的情况下,不排除第 91 条第(1)款(声称未来版权转让的效力)的有效运作。

(5) 第(1)款中提述的作者与制片人间终止的协议包括对作者与制片人生效的任何协议,无论是以双方直接签订或通过中介签订的方式。

(6) 在实际转让中,第 93B 条(出租权转让中获得合理报酬的权利)适用于据本条的假定转让。"

出租和出借:适用于版权审裁处。

13. ——(1) 第 133 条(反映有关基本权利报酬的许可),将第(1)款(有关某些作品出租报酬)替换为——

"(1) 在考虑为获得许可应支付的费用时——

(a) 在参考或应用本章的有关出租或出借复制品的许可,或

(b) 适用第 142 条(为出借某些作品需要支付的版税或其他款项)时,版权审裁处应考虑到任何合理支付,即作品的版权人由于授予许可或实施许可授权的行为,其有责任向该作品中其他作品的版权人给出的合理支付。"

（2）将第 142 条（出租录音制品、影片或计算机程序需要支付的版税或其他款项），替换为——

"为出借某些作品需要支付的版税或其他款项

142.为出借某些作品需要支付的版税或其他款项

（1）根据第 66 条（出借某些版权作品的复制品）提出的对于解决版税或其他需要支付的款项的申请，可由版权人或声称有版权许可者提交至版权审裁处。

（2）版权审裁处应考虑该事宜，并作出在此种情形下合理决定的命令。

（3）任何一方都可向版权审裁处申诉改变命令，版权审裁处应考虑申诉，并根据情况作出确认原命令或改变原命令的合理决定。

（4）第（3）款中的申请除经版权审裁处特别许可外，不得在原命令生效的 12 个月内，或申请的命令生效的 12 个月内实施。

（5）第（3）款中命令于制定当日生效，或由版权审裁处确定日期。

（6）在第 149 条（版权审裁处的司法管辖权）中，在第（e）项中将'录音制品、影片、计算机程序出租'替换为'某些作品的出借'。"

出租权转让时的合理报酬权。

14. ——（1）第Ⅰ部分第Ⅴ章（版权作品相关权利）中，在第 93A 条（由条例 12 规定插入）后插入——

出租权转让时的合理报酬权

93B. ——（1）若本条所指作者，将录音制品或影片出租权转让给录音制品或影片的制作者，他仍具有因出租而获得合理报酬的权利。

本条所指作者即——

（a）文学作品、戏剧、音乐或艺术作品作者，或

（b）影片总导演。

（2）本条中获得合理报酬权可以不由作者转让，除非出于使版税征收协会代表作者行使权力之目的，向版税征收协会转让该权利。

该权利，根据遗嘱意向可转让，或根据法律实施被视为个人或动产；且该权利可由任何拥有人受让或进一步转让。

（3）本条中的合理报酬由出租权人支付，即，出租权转让的受让者或任何

继承者支付。

（4）合理报酬的应付数额，需经由实施支付者或其代表者许可，见第 93C 条（版权审裁处参考数额）。

（5）支持取消或限制本条中合理报酬权的协议为无效。

（6）本条中涉及个人之间出租权转让的任何行为，包括直接制定或经由中介制定。

（7）本条中的"版税征收协会"指一个社会团体或其他组织，其主要目标，或其主要目标之一，是根据本条代表一名或多名作者行使获得合理报酬的权利。

合理报酬：版权审裁处参考数额

93C. ——（1）第 93B 条中无协议情况下，关于合理报酬的支付数额，支付方有权申请版权审裁处裁定需支付的数额。

（2）本条中合理报酬的支付方有权向版权审裁处申请——

（a）改变与支付数额有关的协议，或

（b）改变版权审裁处之前与支付数额相关的裁定，除非版权审裁处特别规定不得在上次裁定生效 12 月内申请；

根据此款项中申请制定的命令于制定当天生效，或由版权审裁处指定日期。

（3）关于本条中的申请，版权审裁处应考虑该事宜，并就计算和支付合理报酬的方法实施合理的决议，并考虑到作者对影片或录音制品作出的贡献的重要性。

（4）报酬不能仅因其采用一次性支付的方式或是在转让出租权时实施了支付就认定为不合理。

（5）阻止他人询问合理报酬的数额或限制本条下版权审裁处权力的协议无效。

（6）在第 149 条（版权审裁处的司法管辖权）中，在第（a）项前插入——

"（zb）第 93C 条（适用于根据第 93B 条决定合理报酬数额的情形）"。

有关许可规定的相应修改。

15. ——（1）第Ⅰ部分第Ⅶ章（版权许可）修订如下。

（2）将第 117 条（和特许计划的执行相关的参考或申请）替换为——

"117.以下条款适用的特许计划。

第 118 条至 123 条(和特许计划相关的参考或申请)适用于许可机构执行的特许计划,且包括多于一位作者的作品,只要与以下许可相关——

(a) 复制作品,

(b) 向公众出租、出借作品的复制品,

(c) 在公开场合演出、展示该作品,

(d) 广播该作品或在有线节目服务中涉及该作品;

本条中所涉及特许计划应根据情况作出相应的解释。"

(3) 将第 124 条(和特许计划的执行相关的参考或申请)替换为——

"124.以下条款适用的许可。

第 125 条至第 128 条(有关许可机构授权许可的参考与申请)适用于许可机构所发许可或根据授权方案包含的多于一位作者的作品,只要其授权许可——

(a) 复制作品,

(b) 向公众出租、出借作品的复制品,

(c) 在公开场合演出、展示该作品,

(d) 广播该作品或在有线节目服务中涉及该作品;

本条中对许可证的引用应根据情况作出相应的解释。"

发 表 权

发表权。

16. ——(1) 版权保护过期者首次出版一件未曾出版过的符合以下条款的作品,拥有与版权相对等的产权("发表权")。

(2) 此处发表包括任何与公众交流的行为,尤指——

(a) 向公众发行复制品;

(b) 通过电子修复系统得到该作品;

(c) 向公众出租、出借作品复制品;

(d) 在公共场所演出、展览、展示该作品;或

(e) 广播该作品或在有线节目服务中涉及该作品。

(3) 不得将其用于未经批准的行为。

若在某一时间该作品无版权,未经批准的行为是指用以体现或记录作品的物理介质的所有人未许可的行为。

(4) 作品的发表权有权受到保护,仅当——

(a) 首次在欧洲经济区内发表,且

(b) 作者在当时首次发表时为欧洲经济区国家国民。若两者或两者以上参与发表该作品,则其一为欧洲经济区国家国民即满足第(b)项。

(5) 若作品存在官方版权或议会版权,则不产生发表权。

(6) 发表权于自作品首次出版 25 年后年底过期。

(7) 本条例中"作品"指文学、戏剧、音乐、艺术作品或影片。

(8) 本条例中的表述(除"发表"外)同第 I 部分。

适用于发表权的版权条款。

17. ——(1) 第 I 部分中与版权有关的独立条款(但非版权作品的精神权利),即以下相关条款——

● 第 II 章(版权人权利),

● 第 III 章(与版权作品相关的许可行为),

● 第 V 章(版权作品相关权利),

● 第 VI 章(侵权的补救办法),与

● 第 VII 章(版权许可),

适用于版权中的发表权,并受以下例外与修改的限制。

(2) 以下条款不适用——

(a) 第 III 章(版权作品相关许可行为)第 57 条、第 64 条、第 66A 条、第 67 条;

(b) 第 VI 章(侵权的补救),第 104 条至第 106 条;

(c) 第 VII 条(版权许可),第 116 条第(4)款。

(3) 以下条款效果同修改——

(a) 在第 107 条第(4)款、第(5)款(制造或处理侵权物品的罪行)中,最多判处不超过三个月的有期徒刑,或不超过标准范围第 5 级的罚款,或两项并处;

(b) 第 116 条第(2)款中,第 117 条与第 124 条将"多于一位作家的作品"

替换为"多于一位出版商的作品"。

(4) 第 I 部分的其他相关条款为——

● 第 I 章,第 I 部分中常用表述定义的条款,

● 第 V Ⅲ 章(版权审裁处),

● 第 IX 部分——

● 第 161 条(领海与大陆架),与

● 第 162 条(英国船只、航空器、气垫船),和第 X 章中——

● 第 171 条第(1)款和第(3)款(其他保留条款),和

● 第 172 条至第 179 条(一般解释条款),

经过任何必要的修改后,正如本条例所适用的情形,同样适用于为了补充说明本部分中的实质性条款。

(5) 除非另有规定,任何与版权有关的法律法规(无论在本条例之前或之后制定或通过)适用于版权中的发表权。

在本项中,"法条"包括 1978 年(1)《解释法案》定义中从属法律所含条款。

(1)

1978 c.30.

影片和某些摄影作品的身份权

影片版权。

18. ——(1) 第 9 条第(2)款(作品作者)中,将第(a)项(录音制品与影片)替换为——

"(aa)录音制品的制作者;

(ab)影片的制片人和总导演"。

(2) 在第 10 条(合作作品)中,在第(1)款后插入——

"(1A)除非制片人与总导演为同一人,否则影片视为合作作品。"

(3) 第 11 条中(版权的第一所有人),在第(2)款(雇员在雇用期间的作品)中在"文学、戏剧、音乐、或艺术作品"后插入"或影片"。

(4) 在第 105 条(与录音制品或影片有关的推定)中——

(a) 在第(2)款第(a)项与第(5)款第(a)项将"作者或导演"替换为"导演或

制片人",

(b) 在第(5)款第(a)项后插入——

"(aa)具体命名者为影片的总导演、影片剧本的作者、台词的作者、或为影片专门谱写的音乐谱写者,或"。

(c) 在第(5)款后加入——

"(6)根据本条,若有人声称其为影片导演,除非有相反迹象,则认定其为影片总导演。"

(5) 在第 178 条合适处插入——

"'制片人',有关录音制品或影片,指需负责录音制品与影片制作的人"。

(6) 在第 179 条(定义表达索引)中合适处插入——

"制片人(有关录音制品或影片)第 178 条"。

有关创作于 1989 年前的摄影作品的过渡性条款说明。

19. 关于附表 1 定义中的现存图片作品,关于谁为作者——

(a) 1995(1)年作品中的《版权和表演权期限条例》中,条例 15、条例 16(版权期限: 符合一般保留条款的新条款的适用),或

(b) 条例 19 第(2)款第(b)项(恢复版权的拥有),

在条例生效时应根据第 9 条作出决定(按附表 1 的条例 10,非根据作品完成时的生效法律)。

(1)

S.I.1995/3297.

表演者权利

表演者权利的延伸。

20. ——(1) 将第 182 条(表演者权利: 录制或现场转播表演作品所需经过的许可)替换为——

182. 录制现场表演所需的许可。

(1) 在未经许可的情况下,以下行为将会构成对表演者权利的侵犯——

(a) 从演出现场录制具备资格的表演的整场或其中任何大量的内容,

（b）现场广播或在有线节目服务中实施现场广播具备资格的表演的整场或其中任何大量的内容，

（c）从现场演出的广播或有线节目中录制具备资格的表演的整场或其中任何大量的内容。

（2）若为个人私用或家用，则上述录制不造成侵权。

（3）对于本条中所述的表演者权利侵犯，若被告在侵权时有合理理由认为其已得到许可，则不应由其承担损失。

（4）在该条后插入——

复制录音所需的许可

182A. ——（1）若录制具备资格的表演的整场或其中任何大量的内容且非为己用或家用，在未经许可的情况下，造成对表演者权利的侵犯。

（2）该复制品为直接或间接制作是无关紧要的。

（3）本部分中所述授权或禁止制作复制品的表演者权利被称为"复制权"。

向公众发行复制品的许可

182B. ——（1）若未经许可，向公众发行具备资格的表演的整场或其中任何大量的内容的录音的复制品，则造成对表演者权利的侵犯。

（2）本部分中所述向公众发行录音制品的复制品是指——

（a）经过表演者许可，在欧洲经济区内将之前未在欧洲经济区流通的复制品投入流通，或

（b）将之前未在欧洲经济区或其他地区流通过的复制品在欧洲经济区以外的地区投入流通。

（3）本部分中所述向公众发行录音制品的复制品不包括——

（a）任何对于之前已流通复制品的发行、销售、出租（见第182C条：出租、出借的许可），或

（b）任何将此类复制品在英国或其他欧洲经济区国家投入流通的行为，除在第（2）款第（a）项中所述将之前已在欧洲经济区外流通的复制品在欧洲经济区内投入流通。

（4）本部分中所述演出录音的复制品包括现场演出的源录音。

（5）本条中表演者授权或禁止向公众发行复制品的权利在本章中称为

"发行权"。

向公众出租、出借复制品的许可

182C. ——(1) 若未经许可,公开出租、出借具备资格的表演的整场或其中任何大量的内容的录音复制品,则造成对表演者权利的侵犯。

(2) 在本部分中,参见本条中的以下条款——

(a)"出租"指在其将被归还的条件下,为直接或间接经济或商业利益使得录音的复制品可供使用,

(b)"出借"指通过公共机构,除可产生直接或间接经济或商业利益外,在其将或可能归还的情况下,获取录音的复制品。

(3)"出租"和"出借"的表述不包括——

(a) 为公众表演、演出、展示、广播或有线节目传播服务而获取;

(b) 为公开展览而获取;或

(c) 为现场参考使用而获取。

(4)"出借"不包括公众机构间的获取行为。

(5) 若出借给公共机构导致所需款项不超过运营该机构所需成本,则在本条中称其无直接或间接经济或商业利益。

(6) 本部分中所述演出录音复制品的出租、出借包括现场演出的源录音的出租、出借。

(7) 本部分中——

"出租权"指按照本条表演者授权或禁止向公众出租复制品的权利。

使用录音制品的合理报酬权

182D. ——(1) 若为商业目的出版的具备资格的表演的整场或其中任何大量的内容的录音制品——

(a) 公开演出,或

(b) 在广播或有线节目服务中播放,

表演者有权从录音制品的版权人处获得合理报酬。

(2) 本条中获得合理报酬权可以不由作者让与,除非出于使版税征收协会代表作者行使权力之目的,向版税征收协会转让该权利。

该权利,根据遗嘱意向或根据法律,作为个人或动产转让;且该权利可由

任何拥有人受让或进一步转让。

（3）根据以下条款，合理报酬的应付额数需经由接受支付者或其代表者许可。

（4）在制定合理报酬数额协议时，支付方可向版权审裁处申请决定支付数额。

（5）合理报酬的支付方有权向版权审裁处申请——

（a）改变与支付数额有关的协议，或

（b）改变版权审裁处之前与之相关的命令；

除由版权审裁处规定的不得在上次命令生效 12 月内申请的之外。

根据本款中申请的命令于制定当天生效，或由版权审裁处指定日期。

（6）关于本条中的申请，版权审裁处应考虑该事宜，并就计算和支付合理报酬的方法实施合理的决议，并考虑到表演者对录音制品所作出的贡献的重要性。

（7）协议若有以下意图，则无效——

（a）限制或排除本条中的合理报酬权，或

（b）阻止他人询问合理报酬的数额或限制版权审裁处本条下的权力。

（8）在附表 2 中（演出权利：已经许可的行为）条例 6 后插入——

由教育机构出借复制品

6A. ——（1）若教育机构出借演出录音的复制品，则不造成对第Ⅱ部分所述权利的侵犯。

（2）本项中所用表述同第 36A 条；且根据第 174 条第（2）款（教育机构以外的指示）与执行其有关的条款同样适用于本项。

由图书馆、档案馆出借复制品

6B. ——（1）若指定图书馆、档案馆（除公共图书馆外）不为盈利目的出借演出录音的复制品，则不构成对第Ⅱ部分所述权利的侵犯。

（2）本项中所用表述同第 40A 条第（2）款；且 37 条中适用于指定图书馆、档案馆的条款同样适用于本项。

并在条例 14 后插入——

某些录音制品的出借

14A. ——（1）国务大臣通过命令规定，在命令明文列举的情况下，向公众出借录音制品或影片的复制品,应视为经过表演者许可,仅需要支付合理版税或版权审裁处命令规定的其他款项。

（2）如果或在一定程度上,有一个出于根据附表 2A 中条例 16 规定的授予许可的本项目的而认证的特许计划,则该命令不适用。

（3）命令可根据不同情况制定不同条款,并参考与作品、出借复制品、出借者、或出借情况相关的因素详细说明不同情况。

（4）应该通过制定法文件的形式颁布命令;除非已经提交起草并由各议院决议通过,否则不可颁布命令。

（5）本条不影响第 184 条第（1）款第（b）项（二次侵权:拥有或处理非法录音）中的有关出借非法录音制品的责任。

（6）本项中所用表述同第 66 条。

（7）在第 212 条（定义表达索引:第 Ⅱ 部分）合适处插入——

"发行权第 182B 条第（5）款";

"出借权第 182C 条第（7）款";

"出租权第 182C 条第（7）款";

"复制权第 182A 条第（3）款"。

表演者的财产权。

21. ——（1）第 191 条后插入——

表演者财产权

191A. ——（1）本部分授予表演者以下权利:

复制权（第 182A 条）;

发行权（第 182B 条）;

出租权与出借权（第 182C 条）;

均属于财产权（"表演者财产权"）。

（2）本部分关于表演者许可的参考应被解释为权利拥有人许可的参考,这种权利是关于表演者的财产权。

（3）若不同主体（无论出于部分转让或其他原因）被授予与演出有关的表演者财产权不同方面的权利,出于本部分下任何目的的版权人是指享有与该目的相关的该方面的财产权。

（4）若表演者财产权（或财产权的任何方面权利）由不同主体共同享有，本部分所称的版权人是所有表演者财产权的所有人，因此，尤其是版权人的许可要求需要全体权利人的许可。

转让与许可

191B. ——（1）通过遗嘱处置或根据法律，表演者的财产权可作为个人财产或动产进行转让。

（2）表演者财产权可部分转让或以其他方式部分转移，即，受到限制以适用于——

（a）要求权利所有人许可的事项中的一种或几种，但不是全部；

（b）版权存续期的一段而不是全部时间。

（3）经转让方或其代表方书面签署，表演者权利的转让方可生效。

（4）表演者财产权所有人授予的许可对于任何权利继受方均有约束力，除未收到许可通知（实际地或推断地），以相同对价购买且信誉良好的购买方，或从该等购买方获得权利的主体之外；本部分所指的未收到或收到版权人的许可所实施的行为应作相应解释。

表演者财产权的未来所有权

191C. ——（1）如果表演者或其代表方就未来表演的录制签署协议，表演者欲向他方转让其表演者财产权（全部或部分），本条内容适用于此类情况。

（2）在关于未来版权而由未来版权人或其代表签字的协议中，未来版权人欲将其未来版权（全部或部分）转让给他人的，版权产生以后，受让人或依靠受让人而主张权利者将有权利对抗任何第三人并要求将版权归属于受让人。依本款的规定，版权应当授予受让人或其合法的继承人。

（3）表演者财产权所有人授予的许可对于任何权利（或未来权利）继受方均有约束力，除未收到许可通知（真实地或推断地），以相同对价购买且信誉良好的购买方，或从该购买方处获得权利的主体之外；本部分所指的未收到或收到版权人的许可所实施的行为应作相应解释。

（4）在第（3）款中与表演者财产权有关的"未来所有人"是指根据第（1）款所提及的协议而获得该未来权利的实体。

独占许可权

191D. ——(1) 本部分的"独占许可权"是指由表演者财产权的所有人或其代表方书面签署的许可转让,授权被许可方专有权利,包括该授予许可的实体可行使任何需要获得版权人许可的事项。

(2) 在针对授予许可的许可方,独占许可的被许可方和即将受许可约束的权利继承人拥有相同的独占许可权。

通过遗嘱转让的未发行的录制品原件的表演者财产权

191E. 遗产(一般或特定)受益方获得的任何实体物质,若该物体包含了遗嘱人死前未发表的表演的录制品,除非遗嘱人所立遗嘱有相反意思表述或遗嘱经过更改,该遗产应理解为包含在遗嘱人死前可立即享有的与该录制品有关的任何表演者权利。

影片拍摄协议中出租权转让的推定

191F. ——(1) 表演者与影片制片方签订影片拍摄的协议,除非该协议另有规定,推定表演者已向影片制片方转让因影片含有其表演录像而产生的任何与影片有关的出租权。

(2) 在本条下,没有表演者或其代表方签字不影响第 191C 条(拟转让未来权利的效力)的适用。

(3) 本条第(1)款下由表演者与制片方签订的协议包含任何对此双方产生效力的其他协议,无论是否由其直接签订,或通过中介方签订。

(4) 与实际转让情况相同,推定转让适用第 191G 条(转让出租权的合理报酬权)。

出租权转让的合理报酬权

191G. ——(1) 若表演者向制作者转让其与录音制品或影片有关的出租权利,仍对出租保留合理报酬权。

上述所指的一方向他方转让出租权包括有该效力的一切安排(无论是由双方直接作出或通过中介作出)。

(2) 表演者不可转让本条规定的合理报酬权,除非出于使版税收缴协会代表表演者行使权力之目的,向版税收缴协会转让。

但是,作为个人财产或动产,在遗嘱处理或执行法律时,该权利可转让;且该权利可由任何权利所有人转让或进一步让与。

（3）一方获得出租权时应支付本条规定的合理报酬,该方即受让方或任何该权利的继受方。

（4）根据第191H条规定（版权审裁处的参考数额）,合理报酬的金额须经接受报酬者或代表其接受报酬者许可。

（5）欲排除或限制本条规定的合理报酬权的协议无效。

（6）本条所称"版税收缴协会"是指一个社会团体或其他组织,其主要目标,或其主要目标之一,是一名以上的表演者行使获得合理报酬的权利。

合理报酬：版权审裁处的参考数额

191H. ——（1）因缺乏对第191G条规定的合理报酬之数额的协议,支付报酬者可向版权审裁处提出申请以决定应付金额。

（2）以下情况下,支付报酬者也可向版权审裁处提出申请以——

（a）变更任何应付款项的协议,或

（b）变更就该事项审裁处先前作出任何决定；

除非获审裁处特别许可,此项申请不得在法院先前决定作出后12个月内再次提出。

根据本款所提出的申请而下达的命令自其下达之日起生效,或由审裁处指定生效日期。

（3）收到本款规定的申请后,审裁处应根据事实与实际情况,考虑表演者对影片或录音制品作出贡献的重要性,下达合理的命令以确定合理报酬的计算和支付方法。

（4）不能仅仅因为其采用一次性支付的方式或是在转让出租权时实施了支付就认定该报酬是不合理的。

（5）只要该协议意图阻止他人就合理报酬的数额提出质疑或限制本条规定的版权审裁处的权力,则该协议无效。

版权人可起诉的侵权

191I. ——（1）对表演者财产权的侵犯可由版权人提起诉讼。

（2）在对表演者财产权侵权诉讼中,损害赔偿、禁令、清算或其他在任何他种财产权侵权诉讼中原告可获得的救济方式均可使用。

（3）本条之效力服从于本部分以下各项规定。

侵权诉讼赔偿规定

191J. ——（1）在版权的侵权诉讼中，如果事实证明被告在侵权之时不知道，也没有理由认为其行为所涉及之作品享有版权，原告则不能要求损害赔偿，但并不影响其要求采取其他救济方式。

（2）在版权侵权诉讼中，法院可以全面考虑各方面条件，尤其要考虑到

（a）侵权的恶劣程度，以及

（b）被告因侵权所获得的利益，

并可根据案件的公正性需要增加一种额外损害赔偿。

侵权诉讼过程中承诺获得许可权

191K. ——（1）在表演者财产权侵权诉讼程序中，如果版权许可依附表 2A 中条例 17 可作为一种权利而获得，而且被告承诺接受按约定条件或在缺少约定的情况下按版权审裁处裁决的条件颁发的许可：

（a）不应对其颁发禁令，

（b）不应依第 195 条而签发交付命令，而且

（c）判决其偿付的损害赔偿或利润清算数额，不应超过其作为被许可方而在许可于最初侵权之前颁发的条件下可付的数额的两倍。

（2）承诺可在诉讼程序的终审判决令下达之前的任何时间作出，而且无需承担任何责任。

（3）本条的规定不影响对权利许可授予前的侵权行为所采取的救济措施。

专有许可被许可方的权利和救济

191L. ——（1）除对抗表演者财产权所有人之外，专有许可被许可方针对许可授予后所发生的事项有相当于权利转让一样的权利和救济措施。

（2）专有许可被许可方与权利所有人享有同等的权利与救济，本部分相关条款所提及的权利所有人应当根据本款作出相应的解释。

（3）在根据本条规定由专有许可人提起的诉讼中，被告可针对被许可方提出任何在诉讼中可向版权人提起的抗辩。

同时具有的权利

191M. ——（1）在二者都享有诉讼权而由版权人或专有许可被许可方提

起的(全部或部分)涉及表演者财产权侵权的诉讼中,如果没有法院的许可,除非有一方合并为共同原告或追加为共同被告,否则版权人或者,在某些情况下,专有许可被许可方将不得继续诉讼。

(2)除非依第(1)款而被追加为被告的版权人或专有许可被许可方参加了诉讼程序,否则不其承担诉讼款项。

(3)上述规定不影响版权人或专有许可被许可方单独申请颁布诉讼程序实施中的救济措施。

(4)在(全部或部分地)关系到版权人与专有许可被许可方当时或过去都享有诉讼权的版权侵权诉讼中:

(a)在决定损害赔偿金时,法院应考虑:

(i)许可条件,和

(ii)因侵权而已获得或能够获得的金钱救济之一。

(b)如果针对侵权而有利于另一方的损害赔偿或利润清算已经实施过,则不应再实施利润清算;而且

(c)若实施利润清算,根据两者之间达成的协议,法院应按公正原则为其分配利润。无论版权人与专有许可被许可方是否均为诉讼当事人,这些规定都予以适用。

(5)在依第195条(交付指令)提出申请或行使第196条(扣押权)所赋予的权利之前,表演者财产权所有人应通知与其享有同等法律权利的专有许可被许可方;法院可以根据第195条,依被许可人之申请,在其考虑许可条件后认为适当的情况下,作出指令,禁止或允许第196条所授予权利的权利所有人行使权利。

(6)第192条(权利转让)替代——

非财产性权利

192A. 表演者的非财产性权利

(1)以下条款授予表演者的权利不得转让

第182条(现场表演的录制所需之许可),

第183条(未经许可使用录音制品对表演者权利造成的侵犯)及

第184条(进口、持有或交易非法录制品对表演者权利造成的侵犯)

但下列条款所述情况除外。

在本部分中此类权利是指"表演者的非财产性权利"。

(2) 如果享有该等权利的人死亡——

(a) 该权利可以转让给经版权人通过遗嘱意向而具体指定的人员;以及

(b) 如果未进行上述指定,版权人代表可以行使该权利。

(3) 在本部分中所提及的表演者,在该等权利人范围内,应解释为当时有权行使该权利的人。

(4) 若根据第(2)款第(a)项,有多人可以行使该权利的,则各权利人可以独立于其他人行使该权利。

(5) 若权利人在其去世之前即被授予诉讼权利且该权利有效,则其代表人根据本条就侵权事项在权利人死后获得的损害赔偿应当认定为其遗产的一部分。

192B. 录制权所有人权利的可转让性

(1) 本部分授予录制权人的权利不得转让。

(2) 只要根据本部分之规定,这些条款将权利授予受让合同或许可利益之人,则不影响第 185 条第(2)款第(b)项或第(3)款第(b)项。

(3) 在第 193 条中(许可)——

(a) 在第(1)款中,在"许可本部分目的"之后,插入"经享有表演者非财产性权利的版权人或经享有录音权利的版权人";以及

(b) 在第(3)款中,将"经本部分授予的权利"替换为"表演者非财产性权利"。

(4) 在第 194 条中(违反法定义务的诉讼侵权),将"经本部分授予的任何权利"替换为

"(a) 表演者非财产性权利,或

(b) 本部分授予录制权人的任何权利。"

(5) 经上述修正条款错误修改的第 Ⅱ 部分标题修改如下——

(a) 第 191 条之前的标题替换为——

"权利期限";

(b) 删除第 194 条之前的标题;

(c) 在第 195 条之前,插入标题——

"交付或没收非法录制品"。

（6）在第 212 条中（定义表达索引：第Ⅱ部分），在适当的位置，插入——

"表演者许可（有关表演者财产权）第 191A 条第（2）款"；

"表演者非财产性权利第 192A 条第（1）款"；

"表演者财产权第 191A 条第（1）款"；

"权利人（有关表演者的财产权）第 191A 条第（3）款和第（4）款"。

表演者财产权利的许可。

22. ——（1）在第Ⅱ部分（表演者权利）中，在第 205 条之前，插入——

表演者财产权许可

205A. 就表演者财产权许可而言，附表 2A 中的条款具有法律效力。

（2）在附表 2 之后，插入——

"附表 2　表演者财产权许可"

特许计划与许可机构。

1. ——（1）在第Ⅱ部分中，"特许计划"是指规定以下方面的方案——

（a）情况的分类，该情况是指方案的运作者或是其所代表的版权人愿意授予表演者财产权利许可，并且

（b）根据情况分类授予许可的条款；

以及，出于本目的，该"方案"应包括任何具有方案性质的条款，无论其是以方案或关税或以任何其他名字进行表述。

（2）在第Ⅱ部分中，"许可机构"是指一个社会团体或组织，其主要目标，或主要目标之一是否作为表演者财产权的所有人或未来所有人，或作为表演者财产权许可的代理人协商或授予表演者财产权许可，且其目标包括授予涵盖多名表演者表演的许可。

（3）在本条例中，"表演者财产权许可"是指允许去做或授权去做根据第 182A 条、第 182B 条或第 182C 条之规定需要获得许可的事的许可。

（4）本部分中提及的包括多名表演者表演的许可或特许计划不包括仅涵盖以下方面的许可或方案——

（a）单一录制品中记录的表演；

(b) 多项录制品中记录的表演,其中,

(i) 表演的表演者为相同的表演者,或

(ii) 录制品由个人,单一公司或公司集团制作,或由其雇员制作,或由其委托制作。为此目的,公司集团是指在 1985 年《公司法》第 736 条中所指的范围内控股公司及其子公司。

有关特许计划的参考及适用。

2. 只要许可方案涉及以下方面的许可,条例 3 至条例 8(有关特许计划的参考及适用)适用于许可机构执行的与涵盖多名表演者表演的表演者财产权相关的特许计划。

(a) 复制合资格的表演的整体或任何实质部分的录制品,或

(b) 向公众出租或转借录制品的复制品;

在该条例中,"特许计划"是指任何符合上述描述的特许计划。

向审裁处提交建议特许计划。

3. ——(1) 提议特许计划条款应由许可机构制定,也可以通过组织机构声称作为版权人代表的组织机构,提交给版权审裁处,如果说明该方案一般适用于或涉及案件说明,则版权人应声明其要求提供许可。若有一群人声明他们要求许可,作为这些人代表的组织可以将建议由许可机构执行的特许计划的条款提交给版权审裁处。

(2) 审裁处首先应决定是否受理所提交的建议特许计划,如果该方案尚不成熟,审裁处可以拒绝受理案件。

(3) 审裁处如决定受理该项转介,须考虑所转介的事宜,并作出审裁处裁定在当时情况下属合理的命令,以确认或更改建议的计划,而该确认或更改,可以是一般性的,亦可以是就该计划与该项转介所关乎的类别的个案有关的范围而作出的。

(4) 所作出的命令可规定该命令无限期有效,亦可规定该命令在审裁处裁定的期间有效。

向审裁处提交特许计划。

4. ——(1) 如在特许计划营办期间,在该计划的营办人与以下人士或组织之间发生争议,而——

（a）有人声称他需要在该计划所适用的类别的个案中取得特许；或

（b）有组织声称是该等人的代表；

则在该计划所关乎的该类别个案的范围内，该人或该组织可将该计划转介版权审裁处。

（2）已根据本条转介审裁处的计划仍可继续营办，直至就该项转介进行的法律程序审结为止。

（3）审裁处须考虑争议中的事项，并作出审裁处裁定在当时情况下属合理的命令，以在有关计划与该项转介所关乎的类别的个案有关的范围内，确认或更改该计划。

（4）所作出的命令可规定该命令无限期有效，亦可规定该命令在审裁处裁定的期间有效。

将计划再次转介审裁处。

5. ——（1）凡先前根据第 3 或 4 条转介特许计划而版权审裁处已就该计划作出命令，或先前根据本条转介特许计划而版权审裁处已就该计划作出命令，则在该项命令仍然有效时——

（a）该计划的营办人；

（b）声称需要在该命令所适用的类别的个案中取得特许的人；或

（c）声称是该等人的代表的组织；

在该计划所关乎的该类别个案的范围内，可将该计划再度转介审裁处。

（2）除获审裁处特别许可外——

（a）在自就先前的转介作出的命令的日期起计的 12 个月内，不得就相同类别的个案将特许计划再度转介审裁处；或

（b）如作出的命令规定该项命令有效 15 个月或少于 15 个月，则在该项命令届满日期之前的最后 3 个月，方可就相同类别的个案将特许计划再度转介审裁处。

（3）如任何计划已根据本条转介审裁处，则该计划应当继续营办，直至就该项转介进行的法律程序审结为止。

（4）审裁处须考虑争议中的事项，并作出审裁处裁定在当时情况下属合理的命令，在有关计划与该项转介所关乎的类别的个案有关的范围内，确认或

更改或进一步更改该计划。

（5）所作出的命令可规定该命令无限期有效,亦可规定该命令在审裁处裁定的期间有效。

适用与特许计划相关的许可授权。

6. ——申请批出与特许计划有关的特许

（1）凡在特许计划所涵盖的个案中,有人声称该计划的营办人拒绝按照该计划向他批出特许或拒绝促致按照该计划向他批出特许,或在向该营办人提出要求之后的一段合理的时间内,该营办人没有如此做,则该人可向版权审裁处申请作出本条所指的命令。

（2）凡在特许计划不包括的个案中,有人声称该计划的营办人——

（a）已拒绝向他批出特许或拒绝促致向他批出特许,或在向该营办人提出要求之后的一段合理时间内,该营办人没有如此做,而在当时情况下不批出特许是不合理的;或

（b）就特许建议不合理的条款;

则该人可向审裁处提出申请。

（3）就第（2）款而言,任何个案如有以下情况,则该个案须视为不包括在特许计划之内——

（a）该计划规定特许的批出须符合某些条款,而该等条款将某些事项排除在该特许之外,而该个案属于该被排除在该特许之外的例外情况;或

（b）该个案与根据该计划而获批出特许的个案相似至如该个案不获以相同方式处理便属不合理的程度。

（4）审裁处如信任该项声称是具备充分理由的,则审裁处须作出命令,宣布就该项命令指明的事项而言,申请人有权在审裁处裁定为按照该计划而属适用的条款下,或在当时情况下属合理的条款下（视属何情况而定）取得特许。

（5）所作出的命令可规定该命令无限期有效,亦可规定该命令在审裁处裁定的期间有效。

就与有权获得特许有关的命令而申请复核。

7. ——（1）凡版权审裁处已根据第 6 条作出命令,指某人根据特许计划而有权获得特许,则该计划的营办人或原申请人可向审裁处申请复核其命令。

（2）除获审裁处特别许可外——

（a）在自作出命令的日期起计的 12 个月内，或在自审裁处根据本条而就一项先前的申请作出裁决的日期起计的 12 个月内，不得提出申请；或

（b）如作出的命令规定该项命令有效 15 个月或少于 15 个月，或因根据本条而就一项先前的申请作出的裁决而使该命令在自作出该项裁决起计的 15 个月内届满，则在该项命令届满日期之前的最后 3 个月，方可提出申请。

（3）审裁处须应复核申请并在顾及按照有关的特许计划而适用的条款或有关的个案的情况（视属何情况而定）后，在审裁处裁定为合理的情况下，确认或更改其命令。

审裁处就特许计划作出的命令的效力。

8. ——（1）凡版权审裁处已根据以下条文确认或更改某特许计划，则只要该项命令继续有效，在该计划是关乎某类别的个案（而有关命令是就该个案作出的）的范围内，该特许计划即属有效或即属可继续营办（视属何情况而定）——

（a）第 155 条（将建议的计划的条款转介）；或

（b）第 156 或 157 条（将现有的计划转介审裁处）。

（2）在该项命令有效时，如任何人在该项命令所适用的种类的个案中——

（a）就涵盖有关个案的特许而向该计划的营办人缴付根据该计划而须缴付的任何收费，或如该等收费的款额不能确定，则向该营办人作出承诺，在款额确定后当即缴付该等收费；及

（b）遵从适用于该计划下的特许的其他条款；

则就侵犯版权而言，该人所处的地位，犹如该人在所有关键时间属有关版权的拥有人按照该计划而批出的特许的持有人一样。

（3）凡有命令更改须缴付的收费的款额，审裁处可指示该项命令自其作出的日期之前的日期起生效，但该生效日期不得早于作出转介的日期，或（如较迟的话）该计划实施的日期。

该项指示如作出的话，则——

（a）须就已缴付的收费而作出必需的偿还，或进一步付款；及

（b）第（2）（a）款所提述的根据该计划而须缴付的收费，须解释为提述凭借该命令而须缴付的收费。

在以下第(4)款所适用的情形,不得作出该指示。

(4) 根据第 4 或 5 条规定作出的,与被证实为实现第 16 条目的的特许计划相关的审裁处指令,自特许计划提交至审裁处之日起生效。

(5) 凡审裁处已根据第 6 条作出命令(关于有权根据特许计划获得特许的命令),而该项命令仍继续有效,该命令所惠及的人——

(a) 如向该计划的营办人缴付按照该命令所须缴付的任何收费,或如款额不能确定,则作出承诺,在款额确定后当即缴付该等收费;及

(b) 遵从该命令指明的其他条款;

则就侵犯版权而言,该人所处的地位,犹如该人在所有关键时间属有关版权的拥有人按照该命令所指明的条款而批出的特许的持有人一样。

就特许机构批出的特许而作出的转介及申请。

9. 第 10 条至第 13 条(就特许机构批出的特许而作出的转介及申请)适用于特许机构授权的而非遵循特许计划而授予的许可,该许可与涵盖多位表演者之表演的表演者财产权相关,只要该许可授权——

(a) 复制合资格表演的全部或任何实质部分的录制品;或

(b) 向公众出租或出借录制品的复制品;

对在相关条款中所述之许可,应作出相应的解释。

将建议的特许转介审裁处。

10. ——(1) 准特许持有人可将特许机构建议批出的特许的条款转介版权审裁处。

(2) 审裁处须首先决定是否受理该项转介,并可以该项转介为时过早为理由而拒绝受理。

(3) 审裁处如决定受理该项转介,须就建议的特许的条款作出考虑,并作出审裁处裁定在当时情况下属合理的命令,以确认或更改该等条款。

(4) 所作出的命令可规定该命令无限期有效,亦可规定该命令在审裁处裁定的期间有效。

将即将失效的特许转介审裁处。

11. ——(1) 任何特许如因时间届满或由于特许机构给予通知而到期失效,则该特许的持有人可基于该特许在当时情况下停止有效是不合理为理由

而向版权审裁处提出申请。

（2）在特许到期失效之前的最后 3 个月，该项申请方可提出。

（3）已转介审裁处的特许仍可继续有效，直至就该转介而进行的法律程序审结为止。

（4）审裁处如裁断该项申请是具备充分理由的，须作出命令宣布有关的特许持有人继续有权按照审裁处裁定在当时情况下属合理的条款享有特许的利益。

（5）审裁处根据本条作出的命令可规定该命令无限期有效，亦可规定该命令在审裁处裁定的期间有效。

申请复核就特许而作出的命令。

12. ——（1）凡版权审裁处已根据第 10 或 11 条作出命令，特许机构或有权享有该命令的利益的人，可向审裁处申请复核其命令。

（2）除获审裁处的特别许可外——

（a）在自作出命令的日期起计的 12 个月内，或在自审裁处根据本条而就一项先前的申请作出裁决的日期起计的 12 个月内，不得提出申请；或

（b）如作出的命令规定该项命令有效 15 个月或少于 15 个月，或因根据本条而就一项先前的申请作出的裁决而使该命令在作出该项裁决起计的 15 个月内届满，则在该项命令届满日期之前的最后 3 个月，方可提出申请。

（3）审裁处须按其裁定在当时情况下属合理者而应复核申请确认或更改其命令。

审裁处就特许作出的命令的效力。

13. ——（1）凡版权审裁处已根据第 10 或 11 条作出命令，而该项命令仍继续有效，则有权享有该命令的利益的人——

（a）如向特许机构缴付按照该命令而须缴付的任何收费，或如款额不能确定，则作出承诺，在款额确定后当即缴付该等收费；及

（b）遵从该命令指明的其他条款；

则就侵犯版权而言，该人所处的地位，犹如该人在所有关键时间属有关版权的拥有人按照该命令所指明的条款批出的特许的持有人一样。

（2）该命令的利益，在以下情况下可以转让——

（a）就根据第 10 条作出的命令而言，审裁处的命令的条款并不禁止转让；及

（b）就根据第 11 条作出的命令而言，原有的特许的条款并不禁止转让。

（3）审裁处可作出指示，规定根据第 10 或 11 条作出的命令，或在根据第 165 条作出的更改该命令下的须缴付收费的款额的范围内的另一命令，自其作出的日期之前的日期起生效，但该生效日期不得早于作出转介或提出申请的日期或（如较迟的话）批出该特许的日期或该特许到期失效的日期（视属何情况而定）。

（4）该项指示如作出的话，则——

（a）须就已缴付的收费而作出任何必需的偿还，或进一步付款；及

（b）第（1）（a）款所提述的根据该命令而须缴付的收费，如该命令由一项较后的命令更改，则须解释为提述凭借该较后的命令而须缴付的收费。

一般性考虑：不合理的歧视。

14. ——（1）审裁处就根据本附表提出的与特许计划或许可相关的转介或申请而言，在裁定什么是合理时，须顾及——

（a）其他情况相类的人可获提供的其他计划，或向该等人批出的其他特许；

（b）该等特许计划的条款。

版权审裁处须行使其权力以确保在该转介或申请所关乎的计划或特许下的特许持有人或准特许持有人，和由同一人所营办的其他计划下或批出的其他特许下的特许持有人之间，并没有存在任何不合理的歧视。

（2）这不影响审裁处在任何条件下须考虑到所有相关情况的一般职责。

缴纳版税、或其他为出借行为应付款项的申请。

15. ——（1）缴纳版税或其他应付款项（根据附表 2 条例 14A 中——某些录制品的出借）的申请，可以由表演者财产权所有人、或自称已被前者授权的许可人提交至版权审裁处。

（2）审裁处须考虑该申请内容，并作出在当时情况下认为合理的命令。

（3）任何一方后续均可以向审裁处申请修改命令，而审裁处须对该申请加以考虑，作出在当时情况下认为合理的命令以确认或修改最初的命令。

（4）除非获得审裁处的特别许可，第（3）款中的申请不得在自原始命令颁

布后的 12 个月内,或在该款中前一申请命令颁布后的 12 个月内提交。

(5) 第(3)款中的命令自其颁布之日起,或审裁处具体规定的日期起生效。

特许计划的认证。

16. ——(1) 正在实施、或建议实施特许计划的个人,可以向国务大臣申请,按照附表 2 中条例 14A 的相关目的(某些录制品的出借)对方案实施认证。

(2) 国务大臣须按照法定文件对该方案实施特许认证,前提是其须满足以下内容——

(a) 该特许计划使与其相关的作品得到可能需要特许的人的充分肯定;

(b) 该特许计划明确规定出需支付的费用(如果有的话)以及其他许可授权的条款。

(3) 该计划应当按照命令进行安排,而特许认证须为附表 2 中条例 14A 之目的——

(a) 在命令颁布 8 周后,按照命令的具体要求,开始执行;或

(b) 如果该计划遵循了条例 3 中的参考内容(提议方案的参考),则在任何版权审裁处颁布该命令的日期生效,否则相关的参考内容须被撤回。

(4) 针对该计划实施的更改不会自动生效,除非该命令的相关修正案已经颁布;并且国务大臣应就版权审裁处指令的变更,根据第 3,4 或 5 条所规定的提交的建议许可方案,作出修正,同时可以在任何其他视为适合的情况下实施此项工作。

(5) 如果相关方案停止执行、则该命令应当废除;若国务大臣认为根据方案之条款,方案不再被执行,那么该命令可以被撤销。

因竞争报告而可以行使的权利。

17. ——(1) 当垄断与兼并委员会拟定的报告中具体指定的相关内容为:依照该委员会的观点,其效力被视为将与公众利益相抵触,或已经与公众利益相抵触,其中包括——

(a) 由表演者财产权所有人授予的许可规定的条件,限制了此类使用:可能由持证人拟定的录制品、或授予其他许可的所有人的权利;或

(b) 表演者财产权所有人按照合理的条款规定拒绝授予许可。

则根据附表 8 中的第 I 部分内容,相关权力须被提请 1973 年《公平交易

法》(出于修改或避免委员会报告中指定的不利影响而赋予相应的可行使权力),包括取消或修改这些条件内容的权力,替代或加上规定:与表演者财产权相关的许可须依照其被赋予的权利而具备可用性的权力。

(2) 该法案第 56 条第(2)款和第 73 条第(2)款,以及 1980 年《竞争法》的第 10 条第(2)款第(b)项和第 12 条第(5)款中提及的在附表该部分中明确的权力应该做出相应的解释。

(3) 部长仅须行使其被赋予的本款中记述的可用职权,如果其认为这样做不会违反任何与表演者权利相关的公约(英国政府为公约的一方)。

(4) 依照本款内容具备可用性的许可条款,在尚未拟定相关协议的情况下,须由版权审裁处依照要求获得该许可的个人提交的申请内容而拟定;并且拟定的相关条款须授予持证人所有与该许可相关的可用权利。

(5) 凡许可条款内容被审裁处规定的,该许可就自申请书提交之日起生效。

表演者权利:版权审裁处授予许可的权力。

23. ——(1) 第 190 条(在某些情况下审裁处代表表演者给出许可的权力)按照如下内容实施修订——

(2) 第(1)款,替换为——

"(1) 版权审裁处可以经希望复制表演的录制品的个人申请,授予许可:若通过合理调查仍无法确定被授予复制权的该人的身份或下落。"

(3) 在第(2)款中,将"表演者"替换为"有复制权的个人"。

(4) 删去第(4)款内容。

(5) 在第(6)款中——

(a) 将"表演者"第一处出现的地方替换为"有复制权的个人",并且

(b) 将"表演者"第二处出现的地方替换为"该人"。

表演者权利:版权审裁处的司法管辖权。

24. ——(1) 在第 205A 条之后(由第 22 条第(1)款规定插入)插入——

版权审裁处的司法管辖权

205B——(1) 版权审裁处根据本部分的规定具有司法管辖权,负责审理

并裁决以下根据下列条款而进行的诉讼——

(a) 第 182D 条(开发商业录音制品的合理报酬数额);

(b) 第 190 条(代表复制权所有人给予许可的申请);

(c) 第 191H 条(转让出租权而获得合理报酬的数额);

(d) 附表 2A 条例 3、条例 4 或条例 5(特许计划的参考);

(e) 该附表中的条例 6 或条例 7(特许计划规定下相关许可申请);

(f) 该附表条例 10、条例 11 或条例 12(许可机构许可的参考和申请);

(g) 该附表条例 15(为某些出借确定版税的申请);

(h) 该附表段落 17(适用的权利许可的裁决条款)。

(2) 当行使此部分授予的任何司法管辖权时,第 I 部分第 Ⅷ 章规定(与版权审裁处相关的一般条款)适用于和审裁处相关的内容。

(3) 相关条款须按照第 150 条拟定,禁止审裁处受理代表组织根据附表 2A 第 3,4,5 条(特许计划的提交)所提交的方案,除非该组织能够合理代表其声称代表的集体。

(4) 在第 149 条中(审裁处的司法管辖权)——

(a) 在最开始的描述中将"版权审裁处的只能"替换为"版权审裁处依照本部分规定具有司法管辖权"。

(b) 删去第(g)项与第(h)项。

(5) 在附表 6 条例 5 中(版税或其他应付报酬的审裁处裁决),在第(4)款后增加:

"(5) 当实施任何本款规定的司法管辖权时,在第 I 部分第 Ⅷ 章规定(与版权审裁处相关的一般条款)适用于审裁处。"

第Ⅲ部分　过渡性条款及保留条款一般条款

引言。

25. ——(1) 在本部分中——

"生效"是指本条例的生效;及

"现有",就作品或表演而言,是指生效前作出或完成。

（2）就本部分而言，其中的作品的创作延长一段时期并完成，应视为创作完成。

（3）在本部中的"新权利"是指这些条例规定的额，授权或禁止某项行为的与版权作品或合资格表演相关的权利。

"新权利"不包括——

（a）与条例生效前存在的权利相对应的权利，或

（b）根据本条例所产生的获得报酬的权利。

（4）本部分所用与版权相关之表述与其在 1988（1）年《版权、设计和专利法案》中第 I 部分的含义相同；本部分所用与表演相关之表述与其在 1988（1）年《版权、设计和专利法案》中第 II 部分的含义相同。

1988 c.48.

一般规则。

26. ——（1）根据条例 28 至条例 36（特殊过渡性条款及保留条款），这些条例适用于在生效之前或之后制作的版权作品或表演。

（2）生效之前的任何行为，不应被视为对任何新的权利的侵犯，或引起根据这些条例产生的获得报酬权。

保留某些现有协议。

27. ——（1）除另有明文规定外，本条例的规定，不影响 1992 年 11 月 19 日之前订立的协议。

（2）凡在生效后遵循上述协议所为之行为，不应被视为对任何新权利的侵犯。

特　殊　条　款

广播。

28. 下列与生效后制作的广播相关的规定生效——

条例 5（被视为的广播发出地）及

条例 6（对某些卫星广播的保障措施）。

卫星广播：国际间的合作生产协议。

29. ——（1）本条例适用于在 1995 年 1 月 1 日之前签订的一项协议——

（a）该协议由两名以上合作影片制片人签订，其中一人是欧洲经济区国家的国民，并且

（b）该协议规定，给予各方专有权利在不同的地理区域向公众传播影片。

（2）若上述协议给予与英国相关的专有使用权，但没有以明示或暗示的方式表明是来自英国的卫星广播，则被授予专有权利的人在为获得协议其他各方的许可的情况下不得进行广播，因为协议其他各方的与语言相关的使用权将受到严重影响。

新权利：表演相关权利的行使。

30. ——（1）任何由本条例授予的关于合资格的表演的任何新的权利从其生效开始都是可行使的，行使此类权利的人为表演者，或（如果已经过世）其他有条件的人，该人在生效之前根据第 192 条第（2）款即被授权行使根据第二部分授予表演者的与该表演相关的权利。

（2）某人的个人代表根据第（1）款授予其的权利而接受的任何报酬或是损害赔偿应该成为该人的固定资产，视为其去世前权利存续或其被授予了该权利。

新权利：生效前授权复制的效力。

31. 凡条例生效前——

（a）文学，戏剧，音乐或艺术作品版权人或准版权人已授权某人制作作品的复制品，或

（b）一场表演中表演者权利的所有人或准所有人授权某人制作该表演录制品的复制品，除任何协议有相反规定为，任何有关该复制品的新权利，应该在该人获得授权时生效。

新权利：生效前影片制片协议的效力。

32. ——（1）第 93A 条和第 191F 条（在制作协议中出租权转让的推定）适

用于生效前签订的一项协议。

由于第 93A 条的适用,该条第(3)款的限制应该被删去(有关专为该影片创作的剧本,台词或音乐的推定的排除)。

(2) 第 93B 条和第 191G 条(出租权转让时获得合理报酬的权利)具有相应的效力,但须服从于条例 33(在 1997 年 4 月 1 日之后适用于出租的合理报酬权)。

1997 年 4 月 1 日后出租适用的合理报酬权。

33. 根据第 93B 条或 191G 条(在出租权转让时获得合理报酬的权利)不产生任何与下列内容相关的合理报酬权——

(a) 1997 年 4 月 1 日之前出租任何录音制品或影片,或

(b) 在根据 1997 年 4 月 1 日之前达成的协议制作的录音制品或影片的制作日期之后进行的出租,除非作者或表演者(或其权利继承人)在 1997 年 1 月 1 日前通知要支付报酬的人他想要行使该项权利。

对现有存货的保留条款。

34. ——(1) 任何有关版权作品的新的权利不适用于此类作品的复制品。该作品的复制品由某人出于向公众出租或出借的目的在生效之前获得。

(2) 任何有关有资格的表演的新的权利不适用于此类表演的录制品的复制品。该作品的复制品由某人出于向公众出租或出借的目的在生效之前获得。

图书馆或档案馆对复制品的出借。

35. 直到根据 1988 年《版权、设计和专利法案》第 37 条出于该法案第 40A 条第(2)款(图书馆或档案馆出借复制品)的目的制定条例,第 40A 条第(2)款(和附表 2 条例 6B)所述及的规定的图书馆或档案馆应该被解释为 1989(2)《版权条例》附表 1 第 A 部分条例 2 到条例 6(图书馆和档案馆的参考)(复制版权材料)所规定的英国任何图书馆或档案馆的。

(1)

1988 c.48.

(2)

S. I. 1989/1212.

影片制片人。

36. ——(1) 条例 18(影片制片人)的规定自其生效后适用于 1994 年 7 月 1 日当日或之后制作的影片。

(2) 总导演根据本条例在条例生效后遵循影片(该影片制作于 1992 年 11 月 19 日之前)使用安排所进行的任何行为不构成侵权。

这不会影响任何根据第 93B 条获得合理报酬的权利。

伊恩泰勒,
科学和技术议会的副国务大臣,
英国贸易和工业部
1996 年 11 月 26 日

《法定缴存图书馆法案》2003 年

目　　录

缴 存 义 务

1. 出版物的缴存

2. 新版本和替代版本

3. 实施

印刷型出版物

4. 印刷型出版物：大英图书馆

5. 印刷型出版物：其他图书馆

非印刷型出版物

6. 条例：非印刷型出版物的缴存

7. 非印刷型出版物相关行为的限制

8. 与非印刷型出版物有关的活动：版权等

免　　责

9. 免责：出版物的缴存等

10. 免责：与出版物有关的活动

条　　例

11. 条例：总则

12. 条例：苏格兰和威尔士

13. 条例：都柏林三一学院

总　　则

14. 释义

15. 相应修订、废除及撤销

16. 生效日期和适用范围

17. 简称

附　　表

废除及撤销

本法旨在取代《版权法(1911 年)》第 15 条关于印刷型出版物和类似出版物(包括在线出版物和离线出版物)的缴存规定,并对缴存资料的使用、保存及相关事宜作出规定。

[2003 年 10 月 30 日]

本法案经由至高无上的女王陛下颁布,经由上议院、下议院和教会参与并同意,经由国会及当局同意,细则如下:——

缴 存 义 务

1. 出版物的缴存

(1) 任何人在联合王国境内出版适用本法的作品后须自付费用送交一份复本至指定地址(一般或特定情况下),该地址由本条规定的缴存图书馆指定。

(2) 如果都柏林三一学院图书馆主管机构以外的缴存图书馆未指定地址,则应将复本送至该图书馆。

(3) 就印刷型出版物而言,本法适用于——

(a) 图书(含小册子、杂志和报纸),

(b) 凸版活字印刷品或乐谱,

(c) 地图、规划图、图表、表格,及

(d) 任何上述作品的一部分;

但另有规定的除外。

（4）就非印刷型出版物而言,本法适用于规定种类的作品。

（5）上述规定种类的非印刷型出版物,不包括仅由如下成分组成的作品——

（a）录音制品、影片,或由录音和电影组成的作品,或

（b）类似作品和仅仅是附属于上述作品的资料。

（6）除第 6 条第（2）款第（h）项的规定外,第（1）款规定的义务是指以作品出版时的载体形式送交复本。

（7）本条中,"地址"是指联合王国内的地址或电子地址。

注释：

生效信息

第 1 条在一定程度上有效;在王室同意赋予制定条例的权力范围内有效,见第 16 条第（1）款。

2. 新版本和替代版本

（1）本法案不适用于已在联合王国境内以相同载体形式出版的实质相同的作品。

（2）如实质相同的作品,在联合王国境内以一种以上的载体形式出版,则——

（a）第 1 条第（1）款仅适用于其中某一种载体形式,并且

（b）该种载体形式由国务大臣制定的条例规定。

（3）国务大臣可以制定条例,规定作品视为或不视为本条述及的实质相同的特定情形。

注释：

生效信息

第 2 条在一定程度上有效,在王室同意赋予制定条例的权力范围内有效,见第 16 条都（1）款。

3. 实施

（1）依据本法应向缴存图书馆制定的地址或缴存图书馆送交复本的人（本条中指"出版人"）未履行送交义务时，适用本条规定。

（2）有关图书馆可依法庭规则，向郡法院（在苏格兰，向郡司法官）申请命令，要求出版人履行义务。

（3）如果依据上述第（2）款进行申请时，出现下列情况——

（a）出版人不能履行义务，或者

（b）因其他原因，不宜作出前款规定的命令，

郡法院或郡司法官可作出替代命令，要求出版人向图书馆支付一定数额钱款，总额不得超过因出版人不履行义务而产生的费用。

印刷型出版物

4. 印刷型出版物：大英图书馆

（1）依据第 1 条，大英图书馆委员会有权接受所有印刷型出版物复本。

（2）复本必须自出版之日起 1 个月内送交。

（3）送交时的复本应与为在联合王国境内出版而制作的最佳品质复本相同。

（4）委员会必须出具书面收据（可以是电子方式或其他方式）。

5. 印刷型出版物：其他图书馆

（1）除大英图书馆委员会外，每个缴存图书馆有权依据第 1 条接受其要求的印刷型出版物复本。

（2）本条规定的送交要求必须以书面形式提出（可以是电子方式或其他方式）。

（3）送交要求——

（a）可在出版前提出，并且

（b）特殊情况下，可以针对百科全书、报纸、期刊或其他作品所有将要出版的期次或部分。

(4) 自出版之日起 12 个月内期间结束后,不得提出送交要求。

(5) 作品的复本必须在下列日期起 1 个月之内送交——

(a) 出版之日,或

(b) 如延迟,收到送交要求之日。

(6) 送交时的复本应与为在联合王国境内出版而制作的最多数量的复本相同。

非印刷型出版物

6. 条例: 非印刷型出版物的缴存

(1) 国务大臣可制定条例,对第 1 条和第 2 条进行补充规定,以适用于非印刷型出版物。

(2) 特定情况下,根据本条制定的条例可以——

(a) 规定任何缴存图书馆开始或者不再有权根据第 1 条接受缴存的时间或期限。

(b) 规定第 1 条第(1)款述及的人在送交作品复本时,一并送交访问该作品所需的计算机程序和信息的复本,以及附属于该作品并提供给公众的手册和其他资料的复本。

(c) 规定与出版或其他事件相关的一段时间内送交复本。

(d) 允许或要求以电子方式送交复本。

(e) 当一个出版物以多种版本出版,指定需缴存的版本。

(f) 当一个出版物以多种形式出版或提供给公众,(一般或特殊情况)规定送交复本的形式应按缴存图书馆或它们中的任何一个指定的要求来确定。

(g) 制定条例规定,在线出版作品在联合王国境内是否被视为出版。

(h) 规定需要缴存在线出版作品复制品的载体形式。

注释:

生效信息

第 6 条在一定程度上有效;在王室同意赋予制定条例的权力范围内有效,

见第 16 条第(1)款。

7. 非印刷型出版物相关行为的限制

(1) 除第(3)款的规定外,相关人员不得从事第(2)款所列的与相关资料有关的行为。

(2) 这些行为包括——

(a) 使用资料(不论使用是否必须制作相关资料的临时复本);

(b) 复制资料(为使用相关资料而必须制作临时复本的除外);

(c) 对包含计算机程序或数据库的相关资料进行改编;

(d) 将资料出借给第三方(但在缴存图书馆馆内,并在其管理下供读者使用的除外);

(e) 将资料转让给第三方;

(f) 对资料进行处理。

(3) 国务大臣可根据条例,规定允许有关人士对相关资料做第(2)款所列任何活动,但需遵守规定的条件。

(4) 根据本条制定的条例,可对下列事项作出特别规定——

(a) 相关资料被使用和复制的目的;

(b) 读者首次可以使用相关资料的时间和情况;

(c) 可以使用相关资料的读者类型;

(d) 对在同一时间使用相关资料的读者人数作出限制(可以是对缴存图书馆内读者同时访问电子出版物的终端数量进行限制,也可以是其他方式)。

(5) 本条中——

(a) "读者"意指,经缴存图书馆准许,在其馆舍内为研究或学习目的而使用相关资料的人;

(b) "相关资料"意指——

(i) 根据第 1 条的规定送交的非印刷型出版物复本;

(ii) 根据第 6 条的条例所缴存的第 6 条第(2)款第(b)项规定的计算机程序和资料的副本;

(iii) 第 10 条第(6)款所适用的作品复本;

（iv）上述第（i）目至第（iii）目提及的任何资料的复本（不论复制程度如何）。

（c）"相关人士"意指——

（i）缴存图书馆或其代理人；

（ii）读者；

（d）所提及的缴存图书馆包含苏格兰出庭律师协会。

（6）因违反本条规定而遭受损失的人可以针对该违法行为提起诉讼，该诉讼答辩和附带程序/抗辩权和附带权利适用违反法定义务诉讼的规定。

注释：

生效信息

第 7 条在一定程度上有效；在王室同意赋予制定条例的权力范围内有效，见第 16 条第（1）款。

8. 与非印刷型出版物有关的活动：版权等

（1）在 1988 年《版权、外观设计和专利法（1988 年）》第 1 部分第 3 章（该章规定了法律允许的与版权作品有关的行为），在第 44 条后插入——

"44A 法定缴存图书馆

（1）缴存图书馆或其代理人从网络复制出版物，在下述情况下不构成对版权的侵权——

（a）在《2003 年法案》第 10 条第（5）款中所规定的作品，

（b）在互联网上出版的作品或者将作品在互联网上出版的人，与联合王国存在着规定的联系，并且

（c）作品已在规定情况下完成复制。

（2）根据《2003 年法案》规定的第 7 条允许对相关资料进行复制，则与此相关的任何行为不侵犯版权。

（3）对相关资料所进行的相关活动，国务大臣可以通过其指定的条例排除本章所规定的条款的适用。

（4）根据第（3）款中制定的条例可以对下列事项作出特别规定——

(a) 实施行为的目的，

(b) 实施行为的读者类型，

(c) 作为实施对象的相关资料的种类，

(d) 与所规定不一致的行为。

(6) 本条中的条例可依不同目的制定的不同条款。

(7) 本条中的条例应该以行政立法性文件的形式制定，这些条例应该服从于议会任一院的撤销决议。

(8) 在本条中——

(a)《2003 年法案》系指 2003 年《法定缴存图书馆法案》；

(b) '缴存图书馆''读者'和'相关资料'与《2003 年法案》第 7 条所述含义相同；

(c) '规定'指国务大臣所制定的条例。"

(2) 在 1997 年《版权和数据库权利条例》(S.I. 1997/3032)中的第Ⅲ部分(数据库权利)，在第 20 条后插入——

"20A 数据库权利的特例：缴存图书馆

(1) 缴存图书馆或其代理人从网络复制作品，在下列情况下不构成对数据库中数据库权利的侵犯——

(a) 作品是《2003 年法案》第 10 条第(5)款中所规定的作品，

(b) 在互联网上出本的作品或者将作品在互联网上出版的人，与联合王国存在着规定的联系，并且

(c) 作品在规定情况下完成复制。

(2) 根据《2003 年法案》第 7 条允许复制相关资料，则进行此种行为不侵犯数据库中的数据库权利。

(3)《1988 年法案》中第 44A 条第(3)款不包括第(2)款关于相关资料的行为规定，如同(也是在这个限度内)，条例排除《1988 年法案》中第 44A 条第(2)款对上述相关行为的适用。

(4) 在本条例中——

(a)《2003 年法案》系指 2003 年《法定缴存图书馆法案》；

(b) '缴存图书馆'和'相关资料'与《2003 年法案》第 7 条所述含义相同。"

注释:

生效信息

第 7 条在一定程度上有效;在王室同意赋予制定条例的权力范围内有效,见第 16 条第(1)款。

免　　责

9. 免责: 出版物的缴存等

(1) 根据第 1 条缴存的作品复本应该做到——

(a) 不得违反送交人作为一方当事人的与该作品部分相关的任何合同,并且

(b) 不得侵犯与该作品任何部分或任何权利相关的版权、出版权或数据库权。

(2) 按照依据第 6 条所制定条例的规定,第(1)款适用于第 6 条第(2)款第(b)项规定的计算机程序或其他资料复本的送交,如同其也适用于符合第 1 条的作品复本的缴存。

10. 免责: 与出版物有关的活动

(1) 缴存图书馆,或代其名义行事的人,对相关人员实施的、第 7 条第(2)款所列的、与第 1 条规定的送交作品复本相关的行为所导致的名誉损害,不承担损害赔偿责任或者任何刑事责任。

(2) 在下列情形,第(1)款不适用于缴存图书馆——

(a) 缴存图书馆知道,或者就损害赔偿而言它从应当知道的事实或情况中了解到,复本包含毁损名誉的陈述;并且

(b) 自知道上述情况时起,它有防止与复本相关的行为发生的合理机会。

(3) 在送交人(本条中,指“出版人”)已经根据第 1 条向缴存图书馆制定的地址送交作品复本的情况下,出版人对相关人员实施的、第 7 条第(2)款所列的、与第 1 条规定的送交作品复本相关的行为所导致的名誉损害,不承担损害赔偿责任或者任何刑事责任。

(4) 在下列情形,第(3)款不予适用——

(a) 出版人指导,或者就损害赔偿而言出版人从应当知道的事实或情况

中了解到,复本包含毁损名誉的陈述;并且

(b) 自指导上述情况时起,它有合理的机会通知图书馆它所知道的事项、事实或情况但它没有这么做。

(5) 对于发表于网络的作品,第(6)款适用于如下情况——

(a) 根据本款制定的条例中规定的作品;

(b) 在互联网上出版的作品或者将作品在互联网出版的人,与联合王国存在着规定的联系,并且

(c) 由缴存图书馆或其代理人根据规定的情况从网络上复制的作品。

(6) 在本款适用于作品复本的情况下——

(a) 除图书馆以外的其他人,对相关人员实施的、第 7 条第(2)款所列的、与第 1 条规定的送交作品复本相关的行为所导致的名誉损害,不承担损害赔偿责任或者任何刑事责任;并且

(b) 第(1)款和第(2)款适用于复本相关行为的实施,如同它们适用于根据第 1 条送交作品复本的相关行为的实施一样。

(7) 在本条中——

(a) "相关人士"与《2003 年法案》第 7 条所述含义相同;

(b) 述及第 7 条第(2)款中提到的行为时包括与相关资料(第 7 条所界定的)有关的无论是否已实施的行为;

(c) 所提及的缴存图书馆包含苏格兰出庭律师协会。

(8) 鉴于本条适用于因毁损名誉引起的有关损害赔偿和刑事责任,国务大臣可以制定条例,规定本条适用于条例所规定的任何种类的相关责任(包括刑事责任呢),并可以规定的方式进行修改。

(9) 本条适用于与作品复本相关行为的实施,则同样适用于该复本的复本(不论复制程度如何)相关行为的实施。

(10) 本条不对任何人规定法律责任。

注释:

生效信息

第 10 条在一定程度上有效;在王室同意赋予制定条例的权力范围内有

效,见第 16 条第(1)款。

条　　例

11. 条例：总则

(1) 根据本法案制定条例的权力——

(a) 可以为不同目的作出不同规定,包括特定情况下不同的载体形式、作品种类、缴存图书馆或地区,以及

(b) 可行使于授权范围内的所有情形,也可行使于授权范围内指定的例外情形,或某个或某类特定情形。

(2) 根据本法案的条例由国务大臣与下列机构商议来制定——

(a) 缴存图书馆,和

(b) 向国务大臣提议的,认为可能会受到影响的出版人。

(3) 根据第 1 条第(4)款或第 6 条规定的条例不得对条例制定前出版的作品做出规定。

(4) 除非国务大臣认为,条例的实施给相关出版者增加的成本与送交作品复本为公众提供的收益是相称的,否则不得根据第 1 条第(4)款、第 2 条或第 6 条制定条例。

(5) 除非国务大臣认为该条例并未不合理的损害条例相关作品出版人的利益,否则不得根据第 1 条第(4)款、第 2 条、第 6 条、第 7 条和第 10 条第(5)款制定条例。

(6) 任何根据本法案来制定条例的权力是依据行政立法性文件来行使的,除非条例草案提交议会两院并经议会两院的批准,不得制定条例。

注释：

生效信息

第 11 条在一定程度上有效;在王室同意赋予制定条例的权力范围内有效,见第 16 条第(1)款。

12. 条例：苏格兰和威尔士

（1）如果未经苏格兰大臣的准许，不得根据本法制定条例，如果这些条例将会——

（a）取消由或根据本法授予苏格兰国家图书馆主管机构的权力，或

（b）授予其他任何缴存图书馆其主管机构没有被授予的权力。

（2）如果该权力是针对电子出版物复本的提交，下述情况下第（1）款不适用——

（a）在该出版物是法律出版物的情形，苏格兰出庭律师协会，或

（b）在其他情况下，苏格兰国家图书馆的主管机构，能够通过电子方式访问这些出版物。

（3）在第（1）款不适用的情况下，只有经国务大臣与苏格兰大臣商议后，才能制定将会影响到苏格兰国家图书馆的主管当局的条例。

（4）未经威尔士国民会议同意，不得根据本法制定条例，如果这些条例将会——

（a）取消由或根据本法授予威尔士国家图书馆主管机构的权力，或

（b）授予其他任何缴存图书馆其主管机构没有被授予的权力。

但这不适用于该权力是送交电子出版物复本以及该主管机构能够通过电子方式访问这些出版物的情形。

（5）在第（4）款不适用的情况下，只有经国务大臣与威尔士国民议会商议后，才能制定将会影响到威尔士国家图书馆管理机构的条例。

注释：

生效信息

第 12 条在一定程度上有效；在王室同意赋予制定条例的权力范围内有效，见第 16 条第（1）款。

13. 条例：都柏林三一学院

（1）不得根据本法制定授予都柏林三一学院图书馆主管机构权力的条例，除非国务大臣确信，送交相关资料的相关权力——

（a）就第 7 条（包括根据该条例制定的任何条例）规定的对相关资料有关行为的限制而言，根据爱尔兰法律对这些行为的限制并没有在实质上减少；

（b）联合王国对于复制权、发表权、数据库权利及相关资料的专利权的法律保护，与爱尔兰法律对这些权利的保护没有实质上减少；并且

（c）就根据第 10 条第（3）款、第（4）款规定的责任所给予的保护而言，根据爱尔兰法律规定相应责任所给予的保护买又在实质上减少。

（2）本条中，"相关资料"与《2003 年法案》第 7 条所述含义相同。

注释：

生效信息

第 13 条在一定程度上有效；在王室同意赋予制定条例的权力范围内有效，见第 16 条第（1）款。

一 般 规 定

14. 释义

在本法案中——

"《1988 年法案》"意指 1988 年《版权、设计与专利法案》（c. 48）；

"数据库权利"意指 1997 年《版权和数据库权利条例》（S.I. 1997/3032）第 13 条第（1）款中所给出的定义；

"缴存图书馆"意指大英图书馆委员会和下列图书馆的主管机构——

（a）苏格兰国家图书馆，

（b）威尔士国家图书馆，

（c）牛津大学博德利图书馆，

（d）剑桥大学图书馆，

（e）都柏林三一学院图书馆。

"电子出版物"意指任何电子形式的在线或非在线出版物（《1988 年法案》中第 178 条中已有所定义）；

"电影"的含义由"1988 年法"第 5B 条规定。

"载体形式"是指出版的载体形式,包括在线出版和离线出版。

"所规定"指国务大臣所制定的条例;

就一部作品,"出版"是指——

(a) 向公众提供作品的复本;并且

(b) 包括使公众可以通过电子检索的途径获取作品;

并且相关表述可被作出相应的解释;

"出版权"如 1996 年《版权和邻接权的规定》(S.I. 1996/2967)中所述;

"录音制品"如《1988 年法案》第 5A 条中所述。

注释:

生效信息

第 14 条在一定程度上有效;在王室同意赋予制定条例的权力范围内有效,见第 16 条第(1)款。

15. 相应修订、废除及撤销

(1) 附录中所列的规定在指定范围内废止或撤销。

(2) 1925 年《苏格兰国家图书馆法》(c.73)(根据 1911 年《版权法》第 15 条转让特权)修订如下。

(3) 将第(1)款至第(3)款替换为——

"(1) 根据 2003 年《法定缴存图书馆法案》第 1 条,作为图书馆主管机构的委员会应将缴存的法律出版物复本转交苏格兰出庭律师协会委员会。

(2) 委员会应将苏格兰出庭律师协会以书面形式指定的法律出版物名录,插入依据该法第 5 条规定提出的请求当中。"

(4) 第(4)款、第(5)款中的"法律图书"替换为"法律出版物"。

(5) 在第(5)款后面加上——

"(6)本条中,'出版物'包括通过电子检索系统向公众提供的出版物。"

16. 生效日期和适用范围

(1) 除授权制定条例的条款外,本法中其他条款的生效日期由国务大臣以行政立法性文件中命令的形式发布。

（2）可为不同目的制定不同的条款。

（3）只有经过与苏格兰大臣及威尔士国民议会商议,国务大臣才可颁布第(1)款规定的法令。

（4）本法案不适用于在第 1 条生效前出版的作品。

（5）本法案同样适用于北爱尔兰。

17. 简称

本法案可引称为 2003 年《法定缴存图书馆法案》。

第 15 条第(1)款

附　　表

废 除 及 撤 销

参　　考	废除及撤销的部分
1911 年《版权法》(c. 46)	第 15 条。
1932 年《大英博物馆法》(c. 34)	整部法律。
1972 年《大英图书馆法》(c. 54)	第 4(1)条。
1999 年《威尔士国民议会(职能移交)法令》(S. I. 1999/672)	附表 2,涉及 1911 年《版权法》的条目。

1997 年版权和数据库权利条例

起草：1997 年 12 月 18 日

生效：1998 年 1 月 1 日

条 例 目 录

第 I 编　总　　则

1. 引用、生效与范围

2. 指令的执行

3. 解释

4. 本条例摘要

第 II 编　1988 年《版权、外观设计和专利法修正案》

5. 数据库版权

6. "数据库"的定义

7. 数据库中"改编"的定义

8. 学术研究

9. 被许可的与数据库相关的行为

10. 特定条款的无效

11. 定义表述

第Ⅲ编　数据库权利

12. 解释

13. 数据库权利

14. 数据库制作者

15. 数据库权利的第一拥有权

16. 数据库侵权行为

17. 保护期限

18. 数据库权利资格

19. 影响合法使用者之特定条款无效

20. 数据库权利的例外

21. 数据库权利期限届满时推定允许的行为

22. 与数据库权利相关的推定

23. 版权条款在数据库权利中的应用

24. 数据库权利的许可

25. 数据库权利：版权法庭的司法管辖权

第Ⅳ编　保留与过渡性条款

26. 引言

27. 通则

28. 一般性保留条款

29. 现有特定数据库的版权保留条款

30. 数据库权利：现有特定数据库适用条款

附　　表

附表 1　公共管理数据库权利之例外

附表 2　数据库权利许可

鉴于以下条例草案获得议会上下两院批准通过；

因此，国务大臣受委托根据 1972 年《欧洲共同体法案》第 2 条第 2 款中关于版权和防止未经授权对数据库内容进行提取与再利用之规定，行使本法案第 2 条第 2 款和第 4 款所赋予之权力，制定以下条例——

第 I 编　总　　　则

引用、生效与范围。

1.——(1) 本条例可以被引用为 1997 年《版权和数据库权利条例》。

(2) 本条例自 1998 年 1 月 1 日起生效。

(3) 本条例适用于联合王国主权管辖范围内的全部领域。

指令的执行。

2.——(1) 本条例旨在贯彻执行——

(a) 1996 年 3 月 11 日制定的《欧洲议会和理事会第 96/9/EC 号指令——关于数据库的法律保护指令》，以及

(b) 因《欧洲经济区协议》产生或由该协议引起的与联合王国执行该指令相关的特定义务。

(2) 本条例中，"《欧洲经济区协议》"指 1992 年 5 月 2 日在葡萄牙奥波多签署，并通过 1993 年 5 月 17 日在布鲁塞尔签署的《议定书》进行修改的欧洲经济区协议。

解释。

3. 本条例中，"《1988 年法案》"指 1988 年《版权、外观设计和专利法案》。

本条例摘要。

4.——(1) "《1988 年法案》"根据本条例第 II 部分与本条例第 IV 部分"保

留与过渡性条款"修正。

（2）本条例第Ⅲ编 根据"保留与过渡性条款"产生效力。

第Ⅱ编　1988 年《版权、外观设计和专利法修正案》

数据库版权。

5. 第 3 条第（1）款中，关于"文学作品"的定义——

（a）在第（a）项的"汇编作品"后插入"除数据库外"。

（b）在第（b）项的末尾去掉"与"。

（c）在第（c）项的末尾加上"与"。

（d）一个数据库。

"数据库"的定义。

6. 第 3 条后插入——

"数据库

3A. ——（1）本编中"数据库"指独立作品、数据以及其他材料的集合，即是——

（a）经过系统地、有条理地编排而成的，并且

（b）通过电子操作或其他方式可独立获取的。

（2）在本编中，当且仅当作者对数据库内容的选取或编排构成智力创作时，由该数据库构成的文学作品才具有独创性。"

数据库中"改编"的定义。

7. 在第 21 条（由改编或与改编相关的行为造成的侵权）第（3）款——

（a）在第（a）项中，将"除电脑程序或"替换成"除电脑程序或数据库或与数据库相关"，以及

（b）第（ab）项后插入——

"（ac）与数据库相关，即数据库的不同版本或不同译本。"

学术研究。

8. ——(1) 第 29 条(研究与个人学习),在第(1)款"文学"后插入"作品,除数据库外,或者"。

(2) 该条第(1)款后插入——

"(1A)注明引用作品出处的,为研究或个人学习而合理使用数据库不构成数据库侵权。"

(3) 该条第(4)款后插入——

"(5)为出于商业目的研究而使用数据库的一切行为,不构成对数据库的合理使用。"

被许可的与数据库相关的行为。

9. 在第 50C 条后插入——

"数据库:被许可行为

与数据库相关的被许可行为

50D. ——(1) 有权使用数据库或其任意部分的,或者在行使该权利过程中作出任何为获取和使用该数据库或其任意部分之内容所必要之行为的,其行为不属于侵权(无论其行为是否得到许可)。

(2) 构成数据库版权侵权的行为为本条所许可的,与是否存在任何旨在禁止或限制该行为的协议条款并无关联。(根据第 296B 条之规定,此等条款无效)"

特定条款的无效。

10. 在第 296A 条后插入——

"数据库

与数据库相关的特定条款的无效

296B. 根据协议有权使用数据库或数据库之任意部分的,除第 50D 条外,任何旨在禁止或限制数据库版权侵权之行为的条款即为无效。"

定义表述。

11. 在第 179 条(定义表述索引)中,按字母顺序在恰当处插入——

"数据库第 3A 条第(1)款。"

"独创性(与数据库相关)第 3A 条第(2)款。"

第Ⅲ部分　数据库权利

解释。

12. ——(1) 在本编中——

"数据库"的定义与《1998 年法案》第 3A 条第(1)款(作为条例第 6 条插入)的定义相同；

就数据库任意内容而言,"摘取",指通过任意方式或以任何形式将该数据库内容暂时或永久转移至另一媒介；

就数据库部分内容而言,"非实质性部分",参照条例第 16 条第(2)款；

"投资"包括对于金融、人力、技术资源的任何投资；

"共同"就制作数据库而言,参照条例第 14 条第(6)款；

"合法使用者",就数据库而言,指无论是否拥有许可作出数据库版权所限制之行为,都有权使用数据库的人；

"制作者",就数据库而言,参照条例第 14 条；

"再利用",就数据库的任何内容而言,指通过任意方式公开该内容；

"实质性",就任何投资、摘取提取、再利用而言,指在质上或在量上或两者皆备。

(2) 非用于直接或间接的经济或商业利益,并且通过公共机构制作数据库的复制品并按条款将予归还的,则不构成本编中所述提取、再利用数据库内容的行为。

(3) 若通过公共机构制作数据库复制品所需费用,不超过该机构所需支付的成本,则不构成第(2)项中所述直接或间接的经济或商业利益。

(4) 第(2)项不适用于制作现场参考使用的数据库。

(5) 若数据库复制品在欧洲经济区内出售,或经数据库权利人许可,则在欧洲经济区内的再销售就本编的目的而言不构成本编所述提取、再利用数据库内容的行为。

数据库权利。

13. ——(1) 根据本编规定,如对数据库内容的获得、核实、展示进行实质性投资,则可享有其产权("数据库权利")。

(2) 就第(1)项的目的而言,依据《1988 年法案》第Ⅰ编的释义,数据库或其任何内容是否是享有版权的作品并非实质性要素。

(3) 本条根据第 18 条产生效力。

数据库制作者。

14. ——(1) 根据第(2)项至第(4)项,主动获得、核实、展现数据库内容并承担获得、核实、展示过程中的投资风险者,为数据库制作者。

(2) 除非有相反规定,若数据库由雇员于雇佣期内制作,则其雇主为数据库制作者。

(3) 根据第(4)项,若数据库由女王陛下或由高级官员、官方雇员在其任期内制作,则女王陛下为数据库制作者。

(4) 若数据库由上议院或下议院制作,或在其指导控制下制作——

(a) 数据库的制作者属于制作该数据库的议院或对该数据库制作进行指导或控制的议院,且

(b) 若数据库在上下议院的共同指导控制下制作,则其为数据库的共同制作者。

(5) 根据本编之规定,若双方或多方合作主动获得、核实、展示数据库内容并承担获得、核实、展示过程中的投资风险,则该数据库为双方或多方共同制作。

(6) 除非另有规定,就共同制作的数据库而言,本编所指的数据库制作者应该被解释为数据库的所有制作者。

数据库权利的第一拥有权。

15. 数据库制作者是数据库权利的第一权利人。

数据库侵权行为。

16. ——(1) 据本编规定,若未经数据库权利人许可,擅自提取或再利用

数据库或数据库任意部分内容者,视为侵犯数据库权利。

(2) 就本编的目的而言,对数据库的非实质性内容重复、系统的提取或再利用,可能构成对数据库实质性内容的提取或再利用。

保护期限。

17. ——(1) 保护期限为从该数据库制作完成之日的翌年一月一日起,为期 15 年。

(2) 若数据库于第(1)项所述期限前公开,则数据库权利期限为从该数据库首次公开之日的翌年一月一日起,为期 15 年。

(3) 任何数据库内容的实质变化,包括内容的不断增加、删除或变更,使该数据库被视为一项新的实质性投资的,则该数据库因该实质性投资而具备条件获得自身的保护期限。

(4) 本条根据条例第 30 条生效。

数据库权利资格。

18. ——(1) 数据库权利不在数据库中存续,除非在关键时间,其制作者或其共同制作者之一或以上,是——

(a) 欧洲经济区中一国国民或其常住居民;

(b) 依欧洲经济区国家法律设立公司,并在当时满足第(2)项中条件之一的机构;或

(c) 合资公司,或其他依欧洲经济区国家法律设立公司的机构,并在当时满足第(2)项第(a)目中条件。

(2) 第(1)项第(b)目与第(c)目中所述条件为——

(a) 该机构的中央行政机构,或主要机构在欧洲经济区内;或

(b) 该机构在欧洲经济区内有注册办事处,且该机构的经营建立在与欧洲经济区国家之间的联系上。

(3) 第(1)项不适用于条例第 14 条第(4)款中任何情况。

(4) 本条例中——

(a) "欧洲经济区"与"欧洲经济区国家"的定义参见《1988 年法案》第

172A 条；

(b)"关键时间"指数据库制作的时间,或若制作时间超出一个时间段,则为该时间段的主要部分。

影响合法使用者之特定条款无效。

19. ——(1) 已公开数据库的合法使用者,有权以任何方式、为任意目的提取或再利用数据库的非实质性内容。

(2) 若根据协议任何人有权使用已经以任何方式公开的数据库或部分数据库,则旨在阻止该人为任何目的提取或再利用数据库或部分数据库中非实质性部分之条款即为无效。

数据库权利的例外。

20. ——(1) 以任何方式合理使用已公开数据库的实质性内容不造成侵权,若——

(a) 该内容由除本条所述外的数据库合法使用者提取,

(b) 是为教育或研究目的而非任何商业用途,且

(c) 注明了出处。

(2) 尽管有数据库权利存在,附表1明确说明可行使的有关数据库的行为。

数据库权利期限届满时推定允许的行为。

21. ——(1) 若在以下情况下或根据以下情况的安排,提取或再利用数据库中实质性内容,则不造成侵权——

(a) 无法通过合理调查确认数据库制作者身份,且

(b) 有理由认为数据库权利到期。

(2) 若声称该数据库是共同制作,则第(1)项可用于声称制作者之一的任一人。

与数据库权利相关的推定。

22. ——(1) 以下推定适用于根据本编与数据库相关的条例提起的诉讼。

（2）若制作者姓名在已公开发表数据库的复制品之上或是制成时数据库之上出现，则推定该制作者姓名属实，除非有相反证明，该姓名所有者——

（a）为数据库的制作者，且

（b）在条例第 14 条第（2）款至第（4）款以外的情况下制作该数据库。

（3）若发布数据库的复制品有标签或记号标注——

（a）该数据库制作者姓名，或

（b）该数据库在具体某一年制作，

则该标签或记号将被承认为事实证据且正确，除非存在相反证明。

（4）声称共同制作数据库的，第（2）项和第（3）项适用于其中任何一位声称者。

版权条款在数据库权利中的应用。

23. 以下《1988 年法案》的条款——

第 90 条至第 93 条（关于版权作品的权利）；

第 96 条至第 98 条（版权人的权利和救济措施）；

第 101 条至第 102 条（专有许可持有人的权利和救济措施）；

适用于数据库权利和存在权利的数据库，正如其适用于版权和版权作品。

数据库权利的许可。

24. 附表 2 中的条款调整数据库权利许可。

数据库权利：版权法庭的司法管辖权。

25. ——（1）版权法庭依据本编拥有司法管辖权进行审理和裁决涉及附表 2 中以下条款的诉讼——

（a）条例第 3,4 或 5 条（许可方案提交）；

（b）条例第 6 或 7 条（关于许可方案下的许可申请）；

（c）条例第 10,11 或 12 条（提交或向许可机构申请许可）。

（2）《1988 年法案》第 Ⅰ 编第 Ⅷ 章的规定（关于版权法庭的一般规定）适

用于依本编进行司法裁判的法庭。

（3）所有条款应按《1988 年法案》第 150 条中的规则制定,禁止法庭依附表 2 中条例第 3,4 或 5 条(许可方案参考)受理代表机构提交的案件,除非法庭认为该机构对其声称代表的组织确具有代表性。

第Ⅳ编　保留与过渡性条款

引言。

26. ——(1) 在本编中,"生效"意指本条例的生效。

(2) 本编所使用的表述与《1988 年法案》中的表述具有相同的含义。

通则。

27. 根据条例第 28 条和条例第 29 条,本条例适用于生效之前或之后制作的数据库。

一般性保留条款。

28. ——(1) 本条例中的规定不会影响任何于生效之前制定的协议。

(2) 没有行为——

(a) 在生效之前,或

(b) 在生效之后,履行一项生效之前制定的协议,

被视为侵犯数据库权利。

现有特定数据库的版权保留条款。

29. ——(1) 凡一个数据库——

(a) 创建于 1996 年 3 月 27 日或之前,并且

(b) 在生效之前是一个受版权保护的作品,

该数据库的版权在其剩余的版权期内应该继续存在。

(2) 在本条例中"版权期"指根据《1988 年法案》第 12 条版权存续的一段时期(版权持续存在于文学、戏剧、音乐或艺术作品中)。

数据库权利：现有特定数据库适用条款。

30. 凡是——

（a）数据库的制作完成于 1983 年 1 月 1 日或之后，并且

（b）在生效时，数据库权利开始存续，且应当自 1998 年 1 月 1 日起持续存续 15 年。

Lan McCartney，

国务大臣，

贸易与工业部

1997 年 12 月 18 日

附　　表

附表 1　公共管理数据库权利之例外

议会和司法诉讼程序

1. 数据库权利不因议会或司法诉讼程序或报道此类诉讼的任何行为而受到侵犯。

王室专门调查委员会和法定调查

2. ——（1）数据库权利不因以下任何行为而受到侵犯——

（a）出于王室专门调查委员会或法定调查的诉讼目的，或

（b）出于报道上述公开举行的诉讼的目的。

（2）数据库权利不因向公众发布包含数据库内容的王室专门调查委员会和法定调查的报告复制品而受到侵犯。

（3）本条之"王室专门调查委员会"和"法定调查"与《1988 年法案》第 46 条具有相同的含义。

向公众查阅或官方注册开放的资料

3.——(1) 凡根据法定要求或经过法定注册向公众查阅开放的数据库的内容,数据库权利不因以下情形而受到侵犯,即:通过或经由恰当的人授权,出于并不涉及再利用数据库内容的全部或实质性部分的目的,对数据库的全部或实质性内容的提取,且该内容包括任何描述的事实信息。

(2) 凡根据法定要求向公共开放的数据库内容,数据库权利不因以下情形而受到侵犯,即:通过或经由恰当的人授权,出于使公众能够在一个更加方便的时间和地点查阅内容,或出于其他的能够促进任何权利实施的目的,对数据库的全部或实质性内容的提取或再利用。

(3) 凡根据法定要求或经过法定注册向公共开放的数据库的内容,其包含关于一般科学的、技术的、商业的或是经济利益的事项的信息,数据库权利不因以下情形而受到侵犯,即:通过或经由恰当的人授权,出于传播上述信息的目的,对数据库的全部或实质性内容的提取或再利用。

(4) 本条——

"恰当的人"意指要求使数据库的内容向公众查阅开放的个人或视情况而定持有注册的个人;

"法定注册"意指根据法定要求持有的注册;并且

"法定要求"意指制定法条款所施加的要求。

在从事公共事业过程中送交王室的资料

4.——(1) 本条适用于凡出于任何目的在公共事业过程中送交至王室的数据库内容,该数据库内容的送交经由数据库权利人和记录或体现数据库内容的文件及其他资料的所有者进行,或是在其许可下进行。该数据库的内容为王室所有或是处于王室的监管和控制之下。

(2) 就送交数据库的内容至王室的目的或任何可以被数据库权利人合理预测到的相关目的而言,王室可以提取或再利用数据库的全部或实质性内容而不侵犯数据库权利。

(3) 如果除根据本条外数据库的内容先前已经出版,根据本条王室不应再利用该数据库的内容。

（4）在第（1）款中的"公共事业"包括任何由王室开展的活动。

（5）本条根据王室和数据库权利人之间订立的任何相反协议生效。

公 共 记 录

5. 依照 1958 年《公共记录法案》、1937 年《公共记录法案（苏格兰）》或 1923 年《公共记录法案（北爱尔兰）》归入公共记录的数据库的内容，根据上述法案向公众开放，并且该数据库内容可以经由上述法律任命的任何官员的授权被再利用而不构成数据库权利侵权。

法定授权下的行为

6. ——（1）实施一个由《议会法案》（无论何时通过）特别授权的特殊行为，除非法案另有规定，实施上述行为不构成数据库权利侵权。

（2）第（1）款适用于北爱尔兰立法中的制定法，正如其适用于《议会法案》。

（3）本条中的任何规定不应被解释为排除任何对法定授权实施辩护的内容，否则根据任何制定法的规定可以获得上述的法定授权辩护。

附表2　数据库权利许可

许可方案和许可机构

1. ——（1）本附表中的 "许可方案"意指列出以下内容的方案——

（a）该方案的实施者或其代表的人愿意授予数据库权利许可的个案类别，以及

（b）个案类别中拟将授予许可的条款；

并且就该目的而言，"方案"包括方案性质的任何事物，无论其被描述为方案或关税或任何其他名称。

（2）本附表中，"许可机构"意指一个将授权数据库许可作为其主要目的或主要目的之一的社团或组织，其无论是作为数据库权利人还是预期的权利人抑或是代理人实施协商或授权，其目的包括授权给一个以上制作者的数据库许可。

（3）本条中，"数据库权利许可"意指许可实施或者是授权实施根据条例第 16 条须获得同意之任何事项。

2. 就许可提取或再利用数据库全部或部分实质性内容而言,附表第 3 到第 8 条适用于由许可机构实施拥有一个以上制作者的数据库的许可方案;并且以上条款中关于许可方案的提交也应当作出相应解释。

向法庭提交拟定的许可方案

3. ——(1) 拟由一许可机构实施的许可方案条款可由一组织向版权法庭提交,该组织宣称其代表在出现该许可方案适用情形之时,无论是一般适用情形还是任何适用情形,要求获得许可之人。

(2) 法庭应当首先决定是否受理该提交,并且可因为时过早而拒绝受理。

(3) 如果法庭决定受理提交,法庭应当考虑提交的事项并且签发该命令,或确认或变更拟定的方案,或为一般性适用,或涉及提交之情形,由法庭根据具体情形进行合理性判断。

(4) 法庭可以签发其认为合适的命令,以使该命令无期限地或在法庭裁定的期间内生效。

向法庭提交许可方案

4. ——(1) 在许可方案实施的过程中,实施者和以下主体之间产生纠纷的——

(a) 在方案适用的案例情形中主张获得许可的个人,或

(b) 主张代表上述个人的组织,

只要其与该案例情形有关,该个人或该组织可以向版权法庭递交方案。

(2) 根据本条向版权法庭提交的方案在诉讼终结前应当继续实施。

(3) 法庭应当考虑争端事项并且签发该命令,或确认或变更拟定的方案,涉及提交之情形,由法庭根据具体情形进行合理性判断。

(4) 法庭可以签发其认为合适的命令,以使该命令无期限地或在法庭裁定的期间内生效。

向法庭再次提交方案

5. ——(1) 版权法庭先前根据附表第 3 或第 4 条或根据本条受理许可方

案提交并且签发命令的,在该命令生效期内——

(a) 方案的实施者,

(b) 在该命令适用的案例情形中主张获得许可的个人,

(c) 主张代表上述个人的组织,

只要其与该案例情形有关,就应当再次向法庭递交方案。

(2) 除非有法庭的特殊许可,不得在以下期限内再次向法庭递交关于同一案例情形的许可方案。

(a) 自就先前提交签发命令之日起 12 个月内,或

(b) 该命令生效尚未超过 15 个月,且在效力期限届满前 3 个月。

(3) 根据本条已经递交给法庭的方案在诉讼终结前应当继续实施。

(4) 法庭应当考虑争端事项并且签发该命令,或确认或变更拟定的方案,涉及提交之情形,由法庭根据具体情形进行合理性判断。

(5) 法庭可以签发其认为合适的命令,以使该命令无期限地或在法庭裁定的期间内生效。

申请授予涉及许可方案的许可

6. ——(1) 许可方案涉及当事人的,如果当事人声称方案实施者已驳回按照本方案提出的许可申请或拒绝为其获得许可授权,或在被请求之后合理的期限内未实施上述行为,则当事人可以向版权法庭提出申请。

(2) 许可方案未涉及当事人的,如果当事人声称方案实施者——

(a) 已驳回许可申请或拒绝为其获得许可授权,或在被请求之后合理的期限内未实施上述行为,以及不合理拒绝许可授予的;或

(b) 提出不合理的许可授予条款,则当事人可以向版权法庭提出申请。

(3) 根据第(2)款,在以下情形中,该案件不应被视为涉及许可方案——

(a) 除许可事项之外,该方案根据条款提供许可,以及处于例外条款范围之内的情形;或

(b) 该案件类似于按照不合理方案批准的许可案件,且该方案未以相同方式实施。

(4) 法庭认为该主张理由充足的,可以裁定按照方案适用条款,或视情况

而定,在合理的情况下,法庭可以签发命令,就该命令中详述的事项而言,宣布申请人有权获得相关条款的许可。

(5) 法庭可以签发其认为合适的命令,以使该命令无期限地或在法庭裁定的期间内生效。

为获得许可而申请命令审查

7. ——(1) 版权法庭已根据附表第 6 条签发命令,以便当事人有权按照许可方案获得许可,方案实施者或原申请人可以向法庭提出申请审查该命令。

(2) 除非获得法庭特别许可,在以下情形中,不得申请——

(a) 自签发命令之日或按照本条对先前申请作出裁定之日起 12 个月内,或

(b) 法庭已签发命令,15 个月内具有效力,或在按照本条对先前申请所作裁决的 15 个月效力期限内,且期满前 3 个月内。

(3) 当法庭就适用条款按照许可方案对其合理性进行裁定时,或视情况而定,法庭可审查确认或变更该命令。

有关许可方案的法庭命令效力

8. ——(1) 如果版权法庭已按照以下情形确定或变更了许可方案——

(a) 根据附表第 3 条(提议的许可方案的条款提交),或

(b) 根据附表第 4 或 5 条(向法庭提交的现有方案)该许可方案涉及有关签发命令的案件说明的,且该命令保留效力的,该方案就应具有效力,或视情况而定,保留效力。

(2) 该命令具有效力的,在命令适用的案件分类情况下——

(a) 就讨论中的案件许可而言,当事人应按照方案向方案实施者支付任何款项,或不能确定金额的,当事人应向方案实施者做出承诺在金额确定时支付款项,以及

(b) 按照方案适用于许可的其他条款,

在所有实质性期间内,当事人是根据方案由权属尚未明确的数据库权利

人所授权的许可持有人,则当事人在相同情况下应被视为侵犯了数据库权利。

(3) 法庭可以直接做出指示,该命令变更了支付金额的,该命令自签发之前的日期起,但不得早于提交的日期,或不得迟于制定方案的日期,具有效力。

如果已做出上述指示——

(a) 就已支付的款项而言,应进行任何必要的重新支付或进一步支付,并且

(b) 在第(2)款第(a)项中按照方案支付款项的提交,应解释为因该法令而支付款项的提交。

以下第(4)款的适用的情形,不得做出此类指示。

(4) 法庭根据附表第 6 条已签发命令(有权根据许可方案获得许可的命令)且该命令保留效力,在以下情形中,当事人应受益于该命令——

(a) 当事人应按照法令向方案实施者支付任何款项,不能确定金额的,当事人应向方案实施者做出承诺在确定金额时支付款项,以及

(b) 遵守法令中规定的其他条款,

在所有实质性期间内,当事人是命令中规定权属尚未明确的数据库权利人所授权的许可持有人,则当事人在相同情况下应被视为侵犯了数据库权利。

涉及许可机构许可的提交和申请

9. 附表第 10 条至附表第 13 条(许可机构就许可的提交和申请)应适用于有关数据库权利的许可,除根据许可方案之外,该权利应包括经许可机构批准的有多个制作者的数据库,许可授权提取或再利用数据库内容的全部或任何实质部分,因此,对该项中的许可提交,应作出相应的解释。

向法庭提交提议许可

10. ——(1) 有关许可机构提议批准许可的条款,应由将来的许可持有人提交至版权法庭。

(2) 法庭应首先裁定是否受理提交,当提交日期尚未届至时,可驳回提交。

(3) 如果法庭裁定受理提交,且确定合理性存在,法庭应考虑提议许可条款,并签发命令,以确定或变更该条款。

（4）法庭可以签发其认为合适的命令，以使该法令无期限地或在法庭裁定的期间内生效。

向法庭提交期满许可

11. ——（1）因期满或由许可机构通知，导致许可持有人的许可即将到期，则该许可持有人可基于不合理的终止许可生效的情形向版权法庭提出申请。

（2）许可期满前 3 个月内，许可持有人可提出相关申请。

（3）向法庭提交的许可在诉讼程序终结前应当继续有效。

（4）法庭认为该申请理由充分且合理性存在的，则签发相关命令，裁定该许可持有人应继续享有使用许可的权利。

（5）法庭可以根据本条签发其认为合适的命令，以使该命令无期限地或在法庭裁定的期间内产生效力。

申请审查有关许可的命令

12. ——（1）版权法庭已根据附表第 10 条或附表第 11 条签发一项命令，许可机构或有权享有该命令所产生权益的个人，均可以向法庭申请审查该命令。

（2）除非获得法庭的特别许可，否则不得提出以下申请——

（a）自命令签发之日起、或在本项中记载的前一项申请提出后 12 个月内，或

（b）该命令的有效期为 15 个月以内，或在按照本条对先前申请所作裁决的 15 个月效力期限内，且期满前 3 个月内。

（3）法庭应对相关命令进行审查、确定或更改，基于法庭的审查确认以在该情况下作出合理规定。

有关许可的法庭命令的效力

13. ——（1）版权法庭已根据附表第 10 条或附表第 11 条签发了相关命令，并且该命令仍然有效的，有权享有该命令所产生的权益的个人应当——

（a）按照命令的要求，向许可机构支付应付款项；金额无法确定的，向许可机构承诺在金额确定时支付相关款项；

（b）遵守该命令中的其他条款规定；

在所有实质性期间内，当事人是命令中规定权属尚未明确的数据库权利人所授权的许可持有人，则当事人在相同情况下应被视为侵犯了数据库权利。

（2）该命令所赋予的权益可以转让——

（a）根据附表第 10 条签发的命令，依照法庭签发的命令中的相关条款，转让未被禁止；

（b）根据附表第 11 条签发的命令，依照原始许可中的相关条款，转让未被禁止。

（3）法庭可以做出指示：附表第 10 条或附表第 11 条中的命令，或者对该命令实施更改的附表第 12 条中的命令，如果其改变了应付款项金额，则自命令签发之前一日起生效，但不早于相关提交或申请提出之日；如果生效时间晚于许可授予日期，则根据具体情况，该许可期限将截至。

如果以上签发的命令——

（a）就已支付的款项而言，应实施任何必要的重新支付或进一步支付，并且

（b）根据所签发的命令要求，提交内容为第（1）款第（a）项中的应付款项，该命令与之后签发的命令之间出现差异的，则与款项相关的提交内容应针对之后命令中的应付款项。

一般性考虑：不合理的歧视

14. ——根据与本附表相关的许可方案或许可，在确定提交或申请中的不合理内容时，版权法庭须考虑——

（a）其他方案的可用性，或是在相似的情况下，将其他许可授予其他的对象（人），并且

（b）相关方案或许可条款，

则须行使其自身的权力，以确保：按照与提交或申请相关的具体计划或许可的要求，在许可持有人或准许可持有人之间不存在不合理的歧视的情形，并且受其他计划约束的许可持有人、或所授予的其他许可（持有人）为同一人。

竞争报告赋予的权力

15. ──(1) 垄断与兼并委员会拟定的报告中具体指定的相关内容为：依照该委员会的观点，其效力被视为将与公众利益相抵触，或已经与公众利益相抵触，其中包括──

（a）由数据库权利人授予的许可规定的条件，限制了此类使用：可能由许可持有人、或授予其他许可的数据库权利人对数据库的使用，或

（b）数据库权利人按照合理的条款规定拒绝授予许可。

则根据附表 8 中的第 I 部分内容，相关权力须被提请 1973 年《公平交易法》（出于修改或避免委员会报告中指定的不利影响而赋予相应的可行使权力），包括取消或修改这些条件内容的权力以及替代或添加内容的权力，以规定：与数据库权利相关的许可须依照其被赋予的权利而具备可用性。

（2）该法案第 56 条第（2）款和第 73 条第（2）款的提交内容，以及 1980 年《竞争法》的第 10 条第（2）款和第 12 条第（5）款中有关附表该部分中指定的权力应该做出相应的解释。

（3）根据本项规定具备可用性的许可条款，在尚未拟定相关协议的情况下，须由版权法庭依照要求获得该许可的个人提交的申请内容而拟定；并且拟定的相关条款须授予许可持有人所有与该许可相关的可用权利。

（4）法庭在确立许可条款后，该许可就自向法庭提交申请书之日起生效。

注　释
（本注释并非条例的一部分）

本条例贯彻执行 1996 年 3 月 11 日制定的《欧洲议会和理事会第 96/9/EC 号指令──关于数据库的法律保护指令》。本条例于 1998 年 1 月 1 日生效。

指令协调了成员国之间有关数据库版权保护的法律并且引入了一项新的自主权以阻止提取和再利用数据库内容（"数据库权利"）。

1988 年《版权、外观设计和专利法案》（"《1988 年法案》"）对于数据库并无特别规定。该法案目前制定了对汇编作品版权保护的条款。数据库可能被视为一种汇编作品。指令要求对数据库定义并且版权保护应该仅仅与一个根据对内容的筛选和重组形成作者自己知识创造的数据库相一致。

有关数据库的版权,条例的第Ⅱ编(条例 5—11)修订和改变了法案第Ⅰ编以恰当的调整指令中对于法案并未详加叙述的条款或是作出不同规定的条款。尤其是,条例——

(a) 通过将数据库纳入其中修改了第 3 条文学作品的定义,正如在指令中定义的。(条例 5 和条例 6)

(b) 引入新的第 3A 条定义了有关数据库的"原创"的意义,因此一个数据库仅仅与满足该条条件的版权保护相一致。

(c) 为第 21 条有关数据库的改编和翻译制定条款。(条例 7)

(d) 修订第 29 条为了从有关数据库的合理使用条款的一般适用中移除出于商业目的的研究。(条例 8)

(e) 引入新的第 50D 条,包含版权人专有权的特殊例外。该版权人许可任何人有权使用一个数据库去做任何对于在不侵犯版权情况下获取和使用数据库内容的必要行为。(条例 9)

(f) 引入新的第 296B 条,使得协议中意在禁止或限制实施根据第 50D 条许可的行为的条款无效。(条例 10)

有关数据库权利,指令为数据库的制作者提供了一项权利。在获取、核实或展示数据库的内容来阻止对数据库内容的全部或是实质性部分的提取或再利用方面需要实质性投资。数据库权利的适用不涉及数据库受保护的资格,同时不损害数据库内容中存在的权利。

条例的第Ⅲ编(条例 12—25)规定了数据库权利,尤其——

(a) 为解释某些条文制定条款,尤其是数据库,提取,非实质性部分,投资,合作,合法使用者,再利用和实质性部分;以及排除数据库权利的公共出借。(条例 12)

(b) 创造一项新的财产权利,有关存在实质性投资的数据库的"数据库权利"。(条例 13)

(c) 规定数据库的制作者即承担在获得、核实或展示内容方面投资的风险和主动权的个人,并且该制作者是数据库权利的第一权利人。(条例 14 和条例 15)

(d) 规定侵犯数据库权利的具体行为。(条例 16)

（e）规定数据库保护条款的期限是从该数据库制作完成之日的翌年一月一日起，为期 15 年，并且这一实质性的改变延长保护期限。（条例 17）

（f）规定数据库制作后拥有数据库权利，或如果制作延长超过一段时期，该时期实质性的部分，其制作者或制作者之一符合数据库权利存续的资格条件。（条例 18）

（g）规定合法使用者被授权提取或再利用数据库的非实质性部分并且使得协议中意在禁止或限制此类提取或再利用的任何条款或条件无效。（条例 19 和条例 20）

（h）规定数据库权利对于一个合法使用者或其他与数据库有关的行为的特殊例外。（条例 20 和附表 1）

（i）规定数据库权利期满的推定和某些与数据库有关的推定所许可的行为。（条例 21 和条例 22）

（j）适用于该法案第 I 编有关数据库权利的条款，正如其适用于版权，尤其是版权作品中的权利，权利人和专有许可持有人的权利和救济。（条例 23）

（k）规定数据库权利的许可，以及版权法庭听证和裁定与数据库权利的许可相关的诉讼等司法管辖权的延伸。（条例 24 和条例 25，以及附表 2）

本条例适用于 1998 年 1 月 1 日之前或之后制作的数据库。但是，存在一个生效之前制定的协议有关的一般保留条款；尤其是根据无论是生效之前或之后都不被认为侵犯数据库权利的协议而实施的行为。（条例 27 和条例 28）有关 1996 年 3 月 26 日（指令的发表日期）或之前被创造的数据库，该数据库在生效之前是一部版权作品，版权将会持续存在于此数据库版权期限的剩余部分。（条例 29）对于在 1983 年 1 月 1 日当日或之后完成的数据库，在 1998 年 1 月 1 日数据库权利仍然存续，从 1998 年 1 月 1 日起此数据库符合 15 年的保护期限。（条例 30）

可进行合规成本评估，其复制件放置在英国议会两院的图书馆。公众可以在专利局的版权理事会获得评估复制件，地址位于伦敦南安普敦大楼街区 25 号，邮编 WC2A 1AY（25 Southampton Buildings, London WC2A 1AY）。

第Ⅲ部分　外　观　设　计　权

第Ⅰ章　原创外观设计的外观设计权

引　　言

外观设计权。

213. ——

（1）外观设计权是根据本部分存在于原创外观设计中的一种财产权。

（2）在本部分中"外观设计"系指物品的整体或部分的轮廓或构造（无论是内部的还是外部的）任何方面的设计。

（3）以下所列不享有外观设计权——

（a）建筑的方法或原理；

（b）一物品的轮廓或构造的特征——

（i）使得上述物品与另一物品相联系，或将上述物品放置在另一物品中，或使得上述物品环绕另一物品抑或与另一物品相对立以便每个物品都可以施展其功能，或

（ii）依赖于外观设计者意在组成一个完整部分的另一物品的；或

（c）表面装饰。

（4）出于本部分的目的，如果一个外观设计在其被创造出来时在外观设计领域已经为公众所熟知，该外观设计则不是"原创的"。

（5）当且仅当外观设计满足以下所提及的外观设计权保护的，外观设计才享有外观设计权——

（a）外观设计者或是受委托进行外观设计的人或是受雇的外观设计者（参见第 218 条和第 219 条），或

（b）将外观设计的物品进行首次交易的个人和进行交易的国家；（参见第 220 条）或与根据第 221 条（就有关资格指定更多条款的权力）下的任何命令相一致。

（6）仅当或直到外观设计被记录在一项外观设计文件中或根据该外观设

计制作出一件物品的,该外观设计才享有外观设计权。

（7）在本部分生效前,以此方式记录该外观设计或者根据该外观设计制作出一件物品的,该外观设计均不享有外观设计权。

外观设计者。

214. ——

（1）在本部分中,就一项外观设计而言,"外观设计者"系指创作该项外观设计的人。

（2）就计算机产生的外观设计而言,从事外观设计的创作所必须的安排的人应该被视为外观设计者。

外观设计所有权。

215. ——

（1）外观设计者是一项外观设计的任何外观设计权的第一所有人,但前提是该外观设计不是根据一项委托或在雇佣期间创作的。

（2）凡一项外观设计是根据委托创作的,委托创作该外观设计的人是该外观设计任何外观设计权的第一持有人。

（3）在第（2）款规定之外的情形下,由一位雇佣者在其受雇期间创作的外观设计,其雇主是该项外观设计的任何外观设计权的第一持有人。

（4）如果一项外观设计依第 220 条（通过首次交易根据外观设计制作的物品而获得的资格）获得外观设计权保护,上述规则不再适用,进行该物品交易的人是外观设计权的第一持有人。

外观设计权期限。

216. ——

（1）外观设计权于——

（a）自外观设计首次被记录在外观设计文件中或按照外观设计首次制作成物品之日的翌年一月一日起,为期 15 年,无论何种情形;或

（b）如果按照外观设计首次制作成的物品之日起的 5 年内供出售或出租,

外观设计权于上述首先发生的情况所发生之日的翌年一月一日起 10 年届满。

（2）第（1）款所提及的可供出售或出租的物品是经由外观设计权人或通过外观设计权人的许可在世界上的任何地方可获得的物品。

享有外观设计权保护的资格

具有资格的个体和具有资格的个人。

217. ——

（1）在本部分——

"具有资格的个体"系指具有资格的国家公民，或居住在具有资格的国家中的个体，并且

"具有资格的个人"系指具有资格的个体或法人团体或其他具有法律人格的团体——

（a）根据联合王国或者其他具有资格的国家的法律成立，并且

（b）在任何具有资格的国家有营业场所，并且进行实质性商业活动。

（2）本部分所提及的具有资格的个人包括王室和任何其他具有资格的国家的政府。

（3）本条中"具有资格的国家"系指——

（a）联合王国，

（b）根据第 255 条的命令所延伸的国家，

（c）欧洲经济共同体的另外成员国家，或

（d）根据第 256 条的命令所延伸到的提供互惠保护以及被指定享受互惠保护的国家。

（4）"具有资格的个体"的定义中所指的具有资格的国家的公民或国民，应被解释为——

（a）涉及联合王国的，指不列颠的公民，并且

（b）涉及联合王国的殖民地的，指与殖民地相联系的不列颠独立地区的公民。

（5）就"具有资格的个人"的目的而言，在决定实质的商业活动是否在任何国家的营业场所进行时不应考虑所有实质性期间内均处于该国之外的商品

交易。

基于外观设计者而获得的资格。

218. ——

(1) 本条适用于不是受委托或在被雇佣期内创作的外观设计。

(2) 外观设计者是一个具有资格的个体,或就计算机生成的外观设计而言外观设计者是一个具有资格的个人的,本条所适用的一项外观设计有资格享有外观设计权保护。

(3) 合作外观设计的任意外观设计者是一个具有资格的个体,或视情况而定是一个具有资格的个人的,本条所适用的合作外观设计有资格享有外观设计权保护。

(4) 只有合作外观设计的外观设计者是根据第 215 条第(1)款(外观设计权的第一持有人:外观设计者应得的权利)被授予外观设计权的具有资格的团体或具有资格的个人,该项合作外观设计才有资格享有外观设计权保护。

基于委托人或雇主而获得的资格。

219. ——

(1) 一项外观设计由一个具有资格的个人的委托创作或是在受雇于一个具有资格的个人的期间被创作的,该项外观设计有资格享有外观设计权保护。

(2) 就合作委托或合作雇佣而言,任何委托人或雇主都是一个具有资格的个人的,该项外观设计有资格享有外观设计权保护。

(3) 只有当委托人或雇主是根据第 215 条第(2)款或第(3)款(外观设计权的第一持有人:委托人或雇主应得的权利)被授予外观设计权的具有资格的个人时,合作委托或在合作雇佣的过程中创作的一项外观设计有资格享有外观设计权保护。

基于首次交易而获得的资格。

220. ——

(1) 根据第 218 条或 219 条没有资格享有外观设计权保护的一项外观设

计,在下列情况下有资格享有外观设计权保护,即依照该外观设计制作的物品的首次交易——

(a) 由一个具有资格的个人进行,该人被专门授权将此类物品投放到联合王国的市场,并且

(b) 发生在联合王国,发生在根据第 255 条的命令所延伸的另外的国家,或发生在欧洲经济共同体的另外的成员国。

(2) 依照该外观设计制作的物品的首次交易是由两位或两位以上的人合作进行的,任何上述的人满足第(1)款(a)项中具体指明的要求的,该项外观设计有资格享有外观设计权保护。

(3) 在此类情况中,只有满足上述要求的个人根据第 215 条第(4)款(外观设计权的第一持有人:依照外观设计所制作的物品的首次销售者应得的权利)才被授予外观设计权。

(4) 第(1)款第(a)项中的"专有授权"指——

(a) 由作为外观设计者、外观设计的委托人或外观设计者的雇主的是外观设计权的第一持有人(如果该人是具有资格的个人)授权,或由根据外观设计权的第一持有人合法宣称的某个人授权,并且

(b) 可根据联合王国的法律诉讼程序来实现其专有性。

就有关资格制定进一步条款的权力。

221. ——

(1) 女王陛下以期履行一项联合王国的国际义务,可以签发一项枢密令规定在枢密令中明确指示的要求得到满足的,外观设计就有资格享有外观设计权保护。

(2) 枢密令可以为外观设计或物品的不同种类制定不同的条款;并且枢密令可以对第 215 条(外观设计权所有)和第 218 条至第 220 条(获得资格的其他方式)的实施作出对女王陛下而言恰当的相应修改。

(3) 包含依本条签发的枢密令的法律文件应遵守议会任一院的撤销决议。

外观设计权的交易

转让和许可。

222. ——

（1）外观设计权可以通过转让、遗嘱处理或法律的实施而转移，作为个人的或移动的财产。

（2）外观设计权的一项转让或其他转移可以是部分受限制的以适用于——

（a）外观设计权人依专有权实行的某一件或更多的行为而非全部；

（b）享有外观设计权的部分时期，但不是所有时期。

（3）只有外观设计权的转让由转让者或是代表转让者的人书面签署，该外观设计权的转让才有效。

（4）外观设计权人所授予的许可对于继承其外观设计权利益的每一个继承人都有约束力，但善意地支付了对价而且不知道（实际上或推定）有此许可的购买人以及此种购买人的权利继承人不在此列；凡本部分所涉及的在得到或没有得到外观设计权人许可的条件下所实施的任何行为都应据此作出解释。

外观设计权的将来所有人。

223. ——

（1）在关于将来外观设计权而由将来外观设计权人或其代表签字的协议中，将来外观设计权人欲将其将来外观设计权（全部或部分）转让给他人的，外观设计权产生以后，受让人或依靠他而主张权利者将有权利对抗一切他人而要求将外观设计权归属于他。依本款的规定，外观设计权应当授予受让人或其合法的继承人。

（2）在本条中——

"将来外观设计权"系指因将来的一项或一类将来的外观设计的创作或者一将来事件的发生而将要或可以获得的外观设计权；

"将来外观设计权人"亦应据此作出解释，并且包括依第（1）款规定的协议而在将来享有外观设计权的人。

（3）将来外观设计权人所授予的许可对所有继承其利益（或将来利益）的继承人都有约束力，但善意地支付了对价并且不知道（实际上或推定）有此许可的购买人或此购买人的权利继承人不在此列；凡本部分所涉及的在得到或没有得到外观设计权人许可的条件下所实施的任何行为都应据此作出解释。

推定拥有外观设计权的已注册外观设计的权利转让。

224. 根据 1949 年《注册外观设计法》注册的由一项享有外观设计权的外观设计组成的外观设计，该注册外观设计的权利人也是外观设计权人，该注册外观设计中的权利的分配应该也被视作是对外观设计权的分配，除非出现相反的意图。

专有许可。

225. ——

（1）本部分中的"专有许可"系指由外观设计权人或其代表签字的书面许可，该许可授权被许可人排除一切他人，包括许可人，行使本来由外观设计权人所专属行使的权利。

（2）如同对抗许可人一样，专有许可的被许可人有权对抗受许可约束的继承人。

第Ⅱ章　外观设计权所有人的权利和救济

侵犯外观设计权

外观设计权的首次侵权。

226. ——

（1）一项外观设计的外观设计权人有出于商业目的对外观设计进行复制的专有权利——

（a）通过依照该外观设计制作物品；或

（b）出于促使此类物品被制作的目的，通过发出一项记录该外观设计的外观设计文件。

（2）通过依照外观设计制作物品来复制外观设计系指复制外观设计以精确的或实质性的依照该项外观设计制作物品，并且本部分所提及的依照外观设计制作物品应该作出相应的解释。

（3）未经外观设计权人许可的情况下进行或者授权别人进行根据本条原本属于外观设计权人专有权利的任何行为，构成外观设计权侵权。

（4）就本条的目的而言，复制可以是直接地或者间接地；外观设计介入行为是否侵犯外观设计权并非实质性要素。

（5）本条依据第Ⅲ章（外观设计权人权利的例外）的条款产生效力。

二次侵权：侵权物品的进口和交易。

227.——

（1）在未经外观设计权人许可的情况下，进行如下行为的个人将构成外观设计权侵权——

（a）出于商业目的进口至联合王国；或

（b）出于商业目的持有；或

（c）在商业过程中出售、出租、要约出售或出租、为出售或出租而展示；

是侵权物品的一个物品，并且该人知道或有理由知道该物品是侵权物品。

（2）本条依据第Ⅲ章（外观设计权人权利的例外）的条款生效。

"侵权物品"的含义。

228.——

（1）本部分中的"侵权物品"，涉及外观设计的，应根据本条作出解释。

（2）如果一个物品依照某外观设计制作而侵犯了该外观设计的外观设计权，则该物品就是侵权物品。

（3）以下物品也属侵权物品，如果——

（a）过去或是将来被进口至联合王国，并且

（b）该物品依照该外观设计在联合王国的制作侵犯了外观设计的外观设计权或违反了有关该外观设计的专有许可协议。

（4）依照外观设计制作的该物品享有或曾在任何时间里享有过外观设计权，除非有相反证据，应推定该物品制作于该物品享有外观设计权之时。

1972 c.68.

（5）第（3）款的规定不应被解释为适用于依 1972 年《欧洲共同体法》第 2

条第(1)款的强制性共同体权利而合法地被进口至联合王国的物品。

(6) 本条的"侵权物品"的表述不包括外观设计文件,尽管其发布是或者原本就是对外观设计权的侵犯。

侵 权 救 济

外观设计权所有人的权利和救济。

229. ——

(1) 外观设计权人可就对外观设计权的侵犯提起诉讼。

(2) 在外观设计权侵权诉讼中,损害赔偿、强制令、清算或其他在任何他种财产权侵权诉讼中原告可获得的救济方式均可适用。

(3) 在外观设计权侵权诉讼中,法院可以对所有情形予以考虑,尤其是——

(a) 侵权的恶劣程度,以及

(b) 被告因侵权所获得的利益,并可根据案件的公正性需要增加一种额外的损害赔偿。

(4) 本条依据第 233 条(不知情侵权)生效。

交付令。

230. ——

(1) 如果某人——

(a) 出于商业目的持有、监管或控制一侵权物品,或者

(b) 持有、监管或控制一专门外观设计或改造用于依照特定外观设计制作物品,而且知道或有理由相信其已经或将要被用来制作侵权物品;

外观设计权人可申请法院签发一项命令,使侵权物品或其他相关物品交付于外观设计权人或由法院指定的其他人。

(2) 申请不得在本条以下条款详细指明的期限终了之后提出;除非法院需要或者认为有理由依第 231 条(处置侵权物品等的命令)签发命令,否则不应签发所申请的命令。

(3) 自制作物品或相关事物的日期起 6 年的期限终了之后,不得根据本条申请法院签发命令。

(4) 如果在整个该期限内或在该期限的一段时间内,外观设计权人——

(a) 无行为能力,或者

(b) 因欺骗或隐瞒的原因使其无法发现有资格申请签发命令的事实;

自无行为能力状态终止之日或者通过合理注意发现该事实之日起 6 年期限届满以前,签发命令仍可以提出申请签发命令。

(5) 第(4)款中的"无行为能力"——

1980 c.58.

(a) 在英格兰与威尔士,与 1980 年《诉讼时效法》的用语含义相同;

1973 c.52.

(b) 在苏格兰,系指 1973 年《(苏格兰)权利时效与诉讼时效法》含义内的无法律行为能力;

1958 c.10.(N.I.)

(c) 在北爱尔兰,与 1958 年《诉讼时效法》的用语含义相同。

(6) 依本条所规定的命令而接受侵权物品或相关物品者,在没有第 231 条所规定的命令的条件下,应保存这些物品,直至该条所规定的命令签发或不签发该命令的决定作出。

(7) 本条的规定不影响法院的任何其他权力。

处置侵权物品等的命令。

231. ——

(1) 有关人员可申请法院签发一项命令,对因执行依第 230 条所签发的命令而交付的侵权物品或相关物品进行以下处理——

(a) 将其没收并交予外观设计权人,或者

(b) 销毁或以法院认为适当的其他方式加以处理,

或可以申请法院作出不签发该命令的决定。

(2) 就签发何种命令(如果签发)而言,法院应考虑外观设计权侵权诉讼中可用的其他救济方式对于补偿上述外观设计权人的损失并保护外观设计权人的利益是否适当。

(3) 应依照法院的原则制订一项对物品或相关物品享有利益的人送达通

知的条款,任何利益人都有资格——

(a) 在依本条签发命令的诉讼程序中出庭,不论其是否收到了通知,并且

(b) 对已签发的命令提出上诉,不论其是否参与了命令签发程序;

在可提出上诉通知的期限届满前命令不生效力;如果在此期限终了前上诉通知确已提出,则在上诉程序的最终判决作出或上诉人放弃上诉之前命令不生效力。

(4) 如果对物品或相关物品享有利益者多于一人,法院可以按其认为公正的方式签发命令,并且可以(在特殊情况下)决定将这些物品售出或作其他处理,将所得分给有关各方。

(5) 如果法院决定不签发本条所规定的命令,那么侵权物品或相关物品的持有、监管或控制者即有资格要求将先前交付或被扣押的侵权物品或相关物品归还于他。

1938 c.22.

(6) 本条中对侵权物品和相关物品享有利益的人包括可依本条或依本法案第 114 条或第 204 条或 1938 年《商标法》第 58C 条(对有关表演权、外观设计权和商标侵权做出类似规定)所签发的命令中获益的任何人。

郡法院的司法管辖权。

232. ——

(1) 在英格兰、威尔士及北爱尔兰,郡法院可以受理下列各条所涉及的诉讼程序——

第 230 条(侵权物品等的交付令);

第 231 条(处置侵权物品等的命令);或

第 235(5)条(专有许可的被许可人的申请同时具有的其他权利)。

但以侵权物品或其他相关事物的价值不超过郡法院所受理的侵权诉讼的金额限制为条件。

(2) 在苏格兰,任何规范项下的命令签发程序均可在郡法院提起。

(3) 本条的任何规定不得被解释为影响最高法院或苏格兰的最高民事法院的司法管辖权。

不知情的侵权。

233.——

（1）在根据第 226 条（外观设计权的首次侵权）提起的侵犯外观设计权的诉讼中，被告在进行侵权时不知道并且没有理由知道诉讼相关的外观设计享有外观设计权的，原告不能获得损害赔偿，但不影响任何其他救济。

（2）在根据第 227 条（二次侵权）提起的侵犯外观设计权的诉讼中，如被告证明该侵犯权利的物品是由他或他之前的持有人不知情地取得的，则该项权利的唯一救济，是判决偿付不超过该项起诉的求偿金额的损害赔偿金。

（3）在第（2）款中，"不知情地取得"系指取得物品的人不知道且无理由相信该物品是侵权物品。

专有许可的被许可人的权利和救济。

234.——

（1）被授予许可之后，在该项许可转让时专有许可的被许可人享有相同的权利和救济，但相对于外观设计权人而言，则属例外。

（2）专有许可的被许可人与外观设计权人的权利和救济同时并存；本部分中凡涉及外观设计权人的有关条款都应据此作出解释。

（3）在专有许可的被许可人依本条所提起的诉讼中，被告可援用的免责抗辩，与外观设计权人提起该诉讼的情况下被告可援用的免责抗辩相同。

行使共同权利。

235.——

（1）在二者都享有诉讼权而由外观设计权人或专有许可的被许可人持有人提起的（全部或部分）涉及外观设计权侵权的诉讼中，法院未准许的，除非有一方合并为共同原告或追加为共同被告，否则外观设计权人，视情况而定，或专有许可被许可人不得参加诉讼。

（2）除非其参加了诉讼程序，否则依第（1）款而被追加为被告的外观设计权人或专有许可被许可人不承担诉讼费用。

（3）上述规定不影响外观设计权人或专有许可的被许可人单独申请签发

中间救济。

(4) 在(全部或部分地)涉及外观设计权人与专有许可的被许可人共同享有诉讼权的外观设计权侵权诉讼中——

(a) 法院在清算损害赔偿时应考虑——

(i) 许可的条件,以及

(ii) 二者之一因侵权而已获得或能够获得的可用金钱衡量的补偿;

(b) 针对侵权而有利于另一方的损害赔偿已判决或已进行利润清算,则不应再进行利润清算;而且

(c) 在二者没有达成协议的情况下,若进行利润清算,法院应按公正原则为其分配利润。无论外观设计权人与专有许可的被许可人是否均为诉讼当事人,这些规定都予以适用。

(5) 在依第 230 条(侵权物品等的交付令)提出申请之前,外观设计权人应通知与其享有共同权利的专有许可的被许可人;只要法院认为适合于对许可条件的考虑,法院可以应被许可人的申请而依该条签发命令。

第Ⅲ章　外观设计权权利的例外

侵 犯 版 权

侵犯版权。

236. 版权存在于一件作品中,该作品由享有外观设计权的一项外观设计组成或包括享有外观设计权的一项外观设计,任何对该作品版权的侵权不构成对该外观设计的外观设计权的侵权。

权利许可的可获得性

外观设计权期满前五年可实施外观设计权的许可。

237. ——

(1) 在外观设计权期满前的 5 年被授予许可进行任何相关行为的,否则构成对外观设计权的侵犯。

(2) 若未履行协议,许可的期限应该由审计官确定。

(3) 如果对国务大臣开展如下活动有必要,国务大臣应该——

(a) 遵守联合王国的一项国际义务,或

(b) 确保和维持不列颠的外观设计在其他国家的互惠保护,

通过命令排除第(1)款命令中详加说明的外观设计或适用于物品的外观设计。

(4) 命令应该以法定文件的形式发布;应当先提出命令草案并且由议会上院或下院的决议通过,才可以发布命令。

为保护公共利益行使权力。

238. ——

(1) 垄断与兼并委员会认为,该委员会报告中所列举的事项违反、可能或者已经违反了公共利益的,其中包括——

(a) 外观设计权所有人所授予的许可中包括限制被许可人使用作品或限制外观设计权人颁发其他许可的权利的条件,或者

(b) 外观设计权人拒绝按合理条件授予许可。

1973 c.41.

1973 年《公平交易法》附表 8 第一部分所赋予的权力(为救济或预防委员会报告所指出的不利影响的目的而可行使的权力),包括取消或修改该条件的权力以及作为替代或补充,提供外观设计权许可的权力均应作为可获得的权利。

1980 c.21.

(2) 该法第 56 条第(2)款及第 73 条第(2)款以及 1980 年《竞争法》第 10 条第(2)款第(b)项及第 12 条第(5)款中凡涉及该附表的该部分所特定的权力均应据此作出解释。

(3) 若未履行协议,根据本条可获得的许可的期限由审计官确定。

在侵权诉讼中承诺持有权利许可。

239. ——

(1) 在外观设计权侵权诉讼程序中,外观设计权许依第 237 条和第 238 条可作为一种权利而获得,而且被告承诺按约定条件或在违约情况下按审计官根据本条确定的条件授予许可的——

(a) 不应对其颁发强制令，

(b) 不应依第 230 条而签发交付令，而且

(c) 判决其偿付的损害赔偿或利润清算数额不应超过在首次侵权之前根据该条款获得许可的被许可人可付的数额的两倍。

(2) 承诺可在诉讼程序的终审判决令下达之前的任何时间作出，而且无需承担任何责任。

(3) 本条的规定不影响对权利许可授予前的侵权行为所采取的救济措施。

外观设计王室使用外观设计

外观设计王室使用外观设计。

240. ——

(1) 政府部门，或由政府部门书面授权的个人，可在未经外观设计权人许可的情况下——

(a) 出于为王室的服务供应物品的目的做任何事情，或者

(b) 非为王室服务所要求处置物品；

根据本条不侵犯外观设计权。

(2) 本部分所提到的"王室服务"是——

(a) 王国国防，

(b) 外国国防，并且

(c) 健康服务。

(3) 所提到的为"外国国防"供应物品是指使其供应——

(a) 为遵照一项协议或组织防御王国外的一个国家，该国的政府和联合王国的女王陛下的政府是协议或组织的缔约方；或

(b) 为通过遵照联合国或联合国的某个机构的一项决议实施武力的使用。

(4) 所提到的为"健康服务"供应物品是指出于提供以下服务的供应——

(a) 医药服务，

(b) 一般医疗服务，或

(c) 一般牙科服务。

1977 c.49.

1978 c.29.

即,根据 1977 年《国家健康服务法》第Ⅱ部分,1978 年《(苏格兰)国家健康服务法》第Ⅱ部分,或在北爱尔兰生效的法律的相应条款所规定的上述种类的服务。

(5) 在本部分——

有关外观设计,"王室使用"系指根据本条所做的任何事情,如果没有本条规定,该行为就会侵犯外观设计的外观设计权;并且

有关此类的使用,"政府部门相关的"系指进行行为或被授权进行该行为的政府部门。

(6) 政府部门就一项外观设计的王室使用的授权书可以在使用前或使用后给予个人,无论该人是否获得外观设计权人对该外观设计直接地或间接地授权。

(7) 获得依本条授予的权力的实施而出售的任何事物的个人,和据该人宣称的任何人,可以以相同的方式进行交易,如同代表王室而享有外观设计权。

为王室使用确立期限。

241. ——

(1) 凡对外观设计的王室使用,相关政府部门应该——

(a) 尽可能实际的通知外观设计权人,并且

(b) 给外观设计权人提供其以时间段要求的资料使用范围,除非对部门而言该行为违反公共利益或通过合理调查仍不能确定外观设计权人的身份。

(2) 外观设计王室使用外观设计应当在政府部门相关的和外观设计权人批准的一项条约所许可的一个期限内,若未履行协议,则由法院来决定。

在将本款适用于北爱尔兰所提到的条约应该被解释为所提到的财政和人事部门,该款中所提到的政府部门是北爱尔兰的政府部门。

(3) 凡经过合理调查后外观设计权人的身份仍不能确定,相关政府部门可以向法院申请,法院可以签发一项命令规定在外观设计的王室使用方面不必支付版税或其他款项直到得到外观设计权人许可部门确立的期限或将此事项交由法院裁决。

在王室使用中的第三方的权利。

242. ——

（1）任何许可、转让或外观设计权人和除政府部门以外的任何人之间签订的协议条款涉及外观设计王室使用外观设计或王室使用的任何附带行为的，即为无效，只要其——

（a）对有关该外观设计而进行的任何行为进行限制或管控，或任何模型的使用、文件或其他相关信息；或

（b）规定根据此类使用的参考计算出的所需的支付；

并且与所进行的行为相关的任何此类文件或模型的复制品的复制或公开发行，或任何此种的使用应该视为不构成对模型或文件的任何版权的侵犯。

（2）第（1）款不应被解释为授权公开任何与许可、转让或协议相抵触的此类模型、文件或信息。

（3）外观设计方面的专有许可在下列情况下生效——

（a）如果是为获得王室特许使用权而授予许可——

（i）根据第 241 条（为王室使用确立期限）外观设计权人和一政府部门之间的任何协议要求被许可人的许可，并且

（ii）被许可人被授权向外观设计权所有人追索他们之间许可的为王室使用的支付的部分，或如果未履行协议，则由法院裁定。

（b）如果并非为获得版税而授予许可——

（i）如果所提到的被许可人被所提到的外观设计权人所替代，除第 240 条（王室使用）和上述第（1）款外，第 241 条适用的可进行的任何行为均构成对被许可人权利的侵犯；

（ii）第 241 条并不适用于有关被许可人根据第 240 条所给予的授权而进行的任何行为。

（4）考虑到外观设计权被转让给外观设计权人而产生的版税——

（a）第 241 条适用于外观设计王室使用有关外观设计，所提到的外观设计权人包括转让者，并且为王室使用的任何支付应该按照所达成协定的比例在他们之间进行分配，若未履行协议，则由法院进行裁决。

（b）第 241 条适用于有关附带于王室使用的任何行为，如同其适用于外

观设计王室使用有关外观设计。

（5）所涉及之主体因上述第（1）款而导致无效的协约的任何条款获益，如果该人被所提到的外观设计权人所替代，凡与外观设计有关的任何模型、文件或其他信息与外观设计的王室使用或与任何王室使用的附带行为相联系而被使用，则第 241 条适用于该模型、文件或信息的使用。

（6）本条中——

"王室使用附带的行为"系指通过外观设计权人就一项外观设计就政府部门的命令为王室服务所做的任何事。

"为王室使用的支付"系指由相关的政府部门根据第 241 条可支付的此类数额。

"版税"包括由所提到的外观设计的使用所决定的任何利益。

王室使用：利润损失的补偿。

243. ——

（1）凡对一项外观设计王室使用的外观设计，相关政府部门应该支付——

（a）给外观设计权人，或

（b）如果就该项外观设计存在一个有效的专有许可，对于专有许可的被许可人，政府部门应该为其未从依外观设计制作的物品的供应合同中受益而导致的任何损失进行补偿。

（2）只有此类合同已经从现有的制造能力得到满足的情况下，才可支付补偿金；尽管存在使得专有许可的被许可人在此合同中没有资格受益的情形，仍可给付补偿金。

（3）在判定损失时，应该考虑到根据此类合同并且在未充分利用任何制造能力的情况下而产生的利润。

（4）就未能获得依照外观设计制作的物品的供应合同而言（除了为王室使用外），不应支付补偿金。

（5）如果外观设计权所有人或被许可人和政府部门之间就一项条约的通过未能达成协议，应支付的补偿的数额应该由仲裁庭参考第 252 条来裁决；并且还应附加根据第 241 条和第 242 条可支付的任何数额。

（6）在将本条适用于北爱尔兰时，第（5）款所提及的条约应该被解释为所提到的财政和人事部门,该款中所提到的政府部门是北爱尔兰的政府部门。

在紧急情况下王室使用的特殊条款。

244. ——

(1) 在紧急时期,根据第 240 条(王室使用)关于外观设计可实施的权力包括为任何目的进行任何行为的权力,但是,在非紧急时期,该行为将侵犯外观设计的外观设计权。上述目的对于相关政府部门进行下列行为而言是必要和有利的——

(a) 为有效起诉女王陛下可能参与的任何战争;

(b) 为维持共同体所必须的物资供应和服务;

(c) 为获得共同体的幸福安康所必须的充足的物资供应和服务;

(d) 为提高产业、商业和农业的生产力;

(e) 为鼓励和指导出口并且减少从全世界或任何国家进口,或对任何种类的进口,以及为了调节贸易平衡;

(f) 总体上为了确保共同体的所有资源可供使用,并且以一种很好的可量化的能为共同体的利益服务的方式被使用;

(g) 为联合王国之外的任何由于战争而陷入水深火热的国家提供遭受损失的救济并且帮助他们重新得到必不可少的供应和服务并对其进行分配。

(2) 本部分所提到的王室服务包括,就紧急时期为上述目的的服务;并且提到的"王室使用"所包括的任何行为如果没有本条的规定将侵犯外观设计权。

(3) 本条中"紧急时期"系指出于本条的目的,以最初自枢密令宣布的一个日期起至紧急时期结束之日止的一段时期。

(4) 应当先提出命令草案并且经由议会上院或下院的决议通过,才可以根据本条向女王陛下提交枢密令。

一　般　条　款

规定更多豁免的权力。

245. ——

(1) 若国务大臣有必要开展下列活动,则其应该——

(a) 遵守联合王国的一项国际义务,或

(b) 确保和维持不列颠的外观设计在其他国家的互惠保护,

通过命令规定命令中详细描述的行为不侵犯外观设计权。

(2) 命令应对不同的外观设计或物品制定不同的条款。

(3) 命令应该以法定文件的形式发布;应当先提出命令草案并且经由议会上院或下院的决议通过,才可发布命令。

第Ⅳ章　审计官和法院的司法管辖权

审计官的司法管辖权

裁定外观设计权相关事项的司法管辖权。

246. ——

(1) 对任何如下事项具有争议的一方可以将争议提交给审计官裁决——

(a) 外观设计权的存续,

(b) 外观设计权的期限,或

(c) 最初被授予外观设计权的个人的身份;

并且审计官的裁决对各争议方具有约束力。

(2) 没有其他法院或仲裁庭可以裁决任何此类事项,除——

(a) 由审计官提交或移交,

(b) 在该事项附带产生的侵权或其他诉讼中,或

(c) 在有双方的协议或审计官的准许的情况下提起的诉讼。

(3) 裁决任何根据本条提交的过程中产生的附带事实或法律问题的,审计官拥有司法管辖权。

权利许可争议解决条款的申请。

247. ——

(1) 根据以下各条,个人要求可获得的许可作为一项权利——

(a) 第 237 条(外观设计权期满前的 5 年可获得的外观设计权的许可),或

(b) 根据第 238 条(为保护公共利益可获得的许可)签发的命令,可以适用于审计官确立许可的争议解决条款。

（2）在许可根据第 237 条生效日前一年内，才可以根据第 237 条提出许可的和解申请。

（3）由审计官确立的许可和解授予被许可人——

（a）就依第 237 条可获得的许可，实施任何在没有许可的情况下本是侵犯外观设计权的行为。

（b）就依第 238 条可获得的一项许可，实施关于可获得许可的任何行为。

（4）在确立许可的和解申请时，审计官应该考虑到国务大臣通过法定文件发布的命令中所详述的此类因素。

（5）应当先提出命令的草案并且经由议会上院或下院的决议通过，才可以发布命令。

（6）审计官确立的许可争议解决条款——

（a）关于根据第 237 条可获得的一项许可，就在许可根据该条生效日之前提出的一项申请而言，许可自上述日期起产生效力。

（b）在任何其他情况下，从向审计官提出申请之时许可具有效力。

外观设计权所有人不明确的争议解决条款的确定。

248. ——

（1）本条适用于根据第 247 条（确立权利许可争议解决条款）提出申请的个人在通过合理调查仍不能发现外观设计权人的身份的情况。

（2）审计官可以确立许可争议解决条款使得许可免于版税或其他支付的任何义务。

（3）该命令使得外观设计权人可以向审计官申请变更从其提出申请之时就具有效力的许可争议解决条款。

（4）许可的争议解决条款是由审计官确立的，并且后续确立许可不能作为权利而获得，在被许可人获悉任何外观设计权人声称许可不存在的主张前，该被许可人，不能获得相关的收益，也不承担损害赔偿责任。

对于权利许可争议解决条款的上诉。

1949 c.88.

249. ——

（1）根据第 247 条或第 248 条规定（权利许可争议解决条款的确立），依审计官的任何决定移交至上诉仲裁庭的一项上诉依 1949 年《注册外观设计法》第 28 条而成立。

（2）《注册外观设计法》第 28 条适用于根据本条来自审计官的上诉，如同其适用于根据法案来自注册官的上诉；但是根据该条制定的规则应该为根据本条的上诉制定不同的条款。

规则。

250. ——

（1）国务大臣可以制定规则来管控与根据本部分审计官之前的任何诉讼程序相联系的后续程序。

（2）规则可以制定条款——

（a）规定形式；

（b）要求支付费用；

（c）授权修正不合规则的程序；

（d）监督证据的提供模式并且授权审计官迫使证人出席及发现和发出文件；

（e）规定委任顾问在诉讼程序中协助审计官；

（f）规定做所要求之任何工作的时间限制（并且规定任何此类限制的变更）；并且

（g）授权给审计官裁决具体费用并确定支付费用方与被支付方。

（3）规则规定的费用需要征得财政部的同意。

（4）被任命以协助审计官的顾问的报酬应由国务大臣经财政部的同意而确定，并且由议会提供的资金进行支付。

（5）规则应由法定文件订立，并且应当依据议会之上院或下院的决议撤销。

法院的司法管辖权

外观设计权事项的提交和上诉。

251. ——

（1）根据第 246 条（有关外观设计权事项的提交），在其之前的任何诉讼程序中，审计官可以在任何时间签发命令，在其指定的时期内，将整个诉讼程序或任何问题或争议提交到最高法院或苏格兰最高民事法院。

（2）如果诉讼当事方许可，审计官应该签发这样一项命令。

（3）参考本条，法院可以行使任何就审计官向其提交的事项而言本部分所赋予的权力，并且，根据其决议，法院也可向审计官递交任何事项。

（4）根据第 246 条（有关外观设计权事项的决议）基于在诉讼程序中审计官的任何决议可向最高法院或苏格兰最高民事法院上诉。

王室使用有关的争议的提交。

252. ——

（1）法院对于任何事项的争议作出裁决的，若未履行根据以下各条的协议——

（a）第 241 条（确立王室使用争议解决条款），

（b）第 242 条（就王室使用而言第三方的权利），或

（c）第 243 条（王室使用：利润损失的补偿），

该争议可以被争议的任意相关方提交至法院。

（2）在裁决政府部门和外观设计涉及王室使用外观设计条款的任何个人之间的争议，法院应该考虑到——

（a）该人或获得该人授权的个人直接或间接地收到或被授权接受来自任何政府部门就外观设计而言的任何款项；并且

（b）该人或获得该人授权的个人是否依法院的观点无正当理由违背政府部门对于在一个合理的期限内使用外观设计的要求。

（3）对于由两人或多人享有的外观设计权，除非其他共有人参加诉讼，否则共有人之一不得根据本条独自向法院提交争议，并且，除非前述共有人参加该诉讼，否则其不承担任何诉讼费用。

（4）第 242 条第（3）款第（a）项第（i）目要求的一项专有许可的被许可人同意通过协议来确立一项外观设计王室外观设计使用争议解决条款，只有被许可人被通知并且有机会听证，法院就此类使用而进行的任何支付的数额的裁决才有效。

（5）对于正如第 243 条第（3）款第（a）项第（ii）目（专有许可的被许可人追索部分支付给外观设计权人数额的权利）所述可收回的数额的争议的提交，法院应该判定在以下各项中考虑到由被许可人引起的任何花费——

（a）在外观设计中研发，或

（b）在涉及许可时向外观设计权人进行支付（除了外观设计使用的申诉所裁决的其他支付和版税）。

（6）在本条，"法院"系指——

（a）在英格兰，根据本法案第 287 条下的命令而具有司法管辖权的最高法院或任何郡法院，

（b）在苏格兰，最高民事法院，并且

（c）在北爱尔兰，最高法院。

第 V 章　杂项和一般条款

杂　　项

侵权诉讼中无理由威胁的救济。

253.——

（1）某人在侵犯外观设计权的诉讼中威胁另一人，因威胁受到侵害的一方可以针对该人提起诉讼要求——

（a）该威胁无正当理由的声明；

（b）针对该威胁的持续签发一项强制令；

（c）关于受害人从威胁中受到的任何损失的损害赔偿。

（2）如果原告证明威胁确实存在并且其受到侵害，其有权要求从外观设计该侵权中获得救济，除非被告表明涉及诉讼的威胁行为确实存在，或已经存在并且已经构成侵权。

（3）不得依据本条就宣称构成涉及制作、进口的侵权的威胁提起诉讼。

（4）仅仅涉及一项外观设计享有外观设计权保护的通知并不构成就本条目的而言的诉讼威胁。

权利许可的被许可人未主张与外观设计权人有联系。

254. ——

（1）根据第 237 条或第 238 条，某人拥有关于一项外观设计的许可，未经外观设计权人许可，该人不得——

（a）将许可用于其正在交易的货品，或提交给市场，依据该许可，贸易描述表明其就是外观设计权所有人的被许可人，或

（b）在有关此类物品的广告宣传中使用任何该贸易描述。

（2）对第（1）款的违法行为可由外观设计权人提起诉讼。

1968 c.29.

（3）在本条中，"贸易描述"，系指应用一项对货品的贸易描述并且"广告宣传"与 1968 年《贸易描述法案》中广告宣传具有相同含义。

本部分的实施范围

本部分延伸适用的国家。

255. ——

（1）本部分的规定延伸至英格兰、威尔士、苏格兰和北爱尔兰。

（2）女王陛下可以通过签发一项枢密令，将本部分延伸至除在命令中明确规定的例外和修改之外的——

（a）任一海峡群岛，

（b）马恩岛，或

（c）任何殖民地。

（3）权力包括延伸权，除去在命令中注明的例外和修改之外，可延伸至根据第 221 条（就有关资格制定更多条款的权力）和第 256 条（享受互惠保护的国家）的任何枢密令。

（4）本部分所延伸至的一国的立法机关，可以根据该国的法律修改或增加本部分的条款，立法机关可以在其认为必要的情况下移植该条款成为本国

法律。但是,外观设计权存在的,在相关案件中给予外观设计权保护。

(5) 本部分延伸至的一国不再是英国的殖民地。出于本部分的目的应该继续将其视作殖民地直到——

(a) 根据第 256 条签发的一项枢密令指定该国为享受互惠保护的国家,或

(b) 签发枢密令宣布将停止继续给予该国此类待遇,如果该国法律的相关部分废除或修订。

(6) 包括根据第(5)款第(b)项的一枢密令的法定文件应依据议会上院或下院的撤销决议产生效力。

享受互惠保护的国家。
256. ——

(1) 对于女王陛下而言,一国的法律对不列颠的外观设计提供了足够的保护,女王陛下可以通过枢密令指定该国家享有本部分所规定的互惠保护——

(2) 如果该国法律仅对某些类型的不列颠外观设计或适用于某些物品的外观设计提供足够的保护,则根据上述签发的枢密令中应包含对该国外观设计保护限制在同样范围的条款。

(3) 本条所指的枢密令应当依据议会上院或下院的决议撤销。

领海和大陆架。
257. ——

(1) 出于本部分的目的,联合王国的领海应被视为联合王国的一部分。

(2) 涉及本部分适用的,在联合王国大陆架区域内与海床或海底的开发或其中自然资源的开发有直接联系的或船舶上的行为,视同在联合王国所进行的相同行为。

(3) 联合王国大陆架区域系指 1964 年《大陆架法》第 1 条第(7)款所划定的区域。

解　释

解释所述的外观设计权所有人。

258. ——

(1) 不同人被授予(无论是部分转让或者其他)一部作品外观设计权的不同方面,出于任何本部分的目的的外观设计权人就是被授予就出于该目的而言相关权利的个人。

(2) 外观设计权(或外观设计权的任何方面)被多人共同所有,本部分所提及的外观设计权人是所有的持有人,因此,尤其获得外观设计权人的许可的任何要求需要获得所有外观设计权人的许可。

合作外观设计。

259. ——

(1) 本部分中,"合作外观设计"系指由两个或更多外观设计者协作创作的一项外观设计,并且他们各自的贡献无法与其余人的截然分开。

(2) 除非有相反的规定,本部分所提及的一项外观设计的外观设计者应该被解释为所提到的有关该外观设计的所有外观设计者的合作外观设计。

套装形式的物品相关条款的适用。

260. ——

(1) 本部分的条款适用于有关套装形式的物品,即一完整的或大体完整的系列组成部分旨在被装配成一个物品,正如其适用于有关装配的物品。

(2) 第(1)款并不影响该问题,即外观设计权是否存在于某套装(与装配物品的外观设计相反)组成部分的外观设计的任何方面。

签署的要求：与法人团体有关的适用。

261. (1)在以下条文中,凡规定文件须由某人签署或须由他人代某人签署,则就法人团体而言,盖上其印章亦属符合该规定——

第 222 条的(3)款(外观设计权的转让);

第 223 条第(1)款(将来外观设计权的转让);

第 225 条第(1)款(专有许可的授予)。

苏格兰相关措辞的适用。

262. 本部分的规定在苏格兰适用时——

"利润清算"系指利润的核算与支付;

"清算"系指核算、计算与支付;

"转让"系指让与;

"费用"系指支出;

"被告"系指被诉人;

"交付"系指移交;

"禁止反悔"系指禁止个人翻供;

"强制令"系指制止令;

"中间救济"系指诉讼过程中间的救济;

"原告"系指提起诉讼的人。

次要定义。

263. ——

(1) 在本部分——

"不列颠外观设计"系指享有外观设计权保护资格的一项外观设计。

"商业"包括一项贸易或职业。

"委任"系指为金钱或金钱价值的委任。

"审计官"系指专利、外观设计和商标总审计官。

"计算机生成的",关于一项外观设计,系指在无人类外观设计者参与的情况下由计算机生成的外观设计。

"国家"包括任何领土。

"王室"系指女王陛下政府在北爱尔兰的王室权利。

"外观设计文件"系指一项外观设计的任何记录,无论其是以草图的,书面描述,照片,贮存在计算机中的数据形式或其他形式。

"雇员","雇佣"和"雇主"指根据一项服务合同或实习合同的雇佣。

"政府部门"包括北爱尔兰政府部门。

（2）本部分所提到的"交易"，有关一物品，是指在一商业过程中其被出售、出租，要约出售或出租，为出售或出租而展示，并且相关的表述也应作出相应的解释；但是出于本部分的目的，仅仅是欺骗性的且并不旨在满足公众合理要求的交易不得考虑在内。

（3）本部分所提到的对一物品出于商业目的而进行的行为是以期该物品在商业过程中被出售或出租而进行的行为。

定义措辞索引。

264. 下表列出了用定义或其他方式对本章用语作出解释的各个条款（不包括仅对本条用语作出定义或其他解释的条款）

利润清算及清算（苏格兰）	第 262 条
转让（苏格兰）	第 262 条
不列颠外观设计	第 263 条第（1）款
商业	第 263 条第（1）款
商业目的	第 263 条第（3）款
委托	第 263 条第（1）款
审计官	第 263 条第（1）款
计算机生成的	第 263 条第（1）款
费用（苏格兰）	第 262 条
国家	第 263 条第（1）款
王室	第 263 条第（1）款
王室使用	第 240 条第（5）款及第 244 条第（2）款
被告（苏格兰）	第 262 条
交付（苏格兰）	第 262 条
外观设计	第 213 条第（2）款
外观设计文件	第 263 条第（1）款
外观设计者	第 214 条及第 259 条第（2）款
外观设计权	第 213 条第（1）款

外观设计权人	第 234 条第(2)款及第 258 条
雇员、雇佣和雇主	第 263 条第(1)款
专有许可	第 225 条第(1)款
政府部门	第 263 条第(1)款
政府部门相关的(关于王室使用)	第 240 条第(5)款
侵权物品	第 228 条
强制令(苏格兰)	第 262 条
中间救济(苏格兰)	第 262 条
合作外观设计(作品之)	第 259 条第(1)款
许可(外观设计权人)	第 222 条第(4)款、第 223 条第(3)款及第 258 条
依照外观设计制作物品	第 226 条第(2)款
交易(及相关表述)	第 263 条第(2)款
原创	第 213 条第(4)款
原告(苏格兰)	第 262 条
具有资格的个体	第 217 条第(1)款
具有资格的个人	第 217 条第(1)款和第(2)款
签署的	第 261 条

第Ⅶ部分　杂项和一般条款

外观设计用来规避复制保护的设备

外观设计用来规避复制保护的设备。

296.——

(1) 凡版权人或通过版权持有人授予的许可以享有复制保护的电子形式向公众散发版权作品的复制品,则本条适用。

(2) 为防止侵犯版权,对知悉或有理由知悉以下方式将被用来制作侵权复制品的侵权人,发行人拥有著作权人相同的法律权限——

(a) 制作、进口、出售、出租、要约出售或要约出租,或为出售或出租而展

示或宣传任何器件或设备,而该器件或设备是经特定外观设计或改装以规避所采用的某种形式的复制保护措施的;或

(b) 发表任何信息拟使他人能够规避或协助他人规避所采用的复制保护措施。

(3) 此外,占有、保管或持有任何该等器件或设备,并且意图用该等器件或设备制作版权作品的侵权复制品的,则向公众散发或提供该等复制品的人根据第 99 条或第 100 条(某些物品的交付或扣押),与版权人就侵犯版权复制品而言具有相同的法律权限。

(4) 本条中述及的规避复制保护包括任何意图阻止或限制对一部作品的复制,或损害制作的复制品的质量的设备或途径。

(5) 出于本法案第Ⅰ部分(版权)目的被定义的本条中所使用的定义表述与该部分中的具有相同的含义。

(6) 以下条款适用于根据本条的诉讼程序正如其适用于根据第Ⅰ部分(版权)的诉讼程序——

(a) 本法案第 104 条至第 106 条(对于某些与版权相关的事项的推定),并且

1981 c.54.

1985 c.37.

1978 c.23.

(b) 1981 年《最高法院法案》第 72 条,1985 年《法律改革法案(杂项条款)(苏格兰)》第 15 条以及 1978 年《司法法案(北爱尔兰)》第 94A 条(与知识产权有关的诉讼程序中针对自我控告特权的撤销);

经过必要的修正后,本法案第 114 条适用于根据上述第(3)款交付或扣押的任何物品的处置。

以欺诈手段接收传播

以欺诈手段接收节目的犯罪。

297. ——

(1) 不诚实的接收了从联合王国某地提供的包括在广播或有线传播节目服务中的节目,并且意图避免支付任何节目的接收费用的,该人的行为构成犯

罪并且在接受简易程序定罪后,判处不超过标准数额的 5 级的罚金。

（2）如果根据本条由法人团体实施的犯罪被证实系经其管理者、经理、秘书或其他类似官员,或者可能行使该职务者许可或默许而实施,该人即与法人团体构成共同犯罪,并将共同接受审理与惩处。

就由成员管理事务的法人团体而言,"管理者"系指该法人团体的一个成员。

涉及未经授权接收传播设备的权利和救济。

298.——

（1）凡任何人——

（a）为接收包括在从联合王国特定区域提供的广播或有线传播节目服务内的节目而收取费用;或

（b）从联合王国某地方发送任何其他类别的经加密处理的传播;

该人具有以下权利及救济。

（2）其针对做出以下行为的人而具有的权利和救济,与版权人就侵犯版权而言具有相同的法律权限——

（a）制作、进口、出售或出租任何器具或设备,而该器具或设备是经外观设计或改装以使他人能够接收或协助他人接收该无权接收的节目或其他传送;或

（b）发表任何信息刻意使他人能够接收或刻意协助他人接收该无权接收的节目或其他传送。

（3）此外,根据第 99 条和第 100 条(某些物品的交付和扣押)而就任何该等器具或设备所具有的权利,其与版权人就侵权复制品而言具有相同的权利。

1981 c.54.

1985 c.37.

1978 c.23.

（4）1981 年《最高法院法案》第 72 条,1985 年《法律改革法案(杂项条款)(苏格兰)》第 15 条以及 1978 年《司法法案(北爱尔兰)》第 94A 条(与知识产权有关的诉讼程序中对自我控告特权的撤销)适用于根据本条提起的诉讼,正如其适用于根据本法案第 I 部分(版权)提起的诉讼。

（5）在第 97 条第（1）款（不知情侵犯版权）适用于就侵犯本条所赋予的权利而进行的法律诉讼的条款中，凡述及被告人不知悉或没有理由知悉某类作品受版权保护，应当被解释为其不知悉或没有理由知悉其行为侵犯了本条所赋予的权利。

（6）本法第 114 条，经所需的修改后，适用于任何根据上述第（3）款交付或扣押的物品。

关于以欺诈手段接收传播的补充性条款。

299. ——

（1）女王陛下可以签发枢密令——

（a）规定第 297 条适用于有关包括在由联合王国之外的国家或地域提供的服务中的节目，并且

（b）规定第 298 条适用于有关从上述国家或地域播送的此类节目和加密的传输。

（2）对女王陛下而言，根据该国或该地域的法律已经制定条款或即将制定条款对由联合王国提供的，或视情况而定，由联合王国播送的加密的广播或有线传播节目服务中的节目进行支付的人们给予充分保护的，才能签发该命令。

（3）根据第（1）款的一项枢密令的法定文件应依据议会上院或下院的决议撤销。

（4）如果第 297 条和第 298 条适用于有关广播服务或有线传播节目服务，其同样适用于任何服务，该服务由提供服务的人或为服务提供节目的人运营，其整体或部分的存在于以声音或视觉图像的电信系统方式的播送中。

（5）在第 297 条和第 298 条，以及本条，"节目"，"广播"和"有线传播节目服务"，以及相关表述，与第Ⅰ部分（版权）具有相同的含义。

以欺诈手段申请或使用商标

以欺诈手段申请或使用商标的犯罪。

1938 c.22.

300. 在 1938 年《商标法案》第 59 条之前，标题"使用王室纹章的犯罪和限

制"之后插入以下条款——

"以欺诈手段申请或使用商标的犯罪

58A. ——

(1) 依据下述第(3)款,此行为是犯罪行为,如果任何人——

(a) 申请一个商标附属于或几乎与商品或材料的注册商标相似,并将该商标用于或意图用于标签、包装或广告商品;或

(b) 出售、出租、要约出售、要约出租、或为了出售或出租而展示,或散发——

(i) 印有此类商标图案的商品,或

(ii) 印有被使用或意图被用作标签、包装或广告商品的此类商标图案的材料;或

(c) 在为标签、包装或广告商品的商业过程中使用印有此类商标的材料;或

(d) 为进行上述第(a)项至第(c)项所提到的任何行为而在商业过程中持有印有此类商标图案的商品或材料;

当该人没有被授权使用有关争议中的商品商标,并且在贸易过程中商品与被授权人并无联系。

(2) 对于下述第(3)款,此行为同样是犯罪行为,即任何人在商业过程中持有印有附属于或几乎与注册商标相似的此类商标图案的商品或材料,并意图促使或协助另外的人进行任何上述第(a)项至第(c)项所提到的任何行为,且该人知道或有理由认为其他人并未被授权使用有关争议中的商品商标,并且在贸易过程中商品与被授权人并无联系。

(3) 根据第(1)款或第(2)款,任何人从事犯罪行为,只有当——

(a) 其意图使自己或他人有所得,或意图他人遭受损失的行为;并且

(b) 其认为争议商品应该在商业过程中与被授权使用争议商标之人相联系;

并且是根据第(1)款因犯罪行为被起诉之人的辩护,以证明其有合理理由认为其被授予使用有关争议商品的商标的权利。

(4) 根据本条被认为有罪之人——

(a) 在经过简易程序定罪后处以 6 个月以下有期徒刑或不超过法定最高限额的罚金,或两者并罚;

(b) 在经过公诉程序定罪后处以 10 年以下有期徒刑或罚金,或两者并罚。

(5) 如果根据本条由法人团体实施的犯罪被证实系经其管理者、经理、秘书或其他类似官员,或者可能行使此类职务者许可或默许而实施,该人即与法人团体构成共同犯罪,并将共同接受审理与惩处。

就由成员管理事务的法人团体而言,'管理者'系指该法人团体的成员。

(6) 在本条,'商业'包括一项贸易或产业。

违法商品或违法材料的交付

58B. ——

(1) 根据第 58A 条对犯罪行为进行裁决的法院确信犯罪之人在其被逮捕或被指控期间占有、管领或控制——

(a) 实施犯罪的商品或材料;或

(b) 与实施犯罪的描述相同的商品,或类似于实施犯罪的材料,印有附属于或几乎与犯罪的实施相同的商标的图案,

可以签发命令将商品或材料交付给法院指定之人。

(2) 根据本条,应当指控该人有罪——

(a) 在英格兰、威尔士和北爱尔兰,其被口头指控或被送达法院传票或起诉;

(b) 在苏格兰,其被警告,被指控或被控告及起诉。

(3) 法院可基于其动议或基于原告(或在苏格兰为总检察长或地方检察官)的申请而签发一项命令,但是不能依据第 58C 条(关于处置违法商品或材料的命令)签发命令的,法院就不应当签发该命令。

(4) 基于根据本条由治安官法院签发的一项命令而上诉至——

(a) 王室法院(在英格兰和威尔士);并且

(b) 郡法院(在北爱尔兰);

以及在苏格兰,如果根据本条签发一项命令,从任何人占有、保管或控制的商品或材料中移除,在不触犯任何法律规则之下任何形式的上诉的情况下,该人可以以针对判决的相同方式就该命令上诉。

(5) 根据本条下的一项命令交付商品或材料的任何人,在根据第 58C 条签发命令之前可以保留该商品或材料。

(6) 本条中的规定不会影响 1973 年《刑事法院权力法案》第 43 条,1975年《刑事程序法案(苏格兰)》第 223 条或第 436 条,1980 年《刑事审判命令(北爱尔兰)》第 7 条(有关在刑事诉讼程序中没收的一般条款)赋予法院之权力。

关于处置违法商品或违法材料的命令

58C. ——

(1) 如果根据第 58B 条下的一项命令交付商品或材料,可以向法院提交一项要求签发命令的申请,法院认为适当可签发命令销毁或没收该商品或材料。

(2) 应通过法院判决制定规则条款,送达通知至与该商品或材料有利害关系之人,并送达通知至任何该等被授权之人——

(a) 按照根据本条所签发之命令而在诉讼中出庭,无论其是否被通知,并且

(b) 对所签发之命令的提起上诉,无论其是否出庭;

除非上诉期满,或于上诉期满前且于法律程序的最终裁定或撤诉前送达上诉通知,否则该命令不得生效。

(3) 多人对商品或材料有利害关系的,法院应签发一项其认为恰当的命令。

(4) 本条述及的对于商品或材料具有利害关系之人包括任何根据本条或1988 年《版权、外观设计和专利法案》第 114 条,第 204 条或第 231 条(有关侵犯版权、侵犯表演中权利和侵犯外观设计权,其制定相似的条款)所签发命令且对其有利之人。

(5) 在以下法院可以根据本条对一项命令提起诉讼——

(a) 英格兰、威尔士和北爱尔兰的郡法院,规定争议中的商品或材料的价值不超过郡法院对于侵权诉讼的限制;并且

(b) 苏格兰郡法院;

但是其不应被解释为影响最高法院或苏格兰最高民事法院的司法管辖权。

第 58A 条的实施

58D. ——

(1) 地方度量衡机构的职能包括在第 58A 条规定的地域执行法律。

(2) 1968 年《贸易描述法案》的以下条款适用于有关该条的实施,正如其适用于有关该法的实施——

第 27 条(测试购买的权力)

第 28 条(进入场所检查和扣押商品和文件的权力)

第 29 条(妨害公务)

第 33 条(对根据第 28 条扣押商品所造成的损失等的补偿)

(3) 上述第(1)款并不适用于有关第 58A 条在北爱尔兰的实施,但是经济发展部门的职能包括该条在北爱尔兰的实施。

就该目的而言,第(2)款中详细规定的 1968 年《贸易描述法案》的条款适用,犹如向地方度量衡机构提交案件或向该机构的任何官员提交案件的代理提交。

(4) 就促进 1968 年《贸易描述法案》实施的目的而言,授权公开信息的任何成文法应该适用,正如上述第 58A 条包括在该法案中,正如关于该条实施的任何人的职能就是该法规定的职能。"

保障儿童医院利益的条款

保障儿童医院利益的条款。

301. 附表 6 的条款对于保障伦敦大奥蒙德街儿童医院利益的受托人授予获得版税的一项权利具有效力。该项权利指受托人就将詹姆斯·巴里笔下的"彼得潘"戏剧或任何该作品的改编本进行公共表演,商业发表,广播或引入一项有线传播服务而言可以获得版税,尽管作品中的版权已在 1987 年 12 月 31 日期满。

给予特定国际机构的财政援助

给予特定国际机构的财政援助。

302. ——

(1) 国务大臣可以通过授予物品、贷款或担保品的形式向以下国际机构给予财政援助——

(a) 任何具有与商标和其他知识产权相关的职能的国际组织,或

(b) 任何根据《共同体条约》建立的具有此类职能的共同体机构或其他机构,鉴于该组织,机构或场所机构的建立和维持均在联合王国。

(2) 根据本条支付国务大臣的任何经费应该均由议会提供;并且在本条之后国外大臣收到的任何金额应该支付给统一基金。

一　般　条　款

后续的修正案和废除。

303. ——

(1) 附表 7 详述的成文法根据该附表进行了修正,其修正案是本法案的后续条款。

(2) 附表 8 详述的成文法指定的部分被废除。

范围。

304. ——

(1) 关于第 I 部分(版权),第 II 部分(表演权)和第 III 部分(外观设计权)的范围的条款分别规定在第 157 条,第 207 条和第 255 条中;本法案其他条款的范围如下。

(2) 第 IV 部分到第 VII 部分延伸至英格兰和威尔士,苏格兰和北爱尔兰,除——

(a) 第 287 条至第 292 条(专利郡法院)仅仅延伸至英格兰和威尔士,

(b) 附表 6(保障儿童医院利益的条款)制定的信托法是英格兰和威尔士的法律,并且

(c) 附表 7 和附表 8 的修正案和废除部分与修正的或废除的成文法有相同的范围。

(3) 以下条款的适用根据女王陛下签发的枢密令中的任何修改扩大适用至马恩岛——

(a) 第 293 条和第 294 条(专利:权利许可),和

(b) 附表 5 的第 24 条和第 29 条(专利:提交国际专利申请的效力和延伸时间限制的权力)。

(4) 女王陛下可以签发一项枢密令规定以下条款延伸至马恩岛,枢密令中明确规定了例外和修改——

(a) 第 IV 部分(注册外观设计),

(b) 第 V 部分(专利代理),

(c) 上述第(3)款中没有提到的附表 5 的条款(专利:杂项修正),

(d) 第 297 条至第 299 条(以欺诈手段接收传送),和

(e) 第 300 条(商标的欺骗性申请和使用)。

(5) 女王陛下通过签发一项枢密令规定第 297 条至第 299 条(以欺诈手段接收传送)扩大适用至任何海峡群岛,枢密令中明确规定的了例外和修改。

(6) 本法案授予的为了或与本法案中对于联合王国之外的一个国家的条款的范围相联系通过枢密令制定条款的任何权力包括延伸适用至该国的权力,本法案中任何修正或废除成文法的条款也扩大适用至该国。

生效。

305.——

(1) 本法案以下条款在王室许可后生效——

附表 5 中的第 24 条和第 29 条(专利:为专利提出国际适用的效力和延伸时间限制的权力);

第 301 条和附表 6(保障儿童医院利益的条款)。

(2) 第 293 条和第 294 条(权利许可)自本法案通过之日起两个月后生效

(3) 本法案的其他条款自国务大臣通过法定文件指定之日起生效,并且根据不同的条款和不同的目的指定不同的日期。

简称。

306. 本法案可以被援引为 1988 年《版权、外观设计和专利法案》。

附表 3　注册外观设计:对《1949 年法案》相应的修正

第 3 条:注 册 程 序

1949 c.88.

1. 1949 年《注册外观设计法案》(注册程序)第 3 条中将第(2)款至第(7)款替换如下——

"(2)一项拥有外观设计权的外观设计的注册申请不会被受理,除非这份

注册申请由外观设计权人提出。

（3）为判定一项外观设计是否是新外观设计，注册官可按照他认为合适的方式进行相关调查（如果有的话）。

（4）在规定情形下，为判定外观设计是否为新外观设计，注册官可下达如下指令：该申请应视为在实际制作日期之前或之后提交。

（5）注册官可拒绝外观设计注册申请，或根据他认为恰当的相关修改（如果有），许可外观设计注册申请；并且，外观设计注册日期应为提交申请的日期，或视为制作申请的日期。

（6）由于申请人默认或疏忽，申请未填写完整，而导致注册未能在规定时间内生效的，该申请作废。

（7）根据本条款，可对注册官的任何命令提出上诉。"

第4条：关于其他物品的相同外观设计的注册和版权

1949 c.88.

2. 1949 年《注册外观设计法案》（关于其他物品的相同外观设计的注册和版权）第 4 条第（1）款中，将附文替换为——

"按照本条款注册的外观设计权的权限不得超出期限以及任何延长期限。在延长期限内，外观设计权为原注册外观设计者所有。"

第5条：关于特定外观设计的保密性条款

3. ——

（1）1949 年《注册外观设计法案》第 5 条修订如下。

（2）凡出现"主管当局"之处，均用"国务大臣"替代；在第（3）款第（c）项中，"当局"用"他"替代。

（3）将第（2）款替换为——

"（2）国务大臣应按规则制定条款，确保这些指示适用的地方包含：

（a）外观设计展示或外观设计样本；

（b）提交的任何支持申请人申辩的证据：某物品的外观是重要的（出于本

法案第 1 条第(3)款的目的),专利局不得在本指示的有效期内将其公开用于公众查阅。"

(4) 第(3)款第(b)项,在"外观设计展示或外观设计样本"后插入"或任何上述第(2)款第(b)项款中涉及的证据"。

(5) 删除第(5)款。

第 6 条: 关于机密信息公开的条款和版权

4. ——

(1) 1949 年《注册外观设计法案》第 6 条(关于机密信息公开的条款和版权)修订如下。

(2) 在第(2)款(在经认证的展览中展示外观设计)第(a)项中,用"由国务大臣认证"替代"由贸易委员会认证";

(3) 第(4)款和第(5)款(受版权保护的艺术品相应外观设计注册)替换为——

"(4)如果经由艺术品版权持有人或其许可而提出相应外观设计的注册申请,根据本法案第(5)款的规定,此外观设计应只应用于该艺术品之前规定的用途,不得另作他用。

(5) 如果之前规定的用途包括或含有出售、出租、要约出售或出租,为出售或出租而展示,并且该物品的下列内容物已经用作工业用途,第(4)条款将不适用——

(a) 争议中的外观设计,或者

(b) 只在无关紧要的细节方面或者与广泛应用在行业中的其他变体的特征有不同之处的外观设计,并且,先前用途已经取得版权持有人的许可。

(6) 根据本条款,国务大臣可按照规则制定条款,规定在何种情形下某外观设计可视为'工业用途',用在某物品或某物品的任何描述上。"

第 9 条: 并非故意侵权者损害赔偿责任的豁免

1949 c.88.

5. 在 1949 年《注册外观设计法案》(并非故意侵权者损害赔偿责任的豁

免)第9条第(1)款、第(2)款中,将"注册外观设计版权"替换为"注册外观设计权"。

第11条: 注销注册

6.——

(1) 1949年《注册外观设计法案》第11条(注销注册),修订如下。

(2) 在第(2)款中,删除"或原创的"。

(3) 将第(2A)款和第(3)款替换为——

"(3)外观设计注册后任何时间内,在下列条件下,任何利益相关者可向注册官申请注销注册——

(a) 该外观设计已注册为受版权保护的艺术品的相应外观设计;并且

(b) 根据本法案第8条第(4)款(艺术品注册外观设计版权期满),注册外观设计权已期满;并且注册官可以对该申请签发他认为合适的注销命令。

(4) 根据本条款,注销在下列情况下生效——

(a) 根据第(1)款进行注销,自注册官决定之日起;

(b) 根据第(2)款进行注销,自注册之日起;

(c) 根据第(3)款进行注销,自注册外观设计权期满之日起,或在任何情况下,自注册官指定的其他日期起。

(5) 根据本条款,可对注册官的任何命令提起上诉。"

第14条: 在公约国申请注册

7. 1949年《注册外观设计法案》第14条(在公约国申请注册),将第(2)款和第(3)款替换为——

"(2)如果根据本条款提出外观设计注册申请,为判定该外观设计或任何其他外观设计是否具有新颖性,该申请应视为在公约国获得保护之日提出,或者,提出多个申请的,该申请应视为在第一个申请日提出;

(3) 根据本法案第3条第(4)款,第(2)款不排除对根据本条款提出申请给予指示的权利。"

第 15 条：根据第 14 条在特定情形下的申请延期

1949 c.88.

8. 1949 年《注册外观设计法案》第 15 条第（1）款（根据第 14 条制定规则，赋予注册官申请延期的权力）中，将"贸易委员会满意"替换为"国务大臣满意"，将"他们"，替换为"其"。

第 16 条：国际协定之下的外观设计保护

9. 1949 年《注册外观设计法案》第 16 条（国际协定之下的外观设计保护）——

（a）在第（1）款中，用"国务大臣"替换"贸易委员会"；

（b）在第（3）款中，用"国务大臣"替换"贸易委员会"，用"国务大臣确信"替换"贸易委员会确信"。

第 19 条：转让的注册和版权

10. 在 1949 年《注册外观设计法案》第 19 条（转让的注册和版权）第（3）款后，插入——

"（3A）如果注册外观设计存在外观设计权，根据第（3）款的规定，注册官不得注册股份，除非注册官认可该股份的持有人同时为相应外观设计权股份的持有人；

（3B）如果注册外观设计存在外观设计权并且注册外观设计的持有人同时为外观设计权的持有人，外观设计权的转让应同时被视为注册外观设计权的转让，除非出现相反的意图。"

第 20 条：修订登记簿

11. 1949 年《注册外观设计法案》第 20 条（修订登记簿）第（4）款后插入——

"（5）根据本条款，在下述情况下，对登记簿的修订有效——

（a）自应登记之日起，登记已生效，

（b）修订的登记已生效，如同登记最初采用的是修订形式一样，并且

（c）除非法院另有规定，删除的登记应视为从未生效。"

第22条：注册外观设计的审查

12. ——

（1）1949年《注册外观设计法案》第22条（注册外观设计的审查）修订如下。

（2）第（1）款替换为——

"（1）凡根据本法案注册的外观设计，从注册证颁发之日（包含此日）起，专利局有权审查——

（a）外观设计展示或外观设计样本；

（b）提交的任何支持申请人申辩的证据：某物品的外观是重要的（出于本法案第1条第（3）款的目的）；

根据本条款的下述规定和根据本法案第5条第（2）款制定的规则，本条款生效。

（3）在第（2）款，第（3）款（两处）及第（4）款中，"外观设计展示或外观设计样本"，替换为"展示，样本或证据"。

第23条：注册外观设计权存续的相关信息

1949 c.88.

13. 1949年《注册外观设计法案》第23条（注册外观设计权存续的相关信息），替换为——

"注册外观设计权存续的相关信息

23. 依据向注册官提供外观设计认证信息的提供人的请求，以及在支付法定费用基础上，注册官应通知提供人——

（a）是否许可注册该外观设计。如果许可，指明注册物品的名称，并且

（b）是否授予注册外观设计权的任何延期，并应指明注册日期，注册所有权人的姓名及地址。"

第25条：注册的有效性曾受抗辩的证明书

14. 1949年《注册外观设计法案》第25条（注册的有效性曾受抗辩的证明书）第（2）款中，"注册外观设计版权"，替换为"注册外观设计权"。

第 26 条: 侵权诉讼无理威胁的救济措施

15.——

(1) 1949 年《注册外观设计法案》第 26 条(侵权诉讼无理威胁的救济措施),修订如下。

(2) 在第(1)款和第(2)款中,将"注册外观设计版权",替换为"注册外观设计权"。

(3) 在第(2)款后,插入——

"(2A)根据本条款,提请诉讼不应招致威胁,在制造或进口任何物品方面存在侵权行为,应提起诉讼。"

第 27 条: 法　　院

16. 1949 年《注册外观设计法案》第 27 条(法院),替换为——

"法院

27.——

(1) 在本法案中,'法院'系指——

(a) 在英格兰和威尔士,指最高法院,或根据 1988 年《版权、外观设计和专利法案》第 287 条之规定,对任何专利具有司法管辖权的郡法院;

(b) 在苏格兰,指最高民事法院;

(c) 在北爱尔兰,指最高法院。

(2) 可根据英格兰和威尔士最高法院的诉讼条例,制定相关条款。上述法院的大法官对本法案的备案及应用拥有最终解释权。"

第 28 条: 上 诉 法 庭

17.——

(1) 1949 年《注册外观设计法案》第 28 条(上诉法庭)修订如下。

(2) 第(2)款(法庭成员)替换如下:

"(2)上诉仲裁庭应该包括——

由大法官提名的最高法院的一名或多名法官;

由最高民事法院院长提名的最高民事法院的一名法官"。

(3) 第(5)款(费用),在"费用"(两处)后插入"或开支"。从"任何该等命令"至结束,此段文字替换为:

"任何该等命令可被以下列方式执行——

在英格兰、威尔士或北爱尔兰,以与最高法院之命令相同的方式。

在苏格兰,以与最高民事法院授权的开支命令相同的方式"。

(4) 第(10)款(法官资历)替换如下:

"(10)本款中"最高法院"系指在英格兰和威尔士的最高法院。根据本款,法官的资历应参照他们被任命为所处法院或最高民事法院法官之日进行评定。"

1970 c.31.

(5) 依据1970年《司法行政法案》(有权制订关于出庭陈述权的规则)第10条第(5)款做出的对第28条的修正案应一直视为已扩大适用至北爱尔兰。

第 29 条:注册官自由裁量权的行使

1949 c.88.

18. 1949年《注册外观设计法案》第29条(注册官自由裁量权的行使)用"由国务大臣依据此法案制订的规则应该要求注册官给出"替换"注册官应该给出"。

第 30 条:诉讼费及诉讼费用担保

19. 1949年《注册外观设计法案》第30条(诉讼费及诉讼费用担保)替换如下:

"诉讼费及诉讼费用担保

30 ——

(1) 根据本法案,在注册官进行的任何诉讼中,由国务大臣依据本法案制订的规则可以规定注册官有如下权利——

(a) 判决他认为合理的一方当事人承担诉讼费用;

(b) 指定费用由哪一方当事人以何种方式支付。

(2) 可以下列方式执行注册官的任何此类命令——

（a）在英格兰、威尔士或北爱尔兰，以与最高法院之命令相同的方式。

（b）在苏格兰，以与最高民事法院作出关于诉讼费用判决相同的方式。

（3）由国务大臣依据此法制订的规则可以制定条款，授权注册官为他人注册，在规定的情况下，给出以下的诉讼费用担保——

（a）撤销外观设计注册的申请；

（b）涉及已注册外观设计的许可的授予申请；或者

（c）依据本法案，对注册官任何决定提出的上诉；

并且判定该申请或上诉在缺少担保的情况下视为撤销。"

第31条：注册官所需证据

1949 c.88.

20. 1949 年《注册外观设计法案》第 31 条（注册程序所需证据）替换如下：

"注册官所需证明

31. 由国务大臣依据此法案制定的条款可以规定——

（a）关于通过宣誓书或法定声明在依据本法的注册程序中证据的提出；

（b）授予注册官高等法院官员所行使的权力，审查宣誓证人以及文件的发现和出示；并且

（c）适用于有关证人于诉讼中在注册官面前的出庭作证，规则适用于证人在该诉讼中出庭作证。"

第32条：注册官拒绝受理特定代理人的权力

21. 1949 年《注册外观设计法案》第 32 条（注册官拒绝受理特定代理人的权力）被废止。

第33条：第5条（特定外观设计的保密性）下的犯罪行为

22. ——

（1）1949 年《注册外观设计法案》第 33 条（第 5 条（特定外观设计的保密性）下的违法行为）修订如下。

（2）在第（1）款中，第（a）项和第（b）项替换如下——

"（a）经公诉程序定罪后，可判有期徒刑或罚金，或两者并罚，有期徒刑刑期不得超过两年。

（b）经简易程序定罪后，可判有期徒刑或罚金，或两者并罚，有期徒刑刑期不得超过六个月，罚金金额不得超过法定最高金额。"

（3）删除第（2）款。

（4）上述修订不适用于第Ⅳ部分生效之前实施的犯罪。

第34条：注册的伪造和版权

23. ——

（1）1949年《注册外观设计法案》第34条（注册的伪造和版权），将"即犯有不端行为"替换为——

"即属犯罪并承担以下责任——

经公诉程序定罪后，可判有期徒刑或罚金，或两者并罚，有期徒刑刑期不得超过两年。

循简易程序定罪后，可判有期徒刑或罚金，或两者并罚，有期徒刑刑期不得超过六个月，罚金金额不得超过法定最高金额。"

（2）上述修订不适用于第Ⅳ部分生效之前实施的犯罪。

第35条：对虚假注册外观设计的罚款

1949 c.88.

24. ——

（1）1949年《注册外观设计法案》第35条（对虚假注册外观设计的罚款）修订如下。

（2）第（1）款中"罚款金额不得超过50英镑"替换为"罚款金额不得超过标准等级第3级"。

（3）第（2）款——

（a）将"注册外观设计版权"，替换为"注册外观设计权"；

(b) 将"外观设计持有的版权",替换为"依据此法外观设计持有的权利";

(c) 从"罚款"开始,替换为"罚款金额不得超过标准等级第 1 级";

(4) 第(2)款的修订不适用于有关第Ⅳ部分生效之前实施的犯罪。

第 35 条 A: 法人团体的违法行为: 官员责任

25. ——

(1) 1949 年《注册外观设计法案》第 35 条后插入——

"法人团体的违法行为: 官员责任

35A. ——

(1) 经证实,因管理者,经理,秘书,或法人团体内其他类似职务人员,或以任何一种该等身份行事的人员之许可或纵容,造成法人团体触犯本法,该机构人员和法人团即同属犯罪,将被起诉并受到相应的惩罚。

(2) 关于由其成员管理事务的法人团体,'管理者'系指法人团体中的一名成员。"

(2) 上述修订不适用于有关第Ⅳ部分生效之前实施的犯罪。

第 36 条: 制定规则的一般权力与版权

26. ——

(1) 1949 年《注册外观设计法案》第 36 条修改如下。

(2) 第(1)款中,用"国务大臣"替换"委员会"和"贸易委员会",用"其认为合宜的"替换"他们认为合宜的"。

(3) 第(1)款,从"特别是"开始至结束,此段文字替换为如下——

"(1A)特定情况下,规则可以规定以下内容——

规定申请书的格式,包括: 注册外观设计申请书,外观设计的任何展示及样品的注册申请书,或其他可能归档在专利局的文件的注册申请书。并且要求提供任何上述的展示、样品和文件的副本;

规范在注册官的申请书和请求书方面所应遵循的程序,或在注册官面前任何审理进程所应遵循的程序,并授权纠正程序中的违规行为;

提供在审理时在注册官面前协助注册官的顾问的任命;

规范外观设计注册的保管;

授权外观设计的陈述副本和其他专利局文件的公布和销售;

规定由本法案授权或要求的任何事物须遵循规则的指示。

(1B)被指派协助注册官的顾问的报酬,应经财政部许可后由国务大臣决定报酬金额,并从议会的拨款中支付报酬。"

第 37 条: 关于规则和命令的条款

1949 c.88.

27. ——

(1) 1949 年《注册外观设计法案》第 37 条(关于规则和命令的条款)修改如下。

(2) 删除第(1)款(通告规则制定的责任)。

(3) 在第(2)款,第(3)款,第(4)款中,将"贸易委员会"替换为"国务大臣"。

第 38 条: 贸易委员会的诉讼

28. 1949 年《注册外观设计法案》第 38 条(贸易委员会的诉讼)被废止。

第 39 条: 办公时间及休息日

29. 1949 年《注册外观设计法案》第 39 条(办公时间及除外日)第(1)款,"贸易委员会"替换为"国务大臣"。

第 40 条: 费　　用

30. 1949 年《注册外观设计法案》第 40 条(费用),"贸易委员会"替换为"国务大臣"。

第 44 条: 解　　释

31. ——

(1) 1949 年《注册外观设计法案》第 44 条(解释)第(1)款修改如下。

（2）1956 年《版权法》对"艺术品"的定义，替换为 1988 年《版权、外观设计和专利法案》第Ⅰ部分对"艺术品"的定义。

（3）在合适的位置插入——

"涉及某外观设计的'作者'，被赋予第 2 条第（3）款、第（4）款所给出的含义"。

（4）删除"版权"的定义。

（5）在"相应的外观设计"的定义中，从"有相同含义"开始的一段文字替换为，"当涉及某件艺术品，系指一项外观设计，这份外观设计如果应用于一物品，根据 1988 年《版权、外观设计和专利法案》第Ⅰ部分，此物品将被视为此艺术品的复制品"。

（6）将"仲裁庭"的定义替换为——

"'仲裁庭'应根据本法案第 27 条进行解释"。

（7）由本法案第 1 条第（3）款对"外观设计"给出的定义，替换为由本法案第 1 条第（1）款给出的定义。

（8）在合适的位置插入——

"'雇员'，'雇佣'，'雇主'，根据服务合同或学徒合同做出定义"。

（9）删除"期刊"的定义。

（10）在对"规定的"定义中，将"贸易委员会"替换为"国务大臣"。

第 45 条：适用于苏格兰

1949 c.88.

32. 1949 年《注册外观设计法案》第 45 条（适用于苏格兰），删除第（1）款、第（2）款。

第 46 条：适用于北爱尔兰

33. ——

（1）1949 年《注册外观设计法案》第 46 条（适用于北爱尔兰）修改如下。

（2）删除第（1）款、第（2）款。

（3）将第（3）款替换如下——

"（3）述及成文法包含由北爱尔兰立法制定的成文法"。

（4）第（3）款后插入——

"（3A）述及王室,包括根据以女王陛下为元首的北爱尔兰政府"。

（5）第（4）款将"北爱尔兰政府的某个部门",替换为"某个北爱尔兰部门"。在结尾处增加"关于某个北爱尔兰部门,引用财政部应被解释为引用财政和人事部门"。

第 47 条: 适用于马恩岛

34. 1949 年《注册外观设计法案》第 47 条(适用于马恩岛)替换如下——

"适用于马恩岛

47. 本法案扩大适用至马恩岛,按照女王陛下枢密令中的任何修改,并且相应的按照任何此类命令,在本法案中,述及大不列颠联合王国应被解释为包含马恩岛。"

第 47 条 A: 领海及大陆架

35. 1949 年《注册外观设计法案》,在第 47 条后插入——

"领海及大陆架。

47A ——

根据本法案,大不列颠联合王国的领海应被视为大不列颠联合王国一部分。

犹如在大不列颠联合王国的适用一样,本法案适用于在大陆架某建筑物或某舰船上的联合王国所进行的任何行为,建造该建筑物或舰船的直接目的是探索海床或底土,或开发大陆架的自然资源。

大陆架的联合王国部分系指由 1964 年《大陆架法案》第 1 条第(7)款的指令确定的区域。"

第 48 条: 作废条款,保留条款和过渡性条款

36. 1949 年《注册外观设计法案》第 48 条(作废条款,保留条款和过渡性

条款),删除第(1)款(作废条款)。

附表 1: 注册外观设计的王室使用条款

1949 c.88.

37. ——

(1) 1949 年《注册外观设计法案》附表 1(注册外观设计的王室使用条款)修改如下。

(2) 条例 2 第(1)款中,在"版权"后插入"或外观设计权"。

(3) 条例 3 第(1)款中,删除"在法院规则规定的此类方式中"。

(4) 条例 4 第(2)款("非常时期"的定义)中,"这个时期截止"至"任何其他时期"一段文字,替换为"一段时期"。

(5) 条例 4 第(3)款替换为——

"(3)根据本条例,所有枢密令无需提交给女王陛下,除非该指令的草案之前已经由议会两院通过决议批准。"

附表 2: 法案的废除

38. 1949 年《注册外观设计法案》附表 2(法案的废除)被废除。

第 273 条。

附表 4 修订的 1949 年《注册外观设计法案》

条 款 设 置

注册外观设计及注册程序

条款

1. 1949 年《注册外观设计法案》下可注册的外观设计

2. 外观设计所有权

3. 注册程序

4. 不同物品注册相同外观设计

5. 特定外观设计的保密性条款

6. 机密公开及其他的相关规定

注册的生效及其他

7. 注册赋予的权利

8. 注册外观设计权利期限

8A. 恢复过期的注册外观设计权

8B. 恢复权利的命令的生效

9. 非故意侵权者损害赔偿责任的豁免

10. 注册外观设计的强制许可

11. 注销注册

11A. 为保护公共利益行使的权力

11B. 侵权诉讼中获得权利许可的承诺

12. 王室服务使用

国 际 协 定

13. 关于公约国的枢密令

14. 已在公约国申请保护的外观设计注册

15. 根据第 14 条的规定,在特定案例中申请延期

16. 国际协定之下的外观设计保护

外观设计登记簿及其他

17. 外观设计登记簿

18. 注册证书

19. 注册转让及其他

20. 修改登记簿

21. 更正笔误的权力

22. 注册外观设计的查阅

23. 注册外观设计权存续信息

24. ……

法定诉讼程序与上诉

25. 存在效力性争议的注册的证明书

26. 侵权诉讼无正当理由威胁的救济措施

27. 法院

28. 上诉仲裁庭

注册官的权力与责任

29. 注册官行使自由裁量权

30. 诉讼费及诉讼费担保

31. 注册官所需证明

32. ……

33. 第 5 条下的违法行为

34. 伪造注册及其他

35. 对虚假注册外观设计的罚款

35A. 法人团体的违法行为：官员责任

规 则 及 其 他

36. 国务大臣制定规则的一般权力及其他

37. 关于规则和命令的条款

38. ……

补 充 条 款

39. 办公时间及休息日

40. 费用

41. 以邮寄方式送达通知书及其他

42. 注册官年度报告

43. 保留条款

44. 解释

45. 适用于苏格兰

46. 适用于北爱尔兰

47. 适用于马恩岛

47A. 领海及大陆架

48. 作废条款,保留条款和过渡性条款

49. 简称和生效

附表:

附表1　注册外观设计的王室使用条款及相应第三方权利

附表2　……

强化某些注册外观设计法规的法案

[1949 年 12 月 16 日]

注册外观设计与注册程序

1949 年《注册外观设计法案》下可注册的外观设计。

1. ——

(1) 在本法案中,"外观设计"系指形状特征,结构,借由任何工业程序应用于某物品的样式或装饰物。特征是指在成品中目视可见的特征,但不包括——

(a) 构造的方法或原则,或

(b) 某物品的形状或结构特征,该物品——

(i) 仅受该物品必须发挥的功能支配,或

(ii) 依附于另外某种物品的外观而存在,且该物品的外观是外观设计者用来组成一个整体物品的一部分。

(2) 根据申请中指定的本法案中某个或某系列条款,某份新外观设计可根据外观设计所有者的申请而注册。

(3) 如果该物品的外观不是实质性的,即,如果该物品的获得者或使用者在正常情况下无审美要求,并且如果该外观设计应用于该物品,该物品的获得

者或使用者亦不进行审美考虑,该物品不得注册外观设计。

(4) 根据本法案的规定,如果此外观设计与下述外观设计相同,此外观设计不得视为新外观设计——

(a) 根据之前的申请,外观设计已注册为同一物品或任何其他物品的外观,或

(b) 在申请日期之前,外观设计已在联合王国公开注册为同一物品或任何其他物品的外观,或者此外观设计与已注册的外观设计仅在非实质细节方面或者与广泛应用在行业中的其他变体的特征方面有不同之处。

根据本法案第 4 条、第 6 条、第 16 条的规定,本条款生效。

(5) 根据本法案,如果国务大臣认为合适,可制定规则,拒绝为文学或艺术特质的物品注册外观设计。

外观设计所有权。

2. ——

(1) 根据本法案下述规定,外观设计作者应视为该外观设计的原始财产所有权人。

(1A)如果外观设计是按照现款交易或现款委托而制作的,委托制作该外观设计的人应视为该外观设计的原始财产所有权人;

(1B)对于在条款(1A)范围外的其他案件,如果外观设计是雇佣期内由雇员制作的,雇主应视为该外观设计的原始财产所有权人。

(2) 根据本法案,无论是通过转让、传送还是实施法律的方式,原始财产所有权人之外的任何人成为外观设计或拥有将外观设计应用于任何物品的权利的既得利益者,则其他任何人将单独或与原始财产所有权人一起,或在其他情形下,原始财产所有权人与其他任何人应视为该外观设计的持有人者或与该物品有关的外观设计的持有人。

(3) 在本法案中,外观设计的"作者"系指创作外观设计者。

(4) 外观设计是由计算机生成且无作者的,负责为该外观设计创造必要条件的人应视为该外观设计的作者。

注册程序。

3. ——

（1）外观设计注册申请应符合规定格式，并应按照规定的方式在专利局存档备案。

（2）不得受理已拥有外观设计权的外观设计的注册申请，除非该申请是由外观设计权人提出的。

（3）为鉴定外观设计是否具有新颖性，注册官可按照他认为合适的方式进行相关调查（如果存在）。

（4）在规定情形下，为鉴定外观设计是否外观设计具有新颖性，注册官可规定：该申请应视为在实际制作日期之前或之后提交。

（5）注册官可拒绝外观设计注册申请，或根据他认为恰当的相关修改（如果存在），许可外观设计注册申请；并且，外观设计注册日期应为提交申请的日期，或视为制作申请的日期。

（6）由于申请人默认或疏忽，申请未填写完整，而导致注册未能在规定时间内生效的，该申请作废。

（7）根据本条款，可对注册官的任何决定提请上诉。

不同物品注册相同外观设计及其他。

4. ——

（1）如果任何物品外观设计的注册所有权人提出申请——

（a）要求用已注册的外观设计注册某个或一个以上其他物品；或

（b）要求注册同一物品或某个或一个以上其他物品的外观设计，而该外观设计包括已注册的外观设计，但是对已注册外观设计的修改或变更不足以改变其特征或根本上影响该特征的识别；

该申请不得被拒绝，并且，该申请提出的注册不应仅仅以先前的注册或先前注册的外观设计已公开为由而被视为无效；

除非根据本条款的规定，注册外观设计所有权不得在期限届满之时延期，并且，在任何延期期限内，注册外观设计所有权为原注册外观设计者所有。

（2）如果任何人提出申请，要求注册任何物品的外观设计，并且，无论——

（a）该外观设计之前已经被他人注册为某一其他物品的外观设计；或者

（b）与申请有关的外观设计包含先前外观设计，且先前外观设计已由他人注册为同一物品或其他物品的外观设计，但该外观设计对已注册外观设计的修改或变更不足以改变其特征或从根本上影响该特征的识别；

如果在申请过程的任何时间内，该申请人成为之前注册外观设计的注册所有权人，此情形将适用本条款的上述规定，犹如在提交申请之时，该申请人业已成为此外观设计的注册所有权人一样。

特定外观设计的保密性规定。

5. ——

（1）无论在本法案生效前或生效后，如果一项外观设计注册申请已受理，并且注册官视该外观设计为国务大臣交由其做防御目的之材料，注册官即可予以指示，对有关外观设计信息的发布，或外观设计对任何人或指示中指明的一类人进行的信息传达，做出禁止或限制。

（2）国务大臣应依规则制定条款，确保对以下物件予以上述指示时——

（a）外观设计标识或外观设计样本；

（b）任何支持申请人认为某物品外观是实质性的论点而列出的证据（根据本法案第 1 条第（3）款）。

该物件不得在该等指示持续有效的期间内，于专利局处向公众查阅开放。

（3）如果注册官做出任何上述指示，其应将申请和指示告之国务大臣，随即下述规定将产生效力，即——

（a）国务大臣一经收到通知，就应考虑发布该外观设计是否对王国的防御不利。并且，除非当局之前已将依据本款第（c）项做出的通知交给注册官，否则，国务大臣应在外观设计注册申请存档后九个月的期限届满前重新考虑该问题，并在随后每年至少考虑一次该问题。

（b）出于上述目的，在该外观设计注册后任何时间内，或经申请人许可后，在该外观设计注册前任何时间内，国务大臣可以审查依照申请存档的外观设计标志或外观设计样本，或上述第（2）款第（b）项提到的任何证据。

（c）在任何时候，如果国务大臣基于对外观设计的考虑认为，发布该外观设计对王国的防御不产生或不再产生不利影响,其应将此结果告之注册官。

(d) 注册官一经收到通知,就应撤销上述指示,并依据国务大臣的考虑,以其认为合适的方式,延长本法案要求或授权的与申请或注册有关的任何事项的期限,无论该期限之前是否已届满。

(4) 根据本条款的规定,在联合王国居住的任何人都不得在联合王国以外地区申请或授权他人申请任何类型的外观设计注册,除非——

(a) 在联合王国以外地区申请注册外观设计前至少六个星期,同一外观设计已在联合王国申请注册;并且

(b) 未根据本条第(1)款发出任何与联合王国申请有关的指示,或者所有此类指示均被撤销;

但如果在联合王国以外地区居住的人已在联合王国以外的国家首次提出保护申请,则本款不适用外观设计。

……

机密公开及其他的相关规定。

6. ——

(1) 不得仅以以下理由拒绝一项外观设计注册申请或认定一项外观设计注册无效——

(a) 在可能会违背其他人使用或发表某外观设计的信义的情况下,外观设计持有人向其他人公开该外观设计;

(b) 公开某外观设计,并因此违背了除外观设计持有人以外的所有其他人的信义;或

(c) 接受一项含有某外观设计物品的首要的机密的订单,该外观设计是一项意在注册的新纺织品外观设计或原创纺织品外观设计。

(2) 不得只因以下理由而拒绝一项外观设计注册申请或认定一项外观设计注册无效——

(a) 根据本条款的规定,经外观设计持有人许可后,在国务大臣认证的展区公开展览了特定外观设计或依照该外观设计制作的任何物品;

(b) 在上述的公开展览后或在展览期间,未经外观设计持有人的许可,任

何人公开展览了该外观设计或依照该外观设计制作的任何物品；或

（c）在本条款第（a）项中提及的公开展览后发表了该外观设计展示；

如果在展览会开幕后六个月内，外观设计注册申请被受理。

（3）不得只因下述理由拒绝一项外观设计注册申请或认定一项外观设计注册无效：外观设计所有人考虑到外观设计优势或传播外观设计产生的利益，而将该外观设计传播给特定政府部门或该政府部门授权的任何人。

（4）根据本法案第（5）款，如果是由一项艺术作品的版权所有人，或经其许可后，申请注册作品相应的外观设计，该外观设计不得只因该艺术作品之前的任何使用而不被视作新外观设计。

（5）如果以下外观设计在工业上应用于某物品，而该物品在之前的使用中包括出售、出租、要约出售或出租、或为出售或出租而展示，则第（4）款将不适用——

（a）讨论中的外观设计，或

（b）某外观设计，它与已注册的外观设计只在非实质性细节方面或者广泛应用在行业中的其他变体的特征方面有不同之处，

并且该物品先前是由版权所有人，或经其许可后使用的。

（6）根据本条款，当某外观设计被视为"工业应用"于某物品或某物品的任何说明时，国务大臣可以根据规则制定条款。

注册的生效及其他

注册赋予的权利。

7. ——

（1）根据本法案的规定，注册外观设计的注册所有权人享有以下专有权——

（a）以下列目的制造或引进——

（i）出售或出租，或者

（ii）出于贸易或商业目的；或者

（b）出售、出租、要约出售或出租，或为出售或出租而展示；

和已注册外观设计有关的某物品，以及根据该外观设计或根据与该外观设计并无本质不同的一项外观设计制作的某物品。

（2）任何未经注册所有权人授予许可之人，进行注册所有权人所享有的专有权（根据本条款第（1）款）以内的任何行为，即被视为对已注册外观设计的侵权。

（3）任何注册所有权人许可非持有者，在英国或其他地方，以制作第（1）款中提及的物品为目的进行任何行为，同样被视为对已注册外观设计的侵权。

（4）任何注册所有权人许可非持有者，进行如下行为，同样被视为对已注册外观设计的侵权——

（a）与某组件有关的任何行为，这些组件如果与组装物品（查看第（1）款）有关即可能构成侵权；或

（b）在英国或其他地方，以制作或组装某组件为目的的任何行为，并且该组装物品是第（1）款中提及的一类物品；

此处，一个"组件"系指旨在组装成一个物品的一套完成或基本完成的零件。

注册外观设计权利期限。

8. ——

（1）注册外观设计权利的存续期首先是自注册之日起五年的期限。

（2）注册外观设计权利的存续期可通过向注册官提交延期申请并支付规定的延期费，而延期至第二个、第三个、第四个和第五个的五年。

（3）在没有向注册官提交延期申请并支付规定的延期费的情况下，如果第一个，第二个，第三个或第四个的五年期限届满，则注册外观设计权利的效力终止；并且，注册官应依据国务大臣指定的相关规定，将该情况通知所有人。

（4）如果在存续期结束后紧接的六个月内，提交了延期申请并支付规定的延期费和附加费，则注册外观设计权利应视为从未届满，因此——

（a）在延续期间，任何根据本权利所进行的行为或与本权利有关的行为应视为有效。

（b）如果未届满则本已构成侵权的某行为，应视为侵权。

（c）如果未届满则已为王室服务使用外观设计，应视为仍是此用途。

（5）如果一项已注册的外观设计——

（a）在被注册之时，它被注册为与一项存有版权的艺术作品相应的外观设计；并且

（b）由于该艺术作品之前被使用过，该外观设计不可注册，但根据本法案第 6 条第（4）款（虽然外观设计之前被应用过，但仍可注册）；

即使注册外观设计权利期限还未届满，但由于该艺术作品的版权期限届满，所以注册外观设计权期限利被视为届满，并且此后不可延期。

（6）根据第 4 条第（1）款（其他物品相同外观设计的注册及其他），上述条款生效。

恢复过期的注册外观设计权。

8A. ——

（1）根据第 8 条第（2）款或第（4）款，权利的存续期，如果因未能延期而导致注册外观设计权利期限届满，可以在规定期限内向注册官申请恢复届满过期的外观设计权。

（2）可以由外观设计注册所有权人或其他在外观设计上享有未届满之权利的人提出上述申请；如果该外观设计是由两人或两人以上共同提出，经注册官的许可，可以在不加入其他人的条件下由他们中一人或多人共同提出上述申请。

（3）申请通知应由注册官按照规定程序发布。

（4）注册官确信所有人根据第 8 条第（2）款或第（4）款合理审慎地检验延长外观设计权存续期的，在已支付任何未支付的延期费和规定的附加费的条件下，注册官可以签发命令恢复外观设计权。

（5）在注册官认为合适的条件下，注册官可以签发命令，如果外观设计持有人不符合任何条件，注册官可以撤销命令并发出其认为合适的下一步指示。

（6）出于第（1）款的目的，变更规定期限的规则可包含国务大臣视为必需或合宜的该等过渡性条款及保留条款。

权利恢复的命令的生效。

8B. ——

（1）根据第 8A 条，恢复已注册外观设计权的命令的效力如下。

（2）根据或有关于在届满后和恢复前期间内有关权利进行的任何行为，应视为有效。

（3）在上述期间进行的如果在权利未曾届满则本应构成侵权的任何行为，同样视为侵权——

（a）如果该行为发生在根据第8条第（4）款的规定可申请延期的时期；或者

（b）如果该行为是早期侵权行为的延续或重复。

（4）在无法申请延期之后，和在恢复申请的通知发布之前，如果某人——

（a）真诚地改正若外观设计权未曾届满则本应构成侵权的行为；或

（b）真诚地进行有效而认真的实施上述改正行为的准备工作；

尽管外观设计权恢复，但其有权利继续实施该行为或视情况继续实施该行为；但并不能扩大至给他人的该行为发放许可。

（5）在完成该项行为或准备时，在商业过程中，被第（4）款授予权利者可以——

（a）在该商业过程中暂时授权其任一合伙人作出该项行为，并且

（b）在死亡时（或在一个法人团体解散的情况下），将权利转让给任何在完成该项行为或准备过程中获得上述部分业务的人。

（6）凡任何物品是在行使第（4）款或第（5）款所赋予的权利下向他人处置，则该他人和任何通过其提出索赔的人，可处理该物品，其处理方式犹如该物品已由有关外观设计的所有人处置一样。

（7）上述条款适用于为王室服务而对注册外观设计的使用，正如适用于外观设计权的侵权。

非故意侵权者损害赔偿责任的豁免。

9.——

（1）在注册外观设计权的侵权诉讼中，被告人能举证在侵权当日其并不知道，或并没有合理的根据知道外观设计已被注册的，不应判令该被告人承担损害赔偿责任；不应仅仅因为有"已注册"字样或其缩写的物品标志，或任何表达或暗示应用某外观设计的物品已被注册的字或词，而如前所述判定某人已

经知道或有合理的根据知道,除非该外观设计编号同字词或缩写存在争议。

(2) 在任何注册外观设计权侵权诉讼中,本条款中没有影响法院颁发强制令之权力的规定。

注册外观设计的强制许可。

10.——

(1) 注册外观设计后任何时间内,任何利益相关者可以以该外观设计在英国并没有通过任何工业程序或手段应用于某物品为理由,向注册官申请授予外观设计的强制许可,该外观设计注册时规定就本案而言具有合理性;并且注册官可就该申请签发他认为合适的此类命令。

(2) 在不影响任何其他执行行为的情况下,授予许可的指令应该正如由注册所有权人和其他所有必要方执行契约一样发挥效力,根据指令颁发许可。

(3) 根据本条款,不得签发与适用于联合王国和所有公约国的条约、公约、协议、契约相悖的命令。

(4) 根据本条款,可对注册官签发的任何命令提出上诉。

注销注册。

11.——

(1) 注册官可以按照注册所有权人以规定的方式提出的要求注销外观设计注册。

(2) 注册外观设计后任何时间内,任何利益相关者可以以该外观设计在注册当日并外观设计不具有合理性为理由,或以注册官本可以拒绝注册该外观设计的任何其他原因为理由,向注册官申请注销外观设计注册;并且注册官可就该申请签发他认为合适的此类命令。

(3) 注册外观设计后任何时间内,任何利益相关者可以以下理由向注册官申请注销外观设计注册——

(a) 该外观设计已注册为受版权保护的艺术品的相应外观设计;并且

(b) 根据本法案第 8 条第(4)款注册外观设计权期限已届满(艺术品注册外观设计版权期限届满);

并且注册官可申请签发他认为合适的此类命令。

（4）根据本条款，注销在下列情况下生效——

（a）根据第（1）款进行注销，自注册官决定之日起；

（b）根据第（2）款进行注销，自登记之日起；

（c）根据第（3）款进行注销，自注册外观设计权期限届满之日起，或，在任何情况下，自注册官指定的其他日期之日起。

（5）根据本条款，可对注册官签发的任何命令提出上诉。

为保护公共利益行使的权力。

11A. ——

（1）如果已向议会提交一项来自垄断与兼并委员会的报告，该报告包含以下结论——

（a）关于垄断的基准，即已存在垄断情况并且由委员会发现的事实违背或可能违背公共利益；

（b）关于兼并的基准，即已创造出可进行调查的兼并局面，并且兼并局面的创造或者报告中指出的兼并局面的特定要素或后果，违背或可能违背公共利益；

（c）关于竞争的基准，即某人被卷入反竞争行为，该行为违背或可能违背公共利益；或者

（d）一项以 1980 年《竞争法》第 11 条（公共机构和其他某些人士的参考资料）为根据的资料，即某人正在实施的一系列行为违背公共利益；

相关部长或部长们可向注册官根据本条款申请采取措施。

（2）在向注册官提出申请前，相关部长或部长们应以其认为合适的方式发布一项描述所提议申请性质的通知，并且应考虑由利害关系人在通知发布 30 天内提出陈述。

（3）如果在根据本条款提出的申请中，注册官认为委员会报告所指出的问题，即委员会认为违背或已经违背或可能违背公共利益的问题，包括——

（a）外观设计所有人授予注册外观设计许可的条件或所有人授予其他许可的权利，注册外观设计许可限制被许可人对外观设计的使用；

(b) 注册外观设计所有人按照合理条款对授予许可的拒绝；

其可以通过下令撤销或修改任何此类条件或者可以（替换或附加）在登记簿上记录，以使外观设计许可可作为权利使用。

（4）根据本条规定，在无协议的情况下应由注册官依据许可要求人之申请确定争议解决条款；该争议解决条款可以授权被许可人实施在未持有许可时构成对注册外观设计权侵权的任何行为。

（5）如果许可的条款由注册官订立，许可自向注册官提出申请之日起开始生效。

（6）根据本条款，可对注册官签发的任何命令提前上诉。

（7）在本条款中，"相关部长或部长们"系指垄断与兼并委员会的报告所提交的部长或部长们。

侵权诉讼中获得权利许可的承诺。

11B. ——

（1）如果在根据本法案第 11A 条外观设计许可可作为权利的注册外观设计权侵权诉讼中，被告人持有由注册官根据前述条款许可，或在无协议的情况下，订立条款的许可，则——

（a）不得授予反对被告人的强制令，并且

（b）如果订立上述条款的该许可在首次侵权前就已被授予，被告人通过损害赔偿或利润账户的方式支付的赔偿金额，不应超过其作为被许可人本应支付的金额的两倍。

（2）在诉讼终局裁定下达之前的任何时间，可以作出不予承担责任的保证。

（3）本条款的规定不影响对在许可权利可获得之前的侵权行为的救济措施。

王室服务使用。

12. 本法案附表 1 的规定对为王室服务使用注册外观设计和第三方有权使用注册外观设计具有效力。

国际协定

关于公约国的枢密令。

13. ——

（1）为履行一项条约、公约、协定或契约，国王陛下可以通过枢密令声明：根据本法案枢密令中提到的任何国家都是公约国。

除非是根据本法案全部条款或者若干单一条款作出如前述的声明，并且根据本法案全部条款或者若干单一条款作出的声明生效的国家，否则，应仅仅根据提及述及条款视为公约国。

（2）国王陛下可以根据本法案全部或任一规定签发枢密令指示，任何海峡群岛、殖民地……应视为公约国；根据本条款所签发的枢密令应该指示，根据此类可能在枢密令中指出的条件或限制（如果存在），对存在争议的领土，任何此类规定都有效。

（3）根据本条第（1）款，在每个殖民地，保护国，领土，政府管辖下，在另一国家的管辖下，在另一国家直属的领土……联合国托管制度下，应被视为一个国家根据前述条款声明的国家。

根据本条第（1）款，任何政府当局或另一国家管辖下的殖民地、保护国、领土，以及在联合国托管制度下另一国家直属的……领土，应视为根据上述条款所做的声明中描述的国家。

已在公约国申请保护的外观设计注册。

14. ——

（1）在公约国，可以由申请外观设计保护者或其个人代表或代理人根据本法案的规定，申请注册一项已申请保护的外观设计；

但是根据本条款，自在公约国申请保护之日起六个月的期限届满之后，或者，在第一项申请之后又申请了一项以上该等保护申请，则不得申请注册。

（2）如果根据本条款申请注册外观设计，为了判定该外观设计或任何其他外观设计是否具有新颖性，该申请应视为在公约国申请保护之日提出，或者如果申请了一项以上该等保护申请，则应视为于第一项申请保护之日提出。

（3）第（2）款不应解释为排除根据本法案第3条第（4）款对根据本条款提

出的申请予以指示的权利。

(4) 当某人申请外观设计保护时,如果该申请——

(a) 依照两个或两个以上公约国之间条约的规定,等同于在该公约国任一国家正式提出的申请;或者

(b) 依照任一公约国的法律,等同于在该公约国正式提出的申请;

根据本条款,其应视为在该公约国提出申请。

根据第 14 条的规定,在特定案例中申请延期。

15. ——

(1) 如果国务大臣确信已经或将要根据任何公约国法律制订的规定实质上等同于根据本条款制订的规定,国务大臣可以订立规则,如果在规则规定的时期内,本法案第 14 条第(1)款中指定的期限届满,则可授权注册官根据本法案第 14 条第(1)款延长申请注册在该国已申请保护的外观设计的期限。

(2) 根据本条款订立的规则——

(a) 如果联合王国政府和公约国政府之间为了信息或物品的供应或相互交换制订了任何协议或协定,可以根据本条款不批准延长时间,除非就该外观设计已依照协议或协定进行沟通,此条适用于一般情况或任何规则中指明的案例;

(b) 可以修订根据本条款批准的最长延期,此条适用于一般情况或任何规则中指明的案例;

(c) 可以规定或准许任何凭借本条款的特别申请程序;

(d) 根据规则施加的一类条件(如果存在),可以授权注册官延长根据本条款提出申请的时间,就任何行为而言,该时间被本法案上述规则所限制;

(e) 可以确保根据本条款申请注册后的权利应遵从规则可能指明的一类限制或条件,并且特别应遵从为保护以下之人(包括国王陛下代表们)所订立的限制或条件:该人在申请日之前或规则可能允许的推迟日期之前,可能已经进口或制作依照该外观设计的物品,或者可能已经申请注册外观设计,但其不是本条款第(a)项提及的依照协定或协议进行沟通所致。

国际协定之下的外观设计保护。

16. ——

（1）根据本法案的规定，国务大臣可以订立规则以确保，如果某份外观设计已经依照联合王国政府和其他任何国家政府之间为了信息或物品的供应或相互交换而订立的协议或协定进行了沟通，则——

（a）由沟通外观设计者或其个人代表或代理人提出的外观设计注册申请不应损害他人利益，并且不能仅因为该外观设计进行了上述之沟通或者随之产生以下结果，即认定根据该申请的外观设计注册无效——

（i）该外观设计已被发表或使用，或者

（ii）已由其他任何人申请注册了该外观设计，或该外观设计已通过这类申请注册；

（b）可以拒绝任何上述沟通后的外观设计注册申请，并且注销根据该申请的外观设计注册。

（2）根据本法案第（1）款订立的规则可以规定，某外观设计的发布或申请或者其任何注册申请的提交，在规则可能规定的此类情况下根据规则可能规定的条件或例外，应被推定为第（1）款提及之沟通的结果。

（3）根据本条款，任何其他政府向联合王国政府进行外观设计沟通的，为了外观设计沟通者之利益，由联合王国政府向该国政府进行外观设计沟通，如果（并在一定程度上）国务大臣确信为外观设计沟通者之利益已制订或将制订实质上等同的规则，国务大臣才可行使其权力。

（4）上述第（3）款，关于向或由联合王国政府或任何其他政府沟通外观设计的材料应解释为包含由或向上述政府之授权代表沟通外观设计的材料。

外观设计登记簿及其他

外观设计登记簿。

17. ——

（1）注册官应保留外观设计登记簿，登记簿应记录——

（a）注册外观设计所有人的姓名和地址；

（b）转让和传转注册外观设计的声明；以及

(c) 其他可能规定的或注册官认为合适的注意事项。

(2) 外观设计登记簿不得记录任何明示、暗示或推定信托的通知,注册官亦不得受该类通知的影响。

(3) 外观设计登记簿不需要以文件形式保存。

(4) 根据本法案之规定以及国务大臣依本法案之规定订立的规则,公众有权在方便的时间对专利局的外观设计登记簿进行查阅。

(5) 任何申请登记簿记录的核证副本或登记簿的核证摘要的人员,支付了规定的核证副本或摘要费用的,有权获得该副本或摘要;并且,国务大臣依本法订立的规则可以规定,任何申请未核证副本或摘要的人员,支付了规定的未核证副本或摘要费用的,有权获得该副本或摘要。

(6) 根据上述第(5)款提出申请或订立规则应按照规定的方式进行。

(7) 就不以文件形式保存的登记簿的任何部分而言——

(a) 上述第(4)款授予的查阅权即查阅登记簿实质性内容的权利;以及

(b) 上述第(5)款或规则授予的获得副本或摘要的权利,即获得一项形式为可携带、可见和可阅读的副本或摘要的权利。

(8) 根据下述第(11)款,登记簿应是被要求或被授权记录其内的任何事项的表面证据,并且在苏格兰登记簿应是此类事项的充分证据。

(9) 一项证书声称是由注册官签署,并且该证书可证明:依据本法案授权注册官可做的任何记录,已经记录或尚未记录;依据本法案授权注册官可实施任何其他事情,已经实施或尚未实施。该证书应是其认证事项的表面证据,并且在苏格兰应是充分证据。

(10) 任何下述之事物——

(a) 根据上述第(5)款提供的一项登记簿记录副本或登记簿摘要,

(b) 一项专利局保存的副本或任何陈述、样品、文件,或者一项任何此类文件的摘要,

声称是一项核证副本或核证摘要,根据下述第(11)款,该事物应作为证据获采纳并无需再加以证明也无需任何原件;并且在苏格兰应是充分证据。

(11) 本条款对英格兰和威尔士的适用,本条款中任何内容不应视为对 1984 年《警察与刑事证据法》第 69 条或第 70 条或者任何来自该条款之规定的

否定。

（12）在本条款中，"核证副本"及"核证摘要"系指经注册官认证并由专利局盖章的副本或摘要。

注册证书。

18. ——

（1）当注册一项外观设计时，注册官应授予外观设计注册所有权人一项符合规定形式的注册证书。

（2）如果注册官确认一项注册证书已丢失或损毁，或者针对任何其他注册官认为可取的案例，注册官可以提供一项或多份证书副本。

注册转让与其他。

19. ——

（1）如果某人通过转让、传转或法律规定享有注册外观设计所有权或对部分份额享有注册所有权，或者，以承押人、被许可人或其他注册外观设计的利益相关者的身份享有外观设计权，其应以规定方式，视情况而定，向注册官申请其外观设计作为单独所有权人或共同所有权人对其有利害关系的注册外观设计享有所有权。

（2）在不违背前述条款规定的原则下，当某人通过转让享有外观设计注册外观设计所有权或对部分份额享有注册所有权，或者凭借抵押、许可或其他有关注册外观设计利益相关者的法律文件享有注册外观设计所有权，则应按照规定方式由转让人、抵押人、许可人或根据具体情况由该法律文件涉及的其他人申请注册外观设计所有权。

（3）如果根据本条款提出某人的注册外观设计所有权申请，当注册官确认所有权证明后——

（a）如果该人授权享有外观设计注册外观设计所有权或对部分份额享有注册外观设计所有权，注册官应在登记簿上注册其为外观设计所有权人或共同所有权人，并在登记簿上记录有关法律文件的特殊条款或使其获得注册外观设计所有权之事件。

（b）如果该人授权享有注册外观设计的其他利益，注册官应在登记簿上记录其利益声明；

同时记录规定该利益的法律文件的特殊条款（如果存在）。

（3A）如果一项已注册外观设计享有外观设计所有权，注册官不应依据第（3）款注册该权益，除非注册官确认该外观设计权的利益相关者同样享有外观设计相应的外观设计权权益。

（3B）如果一项已注册外观设计享有外观设计所有权，并且注册外观设计所有权人也是外观设计权人，外观设计权的转让也应视为注册外观设计权的转让，除非出现相反的意图。

（4）根据其权利通告被记录在外观设计登记簿的所授予任何他人之任何权利，登记为注册外观设计所有权之人应有权转让、授予外观设计的许可，或以其他方式处理外观设计，并有权开出有关任何转让、许可或交易行为的有效收据。

除非是以与执行任何其他个人财产相同的方式执行任何外观设计财产。

（5）根据本法案如下规定，除非申请目的是为了修订登记簿，对于未曾根据本条第（3）款在外观设计登记簿上做任何记录的文件，任何法院都不应采纳其作为已注册外观设计之所有权或部分份额所有权或注册外观设计之权益的证据，除非法院另有指示。

修改登记簿。

20. ——

（1）法院可以根据任何受害人的申请下令，通过编写其中的任何记录或者变更、删除其中的任何记录来修改外观设计登记簿。

（2）根据本条款，在诉讼中法院可以判决任何牵涉到任何对修改登记簿可能是必需且合宜的问题。

（3）根据本条款，提交给法院的任何申请都应以规定形式通知注册官，注册官有权出庭并旁听该申请，并且如果法院提出该要求注册官应出庭。

（4）根据本条款，法院签发的任何命令都应规定将命令以规定形式通知注册官；并且，注册官接到通知应当相应的修改登记簿。

(5) 根据本条款,修改登记簿的生效方式如下——

(a) 编写的记录自它本应被编写之日起生效,

(b) 修改的记录犹如最初以修改的形式记录在登记簿里一样生效,并且

(c) 删除的记录应视为从未生效,

除非法院在任何案件中作出其他指示。

更正笔误的权力。

21. ——

(1) 根据本条款的规定,注册官可以更改注册申请上的或外观设计陈述上的任何错误,或外观设计登记簿上的任何错误。

(2) 根据本条款,可以按照任何权益相关者的书面要求(须支付规定的费用)进行更改,或在没有此类要求下进行更改。

(3) 如果注册官未按照依本条款所做的要求提议进行任何上述修改,其应将该提议告之注册所有权人或外观设计注册申请人,或视情况而定告之任何注册官认为有关之人,并且应当在作出修改前给予其审理机会。

注册外观设计的查阅。

22. ——

(1) 凡根据本法案注册的外观设计,自注册证书颁发之日(包含此日)起,公众有权在专利局公开查阅——

(a) 外观设计陈述或外观设计样本,

(b) 存档的任何支持申请人申辩的证据:某物品的外观是实质性的(出于本法案第 1 条第(3)款规定的目的),

根据本条款的下述规定和根据本法案第 5 条第(2)款制定的规则,本条款生效。

(2) 根据本条款所规定的任何类型物品已注册的外观设计,在注册证颁发之后该类物品可能规定的期限届满前,除了注册所有权人、注册所有权人书面授权之人或者注册官或仲裁庭授权之人以外,不应在专利局公开查阅依据申请存档的陈述、样品或证据;

除非,如果注册官在受理任何其他外观设计的注册申请之时,该外观设计同第一次提及的外观设计相似,或者只在非实质性细节方面或广泛应用在行业中的其他变体的特征有不同之处,注册官拒绝受理该申请,申请人有权查阅第一次提及的外观设计依注册外观设计申请存档的展示或样品。

(3)根据本条款,根据第(2)款所规定的已注册的任何类型物品的外观设计,在上述条款规定的期限内,任何人不应查阅外观设计的展示、样品或证据,除非该查阅是在注册官或注册官的下属官员的面前进行;并且,除非是上述条款附文所授权的查阅,否则查阅者无权获取陈述、样品、证据或任何其他部分的副本。

(4)如果已放弃或拒绝外观设计注册外观设计申请,在任何时期,无论是注册申请还是依申请归档的任何展示、样品或证据,都不应在专利局接受公开查阅或被注册官发表。

注册外观设计权存续信息。

23. 按照该信息(这类信息使注册官可以确定该外观设计)提供者的要求(已支付规定的费用),注册官应通知其——

(a)外观设计是否已被注册,已注册的,物品之种类,并且

(b)是否准许已注册外观设计权利的延期,

并且应告之注册日期和注册所有权人的姓名与地址。

……

法定诉讼程序与上诉

注册的有效性曾受抗辩的证明书。

25. ——

(1)在任何诉讼中,如果某外观设计注册的有效性在仲裁庭上曾受抗辩,并且仲裁庭发现该外观设计已被有效注册,仲裁庭可证明该外观设计注册的有效性在前述诉讼中曾受抗辩。

(2)如果仲裁庭给出任何此类证明,在随后仲裁庭上的任何侵犯已注册外观设计之权利或撤销外观设计注册的诉讼中,作出支持注册所有权人的终

局命令或判决,除非仲裁庭另有指示,否则注册所有权人应有权获得律师和委托人之间的诉讼费用:

但本条款不适用于任何上述诉讼中的上诉费用。

侵权诉讼无理威胁的救济措施。

26. ——

(1) 如果有人(不论是否对已注册的外观设计或外观设计申请注册的外观设计享有所有权或权益)以通知、公告或其他形式,以提起注册外观设计权侵权诉讼的方式威胁任何他人,任何受害者可以提起诉讼以获得以下条款规定的损害赔偿。

(2) 除非,在任何根据本条款提起的诉讼中,被告人证明在其威胁要提起的诉讼中构成或已经构成对注册外观设计权(原告无法证实该外观设计的注册是无效的)的侵权,否则,授权原告获得以下赔偿,即——

(a) 一项认定为威胁是无理威胁的声明;

(b) 一项禁止继续威胁的强制令;并且

(c) 原告由此遭受的损失(如果存在)。

(2A)根据本条款,不得对诉称因制作或进口任何物品构成的侵权提起无理威胁之诉讼。

(3) 为避免怀疑,特此声明,仅一项该外观设计已注册外观设计的通知单不构成本条所称的诉讼威胁。

法院。

27. ——

(1) 在本法案中,"法院"系指——

(a) 在英格兰和威尔士,指最高法院或根据 1988 年《版权、外观设计和专利法案》第 287 条之规定,对任何专利具有司法管辖权的专利郡法院;

(b) 在苏格兰,指最高民事法院;

(c) 在北爱尔兰,指最高法院。

(2) 可根据英格兰和威尔士最高法院的诉讼条例,制定相关规定。上述法院的大法官对本法案的备案及应用拥有最终解释权。

上诉法庭。

28. ——

（1）根据本法案，注册官的任何上诉都需向上诉法庭提起。

（2）上诉法庭应包括——

（a）由大法官提名的最高法院的一名或多名法官，和

（b）由最高民事法院院长提名的最高民事法院的一名法官。

（2A）有两名或两名以上法官的，上诉法庭的司法管辖权行使方式如下——

（a）在任何特殊案件的上诉中，如果资深法官有此指示，由该法官或（有两名以上法官的）其中两名法官共同行使该上诉的司法管辖权；并且

（b）在未作出任何此类指示的上诉中，由任一法官行使司法管辖权；

并且，在司法管辖权行使中，可同时由不同法官审理不同的上诉。

（3）应支付上诉法庭的费用，并且可将上诉法庭视为最高法院的法庭并由其确定该费用。

（4）上诉法庭可审查证人的宣誓并为此执行宣誓。

（5）根据本法案的任何上诉，上诉法庭可借由命令判令仲裁庭认为合理的任一方承担该成本或费用，并且规定该成本或费用的支付方式以及支付义务人；可以以下方式执行任何此类命令——

（a）在英格兰、威尔士或北爱尔兰，以与最高法院签发命令相同的方式。

（b）在苏格兰，以与最高民事法院授权判令相同的方式。

······

（6）根据本法案提起的任何上诉，上诉法庭可以行使注册官在提起上诉的诉讼中可能已经行使的任何权力。

（7）根据本条款上述规定，上诉法庭可以订立规则管理依本法案有关诉讼的所有事项，包括发言权。

（7A）根据本条第（8）款，有两名或两名以上法官，应由资深法官行使订立规则的权力；

但是，如果另一法官（或者，如果不止一名，每位法官）认为订立规则是必

要的,且比其资深的法官因疾病、缺席或其他原因暂时无法订立规则,则该法官可行使该权力。

（8）根据本法案,向上诉法庭提起的上诉不应视为最高法院的诉讼。

（9）此条中"最高法院"系指在英格兰和威尔士的最高法院。依据本条款,法官的资历应参照其被任命为所在法院或最高民事法院法官之日进行评定。

注册官的权力与责任

注册官行使自由裁量权。

29. 在不违背本法案的规定（要求注册官据此审理任一方之诉讼,或者给予任一方审理机会）的情况下,国务大臣根据本法案订立规则并应当要求注册官根据本法案在对任何外观设计注册申请人行使任何对其不利的自由裁量权之前,应给予申请人审理机会。

诉讼费及诉讼费担保。

30. ——

（1）国务大臣根据本法案订立的规则可以规定赋予注册官权力,在任何注册官出庭的诉讼中——

（a）判给注册官认为合理的任一方承担诉讼费,并且

（b）规定支付方式和支付义务人。

（2）可以以下方式执行任何此类命令——

（a）在英格兰、威尔士或北爱尔兰,以与最高法院签发命令相同的方式。

（b）在苏格兰,以与最高民事法院授权判令相同的方式。

（3）国务大臣根据本法案订立的规则可以规定赋予注册官权力,注册官有权要求当事人提供以下的诉讼费担保——

（a）注销外观设计注册的申请,

（b）颁发已注册外观设计许可的申请,或者

（c）根据本法案对注册官任何决定提起上诉,

并且可以规定,在未提供诉讼费担保时视为撤销该申请或上诉。

注册官所需证据。

31. 国务大臣根据本法案订立的规则可以规定——

（a）根据本法案，在诉讼中以宣誓书或法定声明提供注册官所需证据；

（b）为审查证人的宣誓以及文件的发现和提交，授予注册官最高法院官方裁判者的权力；以及

（c）诉讼中证人在注册官面前出庭的，适用诉讼中证人在裁判官面前出庭时适用的规则。

......

犯　罪　行　为

第 5 条下的犯罪行为。

33. ——

（1）如果某人违反本法案第 5 条的任何指示或者提交或安排提交违反该条款的外观设计注册申请，其即属犯罪并承担以下责任——

（a）经公诉程序定罪后，可判有期徒刑或罚金，或并处罚金，有期徒刑刑期不得超过两年；

（b）经简易程序定罪后，可判有期徒刑或罚金，或并处罚金，有期徒刑刑期不得超过六个月，罚金金额不得超过法定最高金额。

伪造注册及其他。

34. 如果某人在外观设计登记簿上伪造记录或安排伪造记录，或者伪造登记簿记录副本的书面资料，或者明知该记录或书面资料系伪造，仍将该书面资料作为证据来制作、正式提出、安排制作或正式提出，其即属犯罪并承担以下责任——

（a）经公诉程序定罪后，可判有期徒刑或罚金，或并处罚金，有期徒刑刑期不得超过两年；

（b）经简易程序定罪后，可判有期徒刑或罚金，或并处罚金，有期徒刑刑期不得超过六个月，罚金金额不得超过法定最高金额。

对虚假注册外观设计的罚金。

35. ——

（1）如果某人假称其出售的任何物品应用的外观设计已被注册为该物品的外观设计，经简易程序定罪后，其应承担金额不超过标准等级第 3 级的罚金；根据该规定，如果某人出售的物品，已经在其上通过盖戳、刻字、使人产生相应印象或其他方式来体现"已注册"字样，或以任何其他文字明示或暗示该物品应用的外观设计已注册，则应视为其在表明该物品应用的外观设计已注册为该物品的外观设计。

（2）如果在注册外观设计权期满后，某人在已经应用该外观设计的物品上作"已注册"（或任何暗示根据本法案该外观设计仍有注册外观设计权的字样）的记号，或者安排该类物品作该类记号，经简易程序定罪后，其应承担不超过标准等级第 1 级的罚金金额。

法人团体的犯罪行为：官员责任。

35A. ——

（1）经证实，因管理者，经理，秘书，法人团体内其他具有类似职务人员，或以任何一种该等身份行事人员之许可或纵容，造成法人团体触犯该法的，该机构人员和法人团体即同属犯罪，将被起诉并判处相应惩罚。

（2）就由其成员管理事务的法人团体而言，"管理者"系指法人团体中的一名成员。

规 则 及 其 他

国务大臣制定规则的一般权力及其他。

36. ——

（1）根据本法案的规定，为了规范专利局有关外观设计的事务以及注册官或国务大臣依据本法案所作指示或控制之下的所有事务，国务大臣应订立其认为合宜的规则。

（1A）特定情况下，规则可以规定以下内容——

（a）规定申请书的格式，包括：注册外观设计申请书，外观设计的任何展

示及样品的注册申请书,或其他可能归档在专利局的文件的注册申请书。并且要求提供任何上述的展示、样品和文件的副本;

(b) 规范向注册官提交申请书和请求书所应遵循的程序,或注册官出庭的任何审理所应遵循的程序,并授权纠正程序中的违规行为;

(c) 提供在注册官出庭的审理中协助注册官的顾问的任命;

(d) 规范外观设计注册的保管;

(e) 授权外观设计的陈述副本和其他专利局文件的公开发表和销售;

(f) 规定由本法案授权或要求的任何事物须遵循规则的规定。

(1B)被指派协助注册官的顾问的酬金,应经财政部许可后由国务大臣决定酬金金额,并从议会的拨款中支付酬金。

(2) 本条款订立的规则可以规范外观设计分支机构的建立,也可以批准任何根据本法案要求在专利局存档或制作的文件或事项,或在曼彻斯特的分支机构或在任何其他遵循该规则建立的分支机构的文件存档或制作。

关于规则和命令的条款。

37. ——

(1) ……

(2) 国务大臣根据本法案第 15 条或第 16 条订立的任何规则,以及注册官根据上述规则签发的命令、下达的指令、或采取的其他行动,无论是在本规则或本法案实施之前或之后,对于在该日或该日之后所实施行为或疏忽之行为产生效力。

(3) 本法案授权国务大臣或上诉法庭任何订立规则的权力应按照法定文件行使;并且 1946 年《法定文件法案》应适用于包含上诉法庭订立的规则的法定文件,订立该规则的方式犹如内阁大臣订立规则的方式。

(4) 任何包含国务大臣依据本法案订立的规则的法定文件应遵循议会上院或下院的撤销决议。

(5) 任何根据本法案制定的枢密令可以被后补令撤销或修改。

……

补 充 条 款

办公时间及休息日。

39. ——

（1）国务大臣根据本法案订立的规则为方便公共企业或任何此类企业根据本法案进行交易，可以指明专利局每日的休息时间，并且可以为此指明休息日。

（2）根据本法案，在指明上述每日该类业务的工作之外的时间内完成的工作，或在该类业务休息日完成的工作，应视为是在第二日（非休息日）完成的工作；根据本法案，如果任何工作的期限在休息日届满，该届满日期可延期至第二日（非休息日）。

费用。

40. 应支付注册外观设计及因此所作申请的费用，并且应支付根据本法案与外观设计产生有关的其他事项的费用，该费用由国务大臣经财政部许可后订立规则加以确定。

以邮寄方式送达通知书及其他。

41. 根据本法案的规定，任何要求或授权呈递的通知，以及任何授权或要求提交或存档的申请或其他公文，都可以邮寄方式呈递、提交或存档。

注册官年度报告。

42. 专利，外观设计和商标的总审计长应当在其 1977 年《专利法案》的年度执行报告中，加入本法案的执行报告，犹如本法案成为 1977 年《专利法案》的一部分或被包括在该法案中一样。

保留条款。

43. ——

（1）本法案中任何条款都不应解释为授权或要求注册官可以对某项使用时可能会违反法律或道德（在注册官看来）的外观设计进行注册。

（2）就出售或使用根据有关海关税或服务税的法律被扣押的物品而言，本法案中任何条款都不得影响王室权利或某人享有的直接或间接来自王室权利的权利。

解释。

44. ——

（1）在本法案中，除文义另有所指外，下列词语应分别注释如下——

"上诉法庭"系指根据已按照 1969 年《司法法案》修改后的本法案第 28 条建立并运行的上诉法庭；

"物品"系指任何制品，也包括某物品的任何一部分（如果该部分被单独制作和出售）；

"艺术作品"的含义与 1988 年《版权、外观设计和专利法案》第一部分中述及的含义相同；

"代理人"包括某已故代理人的私人代表，对某人之代理人的参照包括对私人代表代理人的参照或上述某人的代理人的参照；

"作者"，与某外观设计有关的，系指第 2 条第（3）款、第（4）款所给出的含义；

……

"相应的外观设计"，涉及某件艺术品的，系指一项一项外观设计，该外观设计如果应用于一件物品，根据 1988 年《版权、外观设计和专利法案》第 I 部分，此物品将被视为此艺术品的复制品；"法庭"应根据本法案第 27 条来解释；

"外观设计"，与本法案第 1 条第（1）款给出的定义相同；

"雇员"，"雇佣"，"雇主"，根据服务合同或学徒合同给出的定义；

……

"规定的"系指由国务大臣根据本法案规定的规则；

"所有人"，与本法案第 2 条给出的定义相同；

"注册所有权人"系指目前被作为外观设计所有人记录在外观设计登记簿上的人；

"注册官"系指专利，外观设计和商标的总审计长；

"一套物品"系指某些通常在出售方面有相同普遍特征的物品,或者某些适用于一起使用的物品,这些物品每一个应用的外观设计都相同,或者虽有修改或变更但不足以改变其特征或根本上影响该特征的识别。

(2) 在本法案中,述及任何外观设计已被注册的物品,在一套物品的外观设计已被注册的情况下,应解释为述及对这套物品中的任一物品。

(3) 根据本法案产生的若干物品是否解释为一套物品的问题,应由注册官决定;尽管本法案中作了各种规定,但还是以注册官根据本条款做出的各种判定为最终判定。

(4) 根据本法案第14条和第16条第(1)款,某已故代理人的"私人代表",包括英国以外任何国家已故代理人指定的合法代理人。

适用于苏格兰。

45. 本法案在苏格兰的适用——

……

(3) "强制令"指"禁令";"仲裁人"指"裁决人";"原告"指"诉讼方";"被告"指"辩护方"。

适用于北爱尔兰。

46. 本法案在北爱尔兰的适用——

……

(3) 述及的成文法包含由北爱尔兰立法中的成文法。

(3A)述及的王室包括北爱尔兰联合王国政府。

(4) 述及的政府部门应被解释为包括述及的北爱尔兰政府部门;关于该部门,述及的财政部应解释为述及的财政和人事部门。

……

适用于马恩岛。

47. 本法案扩大适用至马恩岛,根据女王陛下枢密令中的任何修改,相应的,根据任何此类命令,在本法案中,述及大不列颠联合王国应被解释为包含马恩岛。

领海及大陆架。

47A. ——

（1）根据本法案,大不列颠联合王国的领海应被视为大不列颠联合王国一部分。

（2）本法案适用于在大陆架英国部分的某建筑物或某舰船上实施的行为,建造该建筑物或舰船的直接目的是探索海床或底土,或开发大陆架的自然资源。其适用正如本法案在大不列颠联合王国的适用。

（3）大陆架的英国部分系指由 1964 年《大陆架法案》第 1 条第（7）款的指令确定的区域。

废止条款,保留条款和过渡性条款。

48. ——

（1）……

（2）根据本条款的规定,任何根据本法案废止的法规作出、发表、提交或完成的枢密令、规章、规则、要求、证书、通知、决议、指示、授权、许可、申请、需求、或其他事项,如果在本法案生效之时是有效的,并且只要根据本法案本可以做出、发表、提交或完成,如同根据本法案相应的法规作出、发布、提交或完成一样继续生效。

（3）根据 1907 年《专利与外观设计法》保存的登记簿应视为是组成根据本法案保存的登记簿的一部分。

（4）在物品的外观设计已注册的情况下,在本法案生效前已注册的外观设计应视为根据本法案注册的外观设计。

（5）如果根据 1907 年《专利和外观设计法》第 59 条,向注册官递交外观设计通知的期限在本法案生效前届满并且该通知尚未递交,则本法案第 6 条第（2）款不得适用于该外观设计或任何该外观设计注册。

（6）任何涉及本法案废止法规的公文都应解释为涉及本法案相应法规的公文。

(7) 本条款前述的任何规定都不得影响《1989 年解释法》(关于作废条款的生效)第 38 条的适用。

简称和生效。

49. ——

(1) 本法案可作为 1949 年《注册外观设计法》被援引。

(2) 本法案应在 1950 年 1 月 1 日生效,即在 1949 年《专利和外观设计法案》生效之后立即生效。

第一附表　关于注册外观设计用于王室服务及关于该使用的第三方权利的条款

注册外观设计用于王室服务

1. ——

(1) 尽管本法案有相关规定,任何政府部门及由政府部门书面授权的个人可按照本条中的以下规定,将任何注册外观设计用于王室服务。

(2) 并且只要外观设计在注册日之前已被以政府部门的名义记录或者应用,除直接或间接由注册外观设计所有权人或任何应当取得注册外观设计所有权之人进行外观设计沟通之外,对本条规定下外观设计的使用应免收任何版税或其他需支付给注册外观设计所有权人的费用。

(3) 并且只要外观设计未如前述被记录或者应用,在注册日之后,任何对本条中外观设计的使用,或者因前述的任何该等沟通,应当按照在使用之前或者使用之后,经财政部许可后在政府部门和所有人之间达成一致意见的该类条款执行,或者若不能达成一致则参照本附表条例 3 相关规定由法院裁定。

(4) 就外观设计而言,按照本条相关规定,政府机构的授权应在外观设计被注册之前或者之后作出,或者在授权下的行为已发生之前或之后,将授权给任何人,无论其是否直接或间接地被注册所有权人授权以使用该外观设计。

(5) 根据本条的规定,任何由政府部门授权使用的外观设计,除非政府部门认为其违反公众利益,在其被使用后,政府部门应当尽快通知注册所有权人,并尽其所能,按注册人的需要向注册人提供此类信息。

（6）根据本项及次项之规定，"王室服务"应视为包括——

（a）向英国之外的任何国家政府的供应，根据联合王国政府与该国政府之间的协议或安排——

（i）为保卫国家；或

（ii）就国防事务，为保卫任何与联合王国政府有条约或者协议的其他国家；

（b）对联合国以及任何属于该组织成员的国家政府的供应，按照联合王国政府和该组织或政府之间的条约或协议，供应需要根据该组织决议或者任何该组织部门决议而使用任何武装力量的物品；根据本项规定，政府部门或政府部门授权的个人使用外观设计的权力包括向任何此类政府或者上述机构销售其授权的物品，并且向任何人销售由本条授权的物品，该物品的制造无需此授权。

（7）在行使本条授予的权力过程中，对被售物品的购买方以及任何向其进行索赔之人，应有权以注册外观设计的相关权利是以联合王国女王陛下的名义享有的方式处理该物品。

第三方就王室使用而言的权利

2.——

（1）有关注册外观设计的王室使用，或者待注册的用于王室服务的外观设计，由以下各项而制定——

（a）由政府部门或根据上述末尾条款由政府部门授权的个人；或

（b）由注册所有权人或根据政府部门命令申请注册之人；

如果注册所有权人或经注册所有权人授权的其他人与非政府部门人员之间，无论在本法案实施之前或者之后，签署了对任何许可作出规定的协议或协定，只要该规定限制或者控制对外观设计、任何模型，或者与此相关的任何文档或信息的使用，或规定就此类使用需支付费用，或者以其他参照来计算支付费用，关于任何许可的规定应视为无效；并且复制或出版与上述使用相关的任何模型或文件不应被视作是对该模型或文档所享有的版权或外观设计权的侵犯。

（2）除了使用外观设计而收取。

（3）版税或获取其他利益的目的外，专有许可根据注册外观设计产生效力——

（a）除非根据本款和前述末款的相关规定,对于可能构成对被许可人权利侵权的外观设计任何外观设计使用,上述最后一条的第(3)款应当适用于替代注册所有权人向被许可人提交之情形;并且

（b）有关上述最后一款中规定的对注册外观设计使用的授权,如果上述第(3)款被删除,则该条款应当适用。

（4）根据上述最后一款的规定,如果注册外观设计或对外观设计注册申请或获得的权利被分配给注册所有权人,考虑到版税或者其他有关外观设计使用的利益——

（a）有关本附表第 1 条中关于外观设计使用的规定,如果对注册所有权人的提交包括对让与人的提交,该条中第(3)款应当适用,并且因该项应予支付金额应当在注册所有权人和让与人之间进行分配,按照注册所有权人或让与人许可的比例或按照下一款中由法院对协议违约的裁决进行分配;并且

（b）按照政府部门的规定,涉及由注册所有权人为王室服务而使用的外观设计的,第 1 条第(3)款应当适用,正如该使用是由该条授权的使用。

（5）根据本附表第 1 条第(3)款的规定,基于外观设计的使用,政府部门应当向注册所有权人支付一定费用,任何被授权使用外观设计的注册外观设计专有许可持有人(注意:该许可并非本条第(2)款中的许可)应当有权获得支付给注册所有权人的相关费用,该费用已在该人和注册所有权人之间达成共识,或者根据以下款项规定,由法院对因协议违约而导致的该人员的费用支付进行裁决——

（a）开发上述提及的外观设计;或者

（b）向注册所有权人付款的,除了版税或其他使用外观设计及获得许可的相关费用,并考虑许可;

并且如果,在政府部门和注册所有权人之间对付款金额达成一致意见之前,所有人以书面形式向政府部门提交其权益主张,除非得到当事人许可,否则任何关于支付金额的协议不得生效。

（6）在本款中"专有许可"系指就任何关于注册外观设计的权利,从注册所有权人处得到的许可,该持有人对许可、获得许可的人以及被授权人进行授

权,以排除所有其他人员(包括注册所有权人)。

利润损失赔偿

2A. ——

(1) 若一项注册外观设计用于王室服务,则相关政府部门应当——

(a) 向注册所有权人支付相关费用,或者

(b) 如果关于外观设计,存在一个有效的专有许可,应当向该专有许可持有人支付相关费用,以弥补其因未从外观设计应用合同受益而产生的损失。

(2) 在某种程度上,只有该类合同在现有制造条件下具有履行可能性的,才可对该补偿进行支付;但是,尽管现有条件表面其不具有从该类合同受益的资格,也可对该补偿进行支付。

(3) 在确定损失时,应考虑基于此类合同的利润以及所使用的制造能力的程度。

(4) 如果该合同除了为王室服务之外,未能就与外观设计应用相关的物品供应得到履行,则无法获得相关补偿。

(5) 如果注册所有权人或许可持有人与相关政府部门之间未达成一致意见,根据本款的规定,支付金额应由法院参考条例 3 的规定来确定,并且该金额应扣除本附表中的第 1 条或第 2 条中规定的需要支付的数额。

(6) 在本款中——

关于外观设计的"王室使用"是指根据第 1 条的规定所进行的任何有可能对外观设计造成侵权的行为;并且

与此类使用相关的"相关政府部门"系指被授权使用的政府部门。

关于王室使用的争议提交

3. ——

(1) 关于任何争论——

(a) 由政府部门或由政府部门授权的人员实施本附表第 1 条所授予的权力;

(b) 根据本条,用于王室服务外观设计的使用的术语;

（c）根据第 1 条第（3）款的规定，任何人收取付款的权利；或者

（d）根据第 2A 项收取付款的人员的权利；

应由争议的任意一方提交之法庭。

（2）当政府部门为当事人一方时，根据本条规定，政府部门可以——

（a）如果注册所有权人是诉讼当事人一方，注销外观设计注册的申请按照本法案第 20 条执行；

（b）在任何情况下，在没有申请注销的情况下，需强调外观设计注册的有效性。

（3）如果在此类诉讼中出现前述任何问题（无论外观设计是否已按照本附表第 1 条被记录或者申请），以及任何记录外观设计文档的公开或者其任何申请证据将有损于公共利益，在达成一致意见前提下，应当机密地向另一方或者独立方专家进行公开。

（4）根据本条的规定，在确定任何政府部门和个人就用于王室服务的外观设计使用方面的争议而言，法院应当考虑相关人员可能涉及直接或间接来自政府部门的利益或补偿。

（5）在本条规定下的任何诉讼中，法院可随时根据本条例规定签发命令将全部诉讼或因此产生的任何异议或事实问题提交至特定或正式的裁判官或仲裁人进行审理；并且在本条前述规定中向法院提交审理应当据此进行相应解释。

非常时期，关于王室使用的特别规定

4.——

（1）在本条例规定下的任何非常时期内，政府部门可行使的与外观设计相关的权力，或者根据本附表第 1 条的规定，政府部门授权的个人可行使的与外观设计相关的权力，应当包括基于任何政府部门认为是必要的或权宜的目的而使用外观设计的权力——

（a）为国王陛下可能参与的任何战争的有效起诉；

（b）对社区生活必须的服务和物资的维护；

（c）确保社区健康必不可少的服务和物资的充足供应；

（d）促进工业、商业和农业的生产力发展；

(e) 促进和引导出口,减少进口,或从任何国家进口任何类别物品,以促进国际收支平衡;

(f) 一般为确保整个社区的资源可供使用,以一种较好计算的方式为社区利益提供服务;或者

(g) 帮助国王陛下统治领土内的任何地区以及因为战争导致的处于严重损失中的国家减轻损失和恢复重建以及分配必要物资和提供服务;

并且本附表中王室服务的任何参考应当被解释为包括上述目的的参考。

(2) 在本条中,"非常时期"的开始时间系指委员会明确宣布的开始时间,结束时间系指委员会明确宣布终止的时间。

(3) 根据本条的规定,委员会的枢密令不应当提交给女王陛下,除非草案之前已提交,并且由议会上院或下院的决议通过。

……

第 295 条。

附表6　保障儿童医院利益的条款

解　　释

1.——

(1) 在本附表——

"医院"系指伦敦大奥蒙德街儿童医院。

1977 c.49.

"受托人"系指根据 1977 年《国家健康服务法案》医院任命的特殊受托人;并且

"作品"系指詹姆斯·巴里笔下的"彼得潘"戏剧。

(2) 本附表中使用的出于本法第Ⅰ部分(版权)目的的定义表述与该部分含义相同。

版 税 权 利

2.——

(1) 本附表的以下条款,受托人对作品的整体或任何实质性部分或改编

作品进行任何公开表演,商业出版,广播或引入有线传播服务,就上述行为,受托人有权获得版税。

(2) 凡受托人有权获得版税,其可被许可以另一种形式获得报酬。

例 外

3. 就以下情况而言,不可支付版税——

(a) 作品的版权于 1987 年 12 月 31 日届满之前,在没有作为版权所有人的持有人授权许可或进一步许可的情况下本可以合法进行的任何行为;

(b) 根据本法第Ⅰ部分第Ⅲ章的任何条款(尽管有版权许可的行为),如果作品仍然享有版权,在不侵犯版权的情况下可以进行的任何行为。

保 留 条 款

4. 根据在本法通过之前作出的任何安排而进行的任何行为,就该行为而言无须支付版税。

决定可支付数额的程序

5. ——

(1) 若未能达成协议,可以向版权法庭提出申请。版权法庭应考虑相关事项并且签发涉及版税或其他须支付报酬的命令,由法庭根据情形进行合理性判断。

(2) 亦可向法庭提交一项后续申请变更命令,法庭应考虑相关事项并且签发确认或变更初始命令的命令,由法庭根据情形进行合理性判断。

(3) 除非有法庭的特殊批准,否则不得自初始命令签发之日或依先前申请变更的命令签发之日起的 12 个月内提出一项变更的申请。

(4) 一项变更的命令自签发之日起或自法庭规定的推迟之日起生效。

收到并持有用于信托的金额

6. 在扣除任何相关费用后,根据本附表受托人收到的金额应由其持有并出于医院的目的用于信托。

只为医院利益的权利

7. ——

(1) 根据本附表,不得转让受托人的权利,如果受托人意图转让或收费,将停止享有权利。

1977 c.49.

(2) 如果医院停止享有独立身份或停止包括为患病儿童治疗的使命,根据 1977 年《国家健康服务法》第 92 条(按照国务大臣的命令转移信托财产),命令中的主体不得享有该权利,并且,该权利应当终止。

1960 c.58.

(3) 女王陛下,法院(在 1960 年《慈善法案》的含义范围内)或任何他人不得行使其所享有的权利改变依本附表设立的慈善信托。

附表 7　后续修正案：一般条款

1919 年《英国商船制服法》(c.62)

1. 将 1919 年《英国商船制服法》第 2 条(制服区别性标志的版权)替换为——

"制服区别性标志的注册外观设计权。

2. 依据 1949 年《注册外观设计法》的规定,国务大臣对商船制服的任何一个外观设计组成部分享有的注册权利,不受限于本法案第 8 条之期限,只要该外观设计仍注册在册,该权利则继续有效。"

1926 年《特许组织(姓名和服装保护)法案》(c. 26)

2. 在 1926 年《特许组织(姓名和服装保护)法案》的第 1 条第(5)款用"就该版权"替换"注册外观设计权"。

1939 年《专利、外观设计、版权和商标法》(紧急)(第 107 版)

3. ——

(1) 1939 年《专利、外观设计、版权和商标法》修订如下。

(2) 第 1 条(关于持有人为竞争方或竞争方主体的许可效力)——

（a）在第（1）款中，在"一项版权"和"版权"之后插入"或外观设计权"。

（b）在第（2）款中，在"版权"之后插入"或外观设计权"，以及用"版权或外观设计权"代替"版权"。

（3）第 2 条（审计官授予许可的权力）——

（a）第（1）款：在每一次所提的"版权"（提及超过两次）之后插入"或外观设计权"，以及用"版权或外观设计权"替换"版权"（提及两次）。

（b）第（2）款和第（3）款："版权或外观设计权"代替"或版权"。

（c）第（4）款和第（5）款（两次）：在"版权"之后插入"或外观设计权"。

（d）第（8）款第（c）项，用"享有版权的作品或享有外观设计权的外观设计"代替"享有版权的作品"。

（4）第 5 条（国际协议中战争的效力）——

（a）第（1）款，以"1988 年《版权、外观设计和专利法案》第 159 条和第 256 条（享受版权或外观设计权互惠保护的国家）"代替"1911 年《版权法》第 29 条"。

（b）第（2）款：在"版权"之后插入"或外观设计权"（提及 4 次），以及以"1988 年《版权、外观设计和专利法案》第Ⅰ部分和第Ⅲ部分"代替"1911 年《版权法》"（提及 2 次）。

（5）第 10 条第（1）款（解释）：删去"版权"的定义；关于"外观设计""发明""专利"以及"专利权人"定义替换为——

"外观设计"参照 1949 年《注册外观设计法》中"注册外观设计"一词与之含义相同的部分以及 1988 年《版权、外观设计和专利法案》第Ⅲ部分"外观设计权"一词中与之含义相同的部分；"发明"和"专利"与 1977 年《专利法案》中的两词含义相同。

1947 年《王室诉讼法》（c.44）

4.——

（1）在 1947 年《王室诉讼法》中将第 3 条（关于工业的合理规定）替换如下——

"侵犯知识产权

3. ——

(1) 针对王室的民事诉讼,如由王室或具有王室权威的受雇人或代理人所实施的侵权行为,涉及:

(a) 一项专利,

(b) 某注册商标或注册服务标识,

(c) 已注册外观设计中的某项权利,

(d) 注册外观设计权,或

(e) 版权;

但是,除了本条款之外,无任何根据本法案就上述任何权利而言涉及王室侵权行为的法律诉讼程序。

(2) 本条款或其他本法案中的任何规定,不得被解释为影响——

(a) 1977 年《专利法》第 55 条、1949 年《注册外观设计法》附表 1 以及 1988 年《版权、外观设计和专利法案》第 240 条(专利和外观设计的王室使用)规定的关于政府部门的权利,

(b) 1977 年《专利法》第 22 条、1949 年《注册外观设计法》第 5 条(违反防卫或公共安全的信息安全)规定的有关国务大臣的权利。”

(2) 第(1)款适用北爱尔兰地区——

(a) 本法案适用于联合王国所统治的英格兰地区及北爱尔兰地区的政府。

(b) 第 3 条代替为“其适用于英国女王统治下的北爱尔兰地区的政府”,第 2 款(b)项省略。

1949 年《专利法》(c.87)

5. 在 1949 年《专利法》第 47 条(关于专利的王室使用的第三方权利)至第(1)款中(与模型及文件的使用有关):在“版权”之后插入“或外观设计权”。

1955 年《公共图书馆法》(苏格兰)(c.27)

6. 在 1955 年《公共图书馆法》(苏格兰)第 4 条(扩大公共图书馆的借书权力)中,在现行规定第(1)款后增加——

“(2) 1988 年《版权、外观设计和专利法案》(版权)第Ⅰ部分的条款,该条

款有关录音制品、影片以及计算机程序的复制品的出租适用于任何租借于具有该资料复制品官方所有权的法定图书馆,无论其是否收费。"

1958 年《伦敦郡议会法案(一般权力)》(c.11)

7. 1958 年《伦敦郡议会法案(一般权力)》第 36 条(图书馆权力:提供和维修除书本外的相关物品)将第(5)款替换为——

"(5)本条中任何行为不得被解释为授权侵犯版权。"

1964 年《公共图书馆和博物馆法》

8. 1964 年《公共图书馆和博物馆法》第 8 条(关于图书馆经费的限制)在第(5)款后增加——

"(6) 1988 年《版权、外观设计和专利法案》(版权)第Ⅰ部分的条款,有关录音制品、影片以及计算机程序的复制品的出租适用于任何租借于具有这些资料的官方所有权的法定图书馆,无论其是否收费。"

1967 年《船舶,其他以及广播(犯罪)法案》(c.41)

9. 1967 年《船舶,其他以及广播(犯罪)法案》第 5 条(关于盗版的广播电台为进行广播所提供材料的规定)——

(a)第(3)款第(a)项从"影片"到"在记录"替换为"旨在广播此的影片或录音制品";

(b)第(6)款从"以及参考文献"到末尾款项替换为"以及影片、录音制品、文学、戏剧或音乐作品以及艺术作品,其与 1988 年《版权、外观设计和专利法案》第Ⅰ部分含义相同"。

1968 年《医药法案》(c.67)

10.——

(1) 1968 年《医药法案》第 92 条(关于限制推广出售药品的规定范围)修订如下。

(2)第(1)款(关于"广告"的定义)中从"或通过展览形式"到"服务"替换

为"通过照片、影片、录音制品、广播或有线传播电视节目的方式";

(3) 第(2)款(口语中的例外情况)——

(a) 第(a)项中省略从"或者体现"到"影片"之部分;

(b) 第(b)款中从"通过"到末尾款项替换为"或者包括在有线电视节目服务中"。

(4) 第(6 款)替换为——

"(6)在本条中,'影片''录音制品''广播''有线传播电视节目服务'以及其他与之相关的定义表述与 1988 年《版权、外观设计和专利法案》第 I 部分中相关的定义表述含义相同。"

1969 年《邮局法案》(c.48)

11. 1969 年《邮局法案》附表 10 的(有关专利和注册外观设计使用的特殊过渡性条文)第 8 条第(1)款和第 18 条第(1)款(其中涉及若干模型和文档的使用)的相关语句中,在"版权"之后插入"或外观设计权"。

1970 年《商船法》(c.36)

12. 1970 年《商船法》第 87 条(商人海军制服),将第(4)款替换为——

"(4)任何商人海军制服的外观设计组成部分已经根据 1949 年《注册外观设计法》注册且国务大臣是外观设计的持有人,其在外观设计上的权利并不受限于该法第 8 条所规定的期限,只要外观设计仍然注册在册,该权利应继续存续。"

1970 年《税收管理法案》(c.9)

13. 在 1970 年《税收管理法案》(回到某些支付中)——

(a) 第(1)款第(c)项中,和

(b) 第(2)款第(b)项中,

将"或公共借阅权"替换为"公共借阅权,注册外观设计的权利或外观设计权"。

1971 年《法庭和调查法案》(c.62)

14. 1971 年《法庭和调查法案》附表 1 的第 I 部分(法庭在法庭理事会的直接监管下)中,重新编排条目插入"5B"1984 年《数据库保护法案》之前插入——

"版权、5A、版权法庭。"

1973 年《公平贸易法案》(c.41)

15. 1973 年《公平贸易法案》附表 4(排除服务),将第 10 条(专利代理的服务)替换为——

"10. 注册专利代理(在 1988 年《版权、外观设计和专利法案》第 V 部分的含义内)权利范围之内的服务。在第 10A 条(欧洲专利律师服务)中,将"1977年《专利法》第 84 条第(7)款"替换为"1988 年《版权、外观设计和专利法案》第 V 部分。"

1975 年《下议院丧失资格法案》(c.24)

16. 在 1975 年《下议院丧失资格法案》附表 1 第 II 部分(所有的成员都被取消资格的机构),在适当的地方插入"版权法庭"。

1975 年《北爱尔兰议会丧失资格法案》(c.25)

17. 1975 年《北爱尔兰议会丧失资格法案》(所有的成员都被取消资格的机构)附表 1 第 II 部分,在适当的地方插入"版权法庭"。

1976 年《限制性贸易惯例法》(c.34)

18. ——

(1) 1976 年《限制性贸易惯例法》修订如下。

(2) 在附表 1(排除服务),将第 10 条(专利代理的服务)替换为——

"10. 注册专利代理(在 1988 年《版权、外观设计和专利法案》第 V 部分的含义内)权利范围之内的服务。"

在第 10A 条(欧洲专利律师服务)中,将"1977 年《专利法》第 84 条第(7)款"替换为"1988 年《版权、外观设计和专利法案》第 V 部分"。

（3）附表 3（例外协议）后，第 5A 段插入——

外观设计权

5B. ——

（1）此法案不适用于——

（a）任何外观设计权的所有人或许可所有人授予的许可；

（b）一项外观设计权的转让；或者

（c）此类许可或者转让的一项协议；

如果许可，转让或协议不受上述第 6 条第（1）款中规定的限制而被接受，或上述第 7 条第（1）款没有规定此类信息（依照外观设计制作的物品除外），须遵守以下条款。

（2）第（1）款不排除许可，转让或协议，其为外观设计联营协议或依据外观设计联营协议而授出（直接或间接）。

（3）在本款中的"外观设计联营协议"系指一项协议——

（a）当事人为或至少包括三人（"主要当事方"），其中每人在一个或多个外观设计权中拥有权益；并且

（b）根据该协议各当事方同意，在协议有效期内就其享有权益或可获得权益的外观设计权而言，授予（直接或间接）一名或多名其他主要当事方权益，或者授予其中一名或多名当事人和他人权益。

（4）在本条中——

在苏格兰，"转让"，系指转让；"利益"系指作为外观设计权人或许可持有人的利益。

（5）本款适用于持有或授予多人但视同一人的权益。

（6）本条中间接授予个人权益的基准为出于授予具有争议之人的目的而授予第三人权益。

1976 年《转售价格法》（c.53）

19. 在 1976 年《转售价格法》第 10 条第（4）款中（专利物品：被以同等方式对待的物品），第（a）项相中，在"保护"之后插入"通过外观设计权或"。

1977 年《专利法》(c.37)

20. 1977 年《专利法》第 57 条(关于专利的王室使用的第三方的权利),在第(1)款的尾部款项(其中涉及模型或文件的使用),在"版权"后插入"或外观设计权"。

21. 1977 年《专利法》第 105 条(在苏格兰与专利诉讼有关的通信特权),删除了"在上文第 104 条的规定范围内",保留第(1)款的文本内容,并在其后插入——

"(2)在本条——

'专利诉讼'系指依据本法或任何相关公约在法庭或审计官面前或相关公约法院受理的诉讼,无论是否有异议,包括申请专利。"

"相关公约"系指《欧洲专利公约》《共同体专利公约》和《专利合作条约》。

22. 1977 年《专利法》第 123(7)条(公布审计官的案例报告)——

(a) 将"以及注册的外观设计"替换为"注册的外观设计或外观设计权",

(b) 将"以及版权"替换为"版权或外观设计权"。

23. 1977 年《专利法》第 130 条第(1)款(解释),在定义"法院"时,将第(a)项替换如下——

"(a)在英格兰和威尔士,依据 1988 年《版权、外观设计和专利法案》第 287 条所签发的命令赋予高等法院或任何专利郡法院司法管辖权。"

1997 年《不公平合同条款法》(c.50)

24. 在 1977 年《不公平合同条款法》附表 1 第 1 条(主要条款的适用范围:专有合同),第(c)项(关于授予或转让知识产权权益的合同)中,"版权"后插入"或外观设计权"。

1978 年《司法组织法(北爱尔兰)》(c.23)

25. 1978 年《司法组织法(北爱尔兰)》第 94A 条(撤回在知识产权相关法律诉讼中的自证其罪特权),第(5)款("知识产权"的含义)在"版权"后插入"或外观设计权"。

1979 年《资本利得税法》(c.14)

26. 1979 年《资本利得税法》第 18 条第(4)款(出于本法案目的的特定资产所在地),将第(h)条(知识产权)替换为——

(ha)专利、商标、服务商标和注册外观设计所在地应为其注册地,有多个注册和多个注册地的,使用专利,商标,服务商标或注册外观设计的权利或许可或产生于其中的任何权利能在联合王国行使的,其权利行使空间范围为联合王国境内。

(hb) 版权、外观设计权和专营权,以及使用任何享有外观设计权的版权作品或外观设计的权利或许可,或产生于其中的一项任何权利能在联合王国行使的,其权利行使空间范围为联合王国境内。

1981 年《英国电信法》(c.38)

27. 1981 年《英国电信法》附表 5(专利和注册外观设计使用的特殊过渡性条款),第 9 条第(1)款及第 19 条第(1)款的尾部款项(其中涉及模型或文件的使用),在"版权"后插入"或外观设计权"。

1981 年《最高法院法》(c.54)

28. ——

(1) 1981 年《最高法院法》修改如下。

(2) 第 72 条(撤回在知识产权相关法律诉讼中的自证其罪特权),第(5)款("知识产权"的含义)在"版权"后插入"或外观设计权"。

(3) 附表 1(高等法院的工作分配),第 1 款中(Ⅰ)(分配给衡平法庭的工作:与知识产权相关的诉讼与争议),"以及版权"修改为"版权或外观设计权"。

1981 年《广播法》(c.68)

29. ——

(1) 1981 年《广播法》修改如下。

(2) 第 4 条第 7 款(英国独立广播机构有关节目的一般责任)替换为——

"(7)出于维持对节目的监督和控制的目的(包括广告在内),机构可以录制该节目或其中任何一部分并使用录制内容。"

(3) 在第 20 条第(9)款,删去第(a)项。

1984 年《有线电视和广播法案》(c.46)

30. ——

(1) 1984 年《有线电视和广播法案》修改如下。

(2) 在第 8 条,删去第(8)款。

(3) 在第 49 条(国务大臣在涉及公共利益时给出指示的权力),将第(7)款替换为——

"(7)出于本条的目的,就卫星传输而言,播送广播的地方为通过信号将广播发送至卫星的地方。"

(4) 第 56 条第(2)款(解释)中,删去 关于《1956 年法案》的定义。

1985 年《公司法》(c.6)

31. ——

(1) 1985 年《公司法》第Ⅻ部分(费用注册)修改如下。

(2) 第 396 条(在英格兰和威尔士费用注册:必须注册的费用),第(1)款第(j)项中从"就一项专利"到尾部,替换为"就任意一项知识产权",并在(3)款中插入——

"(3A)以下是出于本条目的所涉及的"知识产权"——

(a) 任何专利、商标、服务标记、注册外观设计、版权或外观设计权;

(b) 任何根据或与该权利相关的许可。"

(3) 在第 410 条(在英格兰和威尔士费用注册:费用必须注册),在第(4)款第(c)项(无形动产)第(vi)目后插入——

"(vii)已注册的外观设计或与此类外观设计相关的许可,

(viii)外观设计权或外观设计权的许可"。

1985 年《法律改革法(杂项条款)(苏格兰)》(c.73)

32. 1985 年《法律改革法(杂项条款)(苏格兰)》的第 15 条(撤回在知识产

权相关法律诉讼中的自证其罪特权)中,第(5)款("知识产权"的含义)在"版权"后插入"或外观设计权"。

1986 年《原子能管理法》(c.3)

33. 在 1986 年《原子能管理法》第 8 条第(2)款(管理局关于研究开发的权力:"知识产权"的含义),在"版权"后插入"外观设计权"。

1986 年《教育及图书馆法令(北爱尔兰)》 (S.I. 1986/ 594 (N.I.3))

34. 在 1986 年《教育及图书馆法令(北爱尔兰)》第 77 条中(图书馆服务收费),在第(2)款之后加上——

1988 年《版权、外观设计和专利法案》的第 I 部分规定(版权)租赁录音制品、影片及计算机程序的复制品,以及租借此类作品的任何复制品,一律收取该物品的使用费用。

1986 年《公司法令(北爱尔兰)》 (S.I. 1986/ 1032 (N.I.6))

35. 在 1986 年《公司法令(北爱尔兰)》第 403 条中(费用注册:必须注册的费用),第(1)(j)段中从"就一项专利"到尾部,替换为"就任意一项知识产权",并在(3)段中插入——

"(3A)以下是出于本条目的的'知识产权'——

(a) 任何专利、商标、服务标记、注册外观设计、版权或外观设计权;

(b) 任何根据或与该权利相关的许可。"

1988 年《收入和公司税收法案》(c.1)

36. ——

(1) 1988 年《收入和公司税收法案》修改如下。

(2) "在第 83 条中(在计算利润和贸易收益中扣除的费用及开支),将"延长外观设计版权期限"替换为"延长以注册外观设计形式存在的外观设计权期限。"

（3）在第 103 条中（终止贸易、职业或业务后的收据费用），第（3）款（部分款项不适用）第（b）项后插入——

"（bb）整笔款项将全部或部分支付给作品的外观设计者的私人代表，该外观设计权因其转让继续存续。"

（4）在第 387 条（扣除税项的亏损预报）中，第（3）款（本条不适用于付款）、第（5）款（版权费）中的"适用"后插入"或与外观设计的某项权利相关的版税，第 537B 条亦适用"。

（5）在第 536 条（就外国持有人的版税征税而言）中，第（2）款"版权"的定义替换——

"'版权'不包括以下版权——

（i）影片放映的影片或影像录制，或

（ii）影片或录像的声道，尚未单独利用；以及"。

（6）第 XIII 部分第 I 章（杂项特殊条款：知识产权），在第 537 部分后插入——

外 观 设 计 法

外观设计费减免

537A. ——

（1）外观设计的外观设计者转让继续存续的外观设计权的，或注册外观设计的作者外观设计全部或部分转让该外观设计权或通过许可部分或全部授予权益的，并且——

（a）该转让或授予的对价全部或部分包括外观设计本条所适用的付款，整个部分应包括对年利润和年收入的估算；并且

（b）其从事外观设计创造的时间超过 12 个月，其有权通过提出索赔要求下列有关支付预付款的条款生效。

（2）如果其从事外观设计创造的时间未超过 24 个月，就所有所得税的目的而言，二分之一的付款在事实上成为应收账款之日应视为已成为应收账款，并且剩余二分之一付款应在该日期 12 个月以前视为应收账款。

(3) 如果其从事外观设计创造的时间超过 24 个月,就所有所得税的目的而言,三分之一的付款在事实上成为应收账款之日应视为已成为应收账款,三分之一付款应在该日期 12 个月以前视为应收账款,剩余三分之一付款应在该日期 24 个月以前视为应收账款。

(4) 本条适用于——

(a) 整笔款项支付,包括不能返还的计入版税账户的预付款;和

(b) 外观设计;

任何其他计入版税账户的付款,或并非仅在获得外观设计的物品,或视情况而定,在该外观设计适用的物品能够首次用于出售或出租超过 2 年后成为应收账款的定期支付的款项。

(5) 外观设计根据本条提起的关于上述第(4)款(b)项适用的任何付款支付请求,无论在该支付请求提出之前或之后,应作为一项涉及关于有争议的外观设计权利的支付请求之人认为其为应收账款的所有付款的支付请求产生效力;并且,该支付请求可在获得外观设计的物品,或视情况而定,在该外观设计适用的物品能够首次用于出售或出租之后的 8 年期限届满之后的 4 月 5 日以前的任何时间内提出。

(6) 在本条——

(a) "外观设计者"包括共同外观设计者,和

(b) 外观设计对能够用于出售或出租的物品的任何参考犹如对根据外观设计所有权人的许可,或视情况而定,根据注册外观设计所有权人的许可,在世界任何地方进行出售或出租的物品的参考一样。

就外国持有人的外观设计版税征税

537B. ——

(1) 外观设计权所有人的经常居住地不在联合王国的,第 349 条第(1)款应适用于外观设计该权利的所有付款或任何记入版税账户的付款或分期付款,正如其适用于未到期利润或收益产生的所得税的年度缴纳。

(2) 在上述第(1)款中——

（a）"一项外观设计中的权利"系指外观设计权或在一个注册外观设计中的权利；

（b）权利所有人的范围包括任何有权获得关于该权利的分期付款之人，尽管其已经将权利转让给他人；并且

（c）涉及一项权利的版税或分期付款的其他款项不包括涉及支付请求中声明的联合王国出口且在联合王国之外进行销售的物品的版税或款项。

（3）前述第（1）款适用的付款由在联合王国的常驻代理人进行支付且该代理人就其所提供服务而言有权通过佣金扣除任何款项的，付款总额应根据第349(1)条在该代理人有权扣除的幅度内进行相应扣减。

（4）经其付款之人并未知悉任何应支付佣金或任何该佣金总额的，应首先计算由其扣除的所得税或对其评估并征收的所得税，并且，交付的账目表应当为记入付款总额且未进行相应扣除的账目表，在该情形之下，根据支付请求所依据的事实证据，应当在通过佣金扣除所得税款项的合理幅度内向外观设计所有权人的代理人进行所得税的偿付。

（5）就所有缴税而言，上述第（1）款适用的付款时间应为首次付款之人的支付时间，而非他人的支付时间。

（6）上述第（1）款适用的关于任何付款的任何协议无所得税扣除内容的，该协议应为无效。

（7）在第821条（在征收所得税的法案通过之前扣税付款）第3款中（经调整支付）在第（a）项后插入——

"aa 第537B条适用的为了或有关一项外观设计中的权利外观设计而进行的任何支付；并且"。

（8）在附表19（破产公司的收入分配）第10条第（4）款（终止或清算：考虑尽管债权人是参与分配之人或关联人的债务）第（c）项（使用特定财产的支付）中，将从"有形资产"到"扩展"的文字替换为——

"(i)有形资产，

(ii) 1988 年《版权、外观设计和专利法案》第Ⅰ部分（或该部分并未扩大适用的任一国家的法律规定的任何相似的权利）规定范围内的文学、戏剧、音乐、或艺术作品的版权，或

（iii）外观设计权"。

（9）在附表 25（联合王国控股的外国公司的税收：免税行为），在第 9 条第（1）款第（a）项（投资业务：财产持有）中，将"专利或版权"替换为"或知识产权"并且在该款后插入——

"（1A）在上述第 9 条第（1）款第（a）项中，"知识产权"系指专利、注册外观设计、版权和外观设计权（或联合王国之外的任一国家的法律规定的任何相似的权利）。"

附表 8　废 止 条 款

章　节	简　　称	废 止 的 范 围
1939 c.107. 1945 c.16. 1949 c.88.	1939 年《专利、外观设计、版权及商标法案》（紧急事件） 1945 年《时效（敌人和战俘）法案》 1949 年《注册外观设计法》	在第 10 条第（1）款中，对于"版权"的定义 第 2 条第（1）款和第 4 条第（a）款，述及 1911 年《版权法》第 10 条。 第 3 条第（2）款，"或原创"的术语。 第 5 条第（5）款。 11 条第（2）款，"或原创"的术语。 14 条第（3）款，"或马恩岛"的术语。 第 32 条。 第 33 条第（2）款。 第 37 条第（1）款。 第 38 条。 第 44 条第（1）款，"版权"和"期刊"的定义。 第 45 条，第（1）款和第（2）款。 第 46 条，第（1）款和第（2）款。 第 48 条第（1）款。 附表 1，第 3 条第（1）款，"以法院裁决规定的方式"的词句。 附表 2。
1956 c.74. 1957 c.6. 1957 c.60. 1958 c.44.	1956 年《版权法》 1957 年《加纳独立法案》 1957 年《马来亚联邦独立法案》	整部法案。 附表 2，条例 12。 附表 1，条例 14 和条例 15。 整部法案。
1958 c.51. 1960 c.52.	1958 年《戏剧和音乐表演者保护法案》 1958 年《公共记录法案》	第 11 条。 附表 3。 附表，条例 13。

章　节	简　称	废　止　的　范　围
1960 c.55.		附表 2,条例 12 和条例 13。
1961 c.1.	1960 年《塞浦路斯独立法案》	附表 2,条例 13 和条例 14。
1961 c.16.	1960 年《尼日利亚独立法案》	附表 3,条例 13 和条例 14。
1961 c.25.	1961 年《坦噶尼喀独立法案》	整部法案。
	1961 年《塞拉利昂独立法案》	
1962 c.40.	1961 年《专利和外观设计(更新、展期和费用)法案》	附表 2,条例 13。
1962 c.54.		附表 2,条例 13。
1963 c.53.	1962 年《牙买加独立法案》	整部法案。
1964 c.46.	1962 年《特立尼达和多巴哥独立法案》	附表 2,条例 13。
1964 c.65.		附表 1,条例 9。
1964 c.86.	1963 年《表演者保护法案》	附表 1,条例 11。
1964 c.93.	1964 年《马拉维独立法案》	附表 2,条例 12。
1966 c.24.	1964 年《赞比亚独立法案》	附表,条例 9。
1966 c.37.	1964 年《马耳他独立法案》	附表 2,条例 12。
1967 c.80.	1964 年《冈比亚独立法案》	附表 3 第 I 部分和第 IV 部分,与 1949 年《注册外观设计法》有关的登记。
	1966 年《莱索托独立法案》	
	1966 年《巴巴多斯独立法案》	附表,条例 9。
1968 c.56.	1967 年《刑事审判法案》	第 92 条第(2)款第(a)项,从"或体现于"到"影片"的词句。
1968 c.67.	1968 年《斯威士兰独立法案》	第 98 条。
1968 c.68.	1968 年《医药法案》	整部法案。
1971 c.4.		整部法案。
1971 c.23.	1968 年《外观设计版权法》	附表 9,有关 1956 年《版权法》的登记。
1971 c.62.	1971 年《版权修正法案》	附表 1,条例 24。
1972 c.32.	1971 年《法院法案》	整部法案。
1975 c.24.		附表 1 第 II 部分,有关表演权法庭的登记。
1975 c.25.	1971 年《法庭和调查法案》	附表 1 第 II 部分,有关表演权仲裁庭的登记。
1977 c.37.	1972 年《表演者保护法案》	
	1975 年《下议院丧失资格法案》	第 14 条第(4)款和第(8)款。
	1975 年《北爱尔兰议会丧失资格法案》	第 28 条第(3)款,第(b)项以及该项之前的单词"和"。
	1977 年《专利法案》	第 28 条,第(5)款到第(9)款。
		第 49 条第(3)款。
		第 72 条第(3)款。
		第 84 条和第 85 条。
		第 88 条。
		第 104 条。

章　节	简　称	废 止 的 范 围
		第 105 条,"上述第 104 条的含义之内"的词句。
		第 114 条和第 115 条。
		第 123 条第(2)款第(k)项。
		第 130 条第(1)款,"专利代理"的定义。
		第 130 条第(7)款,"第 88 条第(6)款和第(7)款的词句"。
1979 c.2.		附表 5,第 1 条和第 2 条,在第 3 条中词句"和第 44 条第(1)款"以及"在每个案例中",以及第 7 条和第 8 条。
1980 c.21.		
1981 c.68.		附表 4,有关 1956 年《版权法》的登记。
1982 c.35.		第 14 条。
1983 c.42.	1979 年《关税和服务税法案》	第 20 条第(9)款第(a)项。
1984 c.46.		整部法案。
	1980 年《竞争法案》	整部法案。
	1981 年《广播法案》	第 8 条第(8)款。
	1956《版权法》1982(修正)	第 16 条第(4)款和第(5)款。
	1983《版权法》(修正)	第 22 到第 24 条。
	1984《有线电视和广播法案》	第 35 条第(2)款和第(3)款。
		第 53 条和第 54 条。
		第 56 条第(2)款,"《1956 年法案》"的定义。
1985 c.21.		附表 5,第 6、7、13 和 23 条。
1985 c.41.		第 7 条第(2)款。
		整部法案。
	1985 年《影片法案》	
	1985 年版权(计算机软件)修正案	
1985 c.61.	1985 年《司法行政法案》	第 60 条。
1986 c.39.	1986 年《专利、外观设计和商标法案》	附表 2,第 1 条第(2)款第(a)项,在第 1 条第(2)款第(k)项中,词句"第 396 条第(1)款第(j)项和"以及第 1 条第(2)款第(1)项的词句"第 93 条第(2)款第(i)项"。
1988 c.1.	1988 年《个人所得税和公司税法案》	附表 29,第 5 条。

第 Ⅳ 部分　注册外观设计

《1949 年注册外观设计法案》修正案

可予注册的外观设计。1949 c.88.

265. ——

(1) 将《1949 年注册外观设计法案》第 1 条(根据该法案可予注册的外观设计)替换为——

"根据法案可予注册的设计。

1. ——

(1) 本法案中"外观设计"系指通过任何工业过程适用于一物品的形状、构形、式样或装饰的特征,包括在已完成的物品中吸引视线和肉眼可判别的特征,但并不包括——

(a) 建筑的方法或原理;

(b) 一物品的形状或构造的特征——

(i) 仅仅通过物品实施的功能而被口述,或

(ii) 依赖于设计者意在组成一个完整部分的另一物品的外观。"

(2) 一项全新的设计,通过主张为该项设计所有人的申请,可根据本法案有关申请中详述的任何条款或一系列条款而被注册。

(3) 如物品的外观不具关键性则其外观设计不属可予注册,即,如任何物品的外观不具关键性,即美感因素通常不会被获取或使用同类物品的人在重大程度列入考虑,而即使该项外观设计已应用于该物品,美感因素亦不会获如此考虑,则该项外观设计不可就该物品予以注册。

(4) 出于本法案的目的,如果一项设计与下列所述的设计相同,或如果其仅仅是在不具关键性的细节上或只在属行业普遍使用的变体的特征方面与该另一项外观设计有所差异,区别于这样一项设计。不得视为新的外观设计,本法案第 4 条、第 6 条和第 16 条另有规定的除外——

(a) 与已依据一项先前的申请注册的另一项外观设计相同,不论该另一项外观设计同是就该物品或是就任何其他物品而注册的;或

（b）与在该项申请的提交日期前已在联合王国发表的另一项外观设计相同，不论该另一项外观设计同是就该物品或是就任何其他物品而发表的。

（5）若国务大臣认为适用，其可依规则使主要属文学或艺术性质的物品的外观设计无须根据本法案予以注册。

（6）上述修正不适用于本部分生效之前的注册申请；但第 266 条的规定适用于依此类申请而注册的特定设计之权利。

与在（本部分）生效之前依据已经申请被注册外观设计相关的条款。

1949 c.88.

266. ——

（1）凡一项根据《1949 年注册外观设计法案》于 1988 年 1 月 12 日之后提交的申请，并且在本部分生效之前被注册的设计，根据上述第 265 条（替换原法案第 1 条）规定，如下设计不能被注册——

（a）本部分生效后的，该注册设计权利已过有效期十年，如其根据《1949 年法案》并未减少上述所超期限，并且

（b）在本部分生效后，任何人有权进行任何行为，不构成对已注册外观设计的侵权。

（2）凭借本条可得许可的条款，若无协议，则由注册官根据要求许可的个人的申请确立；且如此确立的条款应授权许可持有人为一切行为而不构成侵权。

（3）注册官确立许可条款时，应考虑国务大臣通过法定文件所颁布的命令中所规定的上述因素。

但仅在之前已提交草案且经议会任一院决议通过，才可以颁布上述命令。

（4）由注册官确立的许可条款，自向注册官提交申请之日生效。

（5）《1949 年法案》第 270 条加入的第 11B 条（在侵权诉讼中承诺持有权利许可），同其适用于第 11A 条，适用于根据本条获得许可权的情形。

（6）根据本条获得的许可权，在本部分生效之前获得许可的许可持有人可向注册官申请调整许可条款的命令。

（7）不服处长任何命令的上诉须根据本条提出。

1949 c.88.

(8) 本条须解释为《1949 年注册外观设计法案》的组成部分。

设计的作者和设计权第一所有权。

267. ——

(1) 针对《1949 年注册外观设计法案》第 2 条(设计的所有权)作如下修订。

(2) 将第(1)款替换为——

"(1)除下列条款另有规定外,出于本法案的目的,一项外观设计的作者应被视为该设计的原始所有人。

(1A)凡出于金钱或金钱价值的一项委托而创作的设计,委托创作该设计的人应该被当作该设计的原始所有人。

(1B)不属于第(1A)款规定情形的,由雇员在其雇佣期间创作的一项设计,其雇主应被视为该设计的原始所有人。"

(3) 在第(2)款后加入——

"(3)本法案中,一项设计的"作者"系指创作该设计之人。

(4) 如任何外观设计在没有属人类的设计人的情况下而完全由计算机产生,则作出该项外观创作所需安排之人,应被视为该设计的作者。"

(5) 上述修正不适用于本部分生效之前提出的注册申请。

注册外观设计的权利。

268. ——

(1) 将《1949 年注册外观设计法案》第 7 条(注册外观设计的权利)替换为——

"注册外观设计的权利。

7. ——

(1) 凡依本法案注册的任何外观设计,该项外观设计或任何与该项外观设计并无实质区别的外观设计已应用于任何物品,则本法案所指的任何外观设计的注册即给予注册所有人以下专有权利——

(a) 用以制造或进口该物品——

(i) 用于销售或出租,或

(ii) 用于贸易或商业目的的使用,或

(b) 用于出售、出租或要约出售或出租,或为出售或出租而展示。

(2) 任何人未经注册外观设计所有人许可,进行任何根据第(1)款本属注册所有人的专有权利的行为,即构成对注册外观设计权利的侵犯。

(3) 任何人未经注册所有人许可,进行任何使第(1)款所提及的任何物品在联合王国或其他地方被制造的行为,即构成对注册外观设计权利的侵犯。

(4) 任何人未经注册所有人许可,进行如下行为,即构成对注册外观设计权利的侵犯。在本条中,"配套元件" 指拟装配成任何物品的一整套或大体上属一整套套件的元件——

(a) 就任何配套元件(该装配物品一经完成便会构成对该项外观设计的侵犯)作出任何行为;

(b) 如经装配物品将会属第(1)款所提及的物品,而作出任何使配套元件在联合王国或其他地方制造或装配的行为。

(5) 如对注册外观设计的侵权发生在根据本法案作出外观设计注册书之前,则不得就该项侵权提起诉讼。

(6) 依据第 1 条第(1)款第(b)项,凡外观设计的任何特征未被纳入决定该项外观设计是否可予注册时的考虑,则该注册设计的权利,不因复制上述特征而受到侵犯。"

(2) 上述修正不适用于本部分生效之前提出的注册申请的设计。

注册设计的权利期限。1949 c.88.

269. ——

(1) 将《1949 年注册外观设计法案》第 8 条(权利期限)替换为——

"注册设计的权利期限。

8. ——

(1) 注册外观设计权利的首段有效期为自该设计注册之日起五年。

(2) 通过向注册官申请延展权利并支付所规定的费用,权利有效期可延展至第二个、第三个、第四个和第五个五年期。

(3) 如未在注册有效期终止前提交申请并缴付续期费,权利终止;并且注册官应根据国务大臣颁布的规定,将上述事实通知该设计所有人。

(4) 如在权利有效期终止后的六个月内提出延展申请并缴付续期费以及任何订明的附加费用,则该项注册外观设计的有效期须视作为从未停止,而据此——

(a) 在该期间内根据该权利或有关该权利所进行的任何行为应具有法律效力。

(b) 如在未届满期间视为侵权的行为,在该延展期内仍视为侵权。

(c) 如权利并未届满而构成为王室服务目的使用一项设计的行为,仍应视为王室服务使用。

(5) 凡证明符合下列条件的注册外观设计,如该作品版权的有效期届满早于该项注册的外观设计本应届满的有效期,该项注册的外观设计有效期在该作品的版权届满之时即告届满,且该项注册设计不得再延展。——

(a) 在其注册之时,属于一项与存在版权的艺术作品有关的相应外观设计,且

(b) 该设计本因其过往使用而无法注册,但根据本法案第 6 条(4)款(针对曾有过往申请的设计的注册),对其仍予以注册。

(6) 除第 4 条(1)款(针对其他物品的相同设计的注册)的限制性条款另有规定外,上述条款具有法律效力。

设计失效权利的恢复

8A. ——

(1) 凡因第 8 条第(2)款或第 8 条(4)款中的原因,注册设计的权利因未能延续而届满,可以在规定的时间内向注册官提交一份恢复设计的权利的申请。

(2) 申请可以由注册设计所有人或若设计未届满有权享有权利的任何人提出;凡设计由两个或更多的人共同所有的,经注册官批准,可由一人或多人提交申请而无须经由其他方同意。

(3) 申请的通知应以规定的形式由注册官发布。

(4) 若注册官确信,注册设计所有人对根据第 8 条第(2)款和第(4)款进行权利延展尽到了合理注意义务,在后者缴付先前未支付的续期费及任何订明费用后,应下令恢复该设计的权利。

(5) 若该设计的所有人未满足规定的条件且处长认为适宜时,处长可以撤销恢复权利的命令并作出相应的决定。

(6) 根据第(1)款,变更所规定时期的规则应包含对于国外大臣而言必要的和适宜的此类过渡性条款和保留条款。

权利恢复的命令的效力

8B. ——

(1) 根据第 8A 条用于恢复注册设计中的权利的命令的效力如下。

(2) 在该期间内根据该项外观设计的任何权利或在该项外观设计下的任何权利而作出的任何行为,须当作有效。

(3) 假使该注册设计并未曾停止有效便会构成对该项外观设计的侵犯的下列行为,须当作侵犯行为——

(a) 若该行为发生于根据第 8 条第(4)款有可能提出延长申请的情形;或

(b) 若该行为其为一项先前的侵权行为的延续或重复。

(4) 若无法提出此类延长申请或尚未发布申请恢复的通知,即使该设计权利恢复,满足如下条件者仍有权继续上述行为或视情况而定实施该行为;但无权许可第三人实施该行为。

(a) 真诚地实施该项外观设计已注册后本会构成侵权行为的行为,或

(b) 真诚地作出有效而认真的准备工作以实施上述行为。

(5) 在业务的过程中作出的情况下,上述行为或其准备工作已由第(4)款授权的人有权——

(a) 经由当时参与该商业过程的任何合作者授权进行上述行为,并且

(b) 将权利转让或在死亡时(或于该法人团体解散时),转移给在进行该行为或作出准备的过程中获得商业的该部分的任何人。

(6) 凡任何物品于行使第(4)款和第(5)款所赋予的权利而将物品转予第三人,该人或任何经由他提出主张之人,可以注册设计所有人相同的方式处置该物品。

(7) 上述条款同权利受侵犯,同样适用于有关为王室服务而对注册设计的使用。

(8) 上述修正不适用于本部分生效之前提出的注册申请的设计。”

为保护公众利益可实施的权力。 1949 c.88.

270. 在《1949 年注册外观设计法案》第 11 条后加入——

"为保护公众利益可实施的权力。

11A. ——

（1）垄断与兼并委员会在议会前提交的报告包括以下结论——

（a）凡涉及确实或极有可能违背公共利益的垄断，该垄断情况存在且委员会发现该事实的。

（b）凡涉及确实或极有可能违背公共利益的合并，满足启动一项针对兼并事项的调查，且报告中提到了具体的起因、经过与结果的。

（c）凡涉及确实或极有可能违背公共利益的竞争，且存在反竞争行为的。

（d）凡涉及 1980 年《竞争法案》第 11 条（公共机构和特定其他个人参照）中规定的确实或极有可能违背公共利益的一系列行为。

相关的部长或部长们可根据本条向注册官申请提起诉讼。

（2）在提交申请之前，相关的部长及部长们应以其认为恰当的方式，应发布一项阐明所提申请性质的通知，并允许利益相关人对于决定不服的，可在通知发布后的 30 天内进行起诉。

（3）如注册官认为委员会报告中详述的事项达到了确实或极有可能违背公共利益的程度，且依本条提起的申请满足下列情形之一，除借命令取消或改变任何上述情形外，其可进行登记依法授予相关人该设计的许可——

（a）就一项被注册设计所有人限制许可持有人实施许可或拒绝向他人授予许可，或

（b）注册设计的所有人拒绝按合理条款授予许可的，

根据本条所得的许可条款。

（4）在未达成协议的情况下，应由注册官根据要求许可的个人申请予以确定；此类条款应授权许可持有人为任何行为而不构成侵权。

（5）凡由注册官确立的许可条款，自向注册官提交申请之日生效。

（6）不服处长任何命令的上诉须根据本条提出。

（7）本条中'相关的部长或部长们'系指垄断与合并委员会提交报告的对象。

在侵权诉讼中承诺持有权利许可

11B. ——

（1）就本法案第 11A 条可依法获得的许可，如在此种注册设计权的侵权诉讼中，被告依所定条款承诺在此期间内持有许可，或未能达成协议的由注册官依本条确立

（a）不得对其颁布强制令，并且

（b）通过损害赔偿或利润清算的方式对其可补偿的数额，不应超过本应由其于侵权发生前已成为带有此类条款的许可之持有人支付的数额的两倍。

（2）承诺可于诉讼的最终命令颁布之前的任何时候作出，而不承担任何法律责任。

（3）本条的规定不影响获得权利许可之前所实施的任何侵权行为的补救。"

王室使用：利润损失的补偿。 1949 c.88.

271. ——

（1）在《1949 年注册外观设计法案》附表 1（王室使用），在第 2 款后加入——

"利润损失的补偿。

2A. ——

（1）凡有任何注册外观设计为王室所使用，相关政府部门须向为该人不获判给合约以供应应用该项外观设计的物品而造成的任何损失，支付补偿——

（a）该项注册的所有人，或

（b）专用特许持有人（如就该项外观设计已有有效的专用特许）。"

（2）补偿只在凭注册拥有人或专用特许持有人现有的生产能力本可完成有关合约的范围内属须支付，但即使有令他不符合获判给该合约的资格的情况存在，补偿仍须支付。

（3）在判定损失时，须顾及本会自该合同赚取的利润及顾及任何生产能力未予充分运用的程度。

（4）不须就任何人未能取得合约以供应并非拟供王室服务的物品支付任

何补偿。

（5）如果注册外观设计所有人或专用特许持有人为就须支付的款额与财政部批准的相关部门达成协议，则该款额须由法院根据第 3 款作出的转介而裁定，且该款额系根据本附件中第 1 款或第 2 款需支付的任何款额以外的款额。

（6）在本款中——

就设计而言，"王室使用"系指根据第 1 款进行的任何本会构成侵权的行为；并且

就某项注册外观设计的任何王室使用而言，"政府相关部门"系指作出该项征用或授权他人作出该项征用的政府部门。

（7）在附件第 3 款（王室使用争议的转介），将第（1）项替换为——

"（1）任何如下争议均可由争议所涉的任何一方转介法院——

（a）由政府部门或获政府部门授权的人行使本附件第 1 款授予的权力的争议，

（b）就根据该款的王室服务注册外观设计而订立的条款的争议，

（c）任何人收取根据第（1）款作出的付款的任何部分的权利的争议，或

（d）任何人根据第 2A 款收取补偿的权利的争议。"

（8）上述修正适用于在本条生效之后有关注册设计的王室使用，即使此种使用的条款已于生效前确立。

小更正及后续修正案。1949 c.88.

272. 在《1949 年注册外观设计法案》的基础之上，根据附件 3 完成了进一步的小更正修正与根据本法案规定的相应修正。

补 充 条 款
修正的《1949 年注册外观设计法案》文本。

273. 附件 4 为修正后的《1949 年注册外观设计法案》文本。

后　记

我最终还是决定,以流水账的形式记录下翻译这些文字中发生的事,一是为了对参与了该译丛翻译出版者的辛勤工作,留下一点记忆;二是为了总结自己翻译过程中的心路历程,明晰我自己所走过的路原来是这样的。

2007年我留校工作,一直进行出版领域的研究,偶尔也会涉足到文化产业和数字人文领域。研究让我意识到:如果无法建构"利益均衡的版权法体系",中国的出版业乃至文化创意产业的健康、持续发展,是难以实现的。意识到这一问题,其实一点也不用刻意和"深刻",大凡是在文化产业领域谋求发展的企业都有这样的认识。因研究需要,在阅读版权相关研究文献的时候,我脑海中永远挥之不去的一个问题是:为什么动辄七八百页的版权法法条,永远只有几条被反复引用? 本引用法条的前后文是什么样的? 设定该法条的考量因素是什么? 在我的观念里,因为中外制度环境、产业环境乃至技术环境的差异,弄清楚设定该法条的考量因素,往往比知道具体的法条如何规定更有启发意义。

版权法的先行者们曾经翻译过英美等国家的版权法,这为我国版权法的制定起到了重要的借鉴作用。但自20世纪80年代末期以来,因为数字技术浪潮的冲击,西方主要发达资本主义国家的版权法都先后进行了比较系统的调整,以重新建构"符合数字技术时代需求的、利益均衡的版权体系",并把其看作是关乎文化创意产业发展的关键性、基础性政策。对这些新法条和版权相关文件,我国还缺乏系统的翻译。

面对这种情况,我产生了翻译的冲动。当时我的想法很简单,和有志于此的几个学生一起为完善我国版权法律制度做一点力所能及的事情,即使翻译得不好,让专家来批评,并引起社会对版权法翻译的重视也是好的。后来才发现,版权法的翻译是十分专业的,即使大家很努力,也根本无法胜任这个工作。在这种情况下,幸亏几位翻译者王智丽、王灵丽、杨丽娟、马作鹏等人的加入和付出,才顺利地完成该译丛的初稿。

一天晚上,郑纳新先生给我打来电话,意思是东方出版中心可以出版这套译丛,问我有什么想法。我后来才知道,纳新先生是从我的学生那里知道我正在从事这方面的工作。能有什么想法呢? 在学术著作出版需要"缴费"的情况下,法律译丛能入纳新先生的"法眼",就足以说明他跟我还是有点"臭味相投"。不仅如此,纳新先生还委派东方出版中心十分优秀且富有工作经验的资深编辑张爱民、朱荣所两位先生具体负责该译丛的编辑与出版。团队希望译丛有一个引领性的序言,于是"大胆"地向阎晓宏先生发出邀请,希望他能为我们这次"存在诸多遗憾"的努力作个"序",我们十分荣幸地得到了阎晓宏先生的肯定答复。

初稿完成后,修订工作持续了两年多的时间,我在上面提到的这些前辈、同仁和朋友,都为尽可能地提高翻译的质量在作着自己的努力。终于,在两位编辑的不断"催促"下,也在原国家新闻出版总署法规司司长王自强、复旦大学法学院教授马忠法等人的审定下,这套译丛才得以定稿。与此同时,我所在的复旦大学新闻学院领导米博华、张涛甫、尹明华、周晔诸先生,以及复旦大学国家文化创新中心孟建先生,都给本译丛的出版予以大力的支持,在此表示衷心的感谢!

我对版权法的了解不深,在翻译完这些重要的版权法文件之后,我深刻认识到这一点。如果研究本身存在"缘分",我还想继续翻译"一带一路"沿线国家的版权法。当然,我们更期待国内的有识之士尤其是版权研究专家能够牵头翻译,从而为完善我国的版权法体系作出贡献。

张大伟

2019 年 4 月